自分でできる相続税申告

税理士
福田真弓 著

自由国民社

はじめに

　「相続の手続きが1冊にまとまっている本があったらいいよね」と、友人たちと執筆した『身近な人が亡くなった後の手続のすべて』は、私たちの想像をはるかに超えるほどたくさんの方々にお読み頂きました。

　相続手続きの中でも相続税申告は、資産家の方なら相続税に詳しい税理士に頼んだ方が、判断が早く的確で財産の評価額も低くなり、結果的にはお金も時間も節約できます。一方、「遺産は自宅と預金だけ」「特例を使えば相続税はかからない」といった方々なら、相続税申告をご自身で行うことも不可能ではありません。本書はそういった方々にご活用頂きたいという思いから執筆したものです。おかげさまで「本当に自分で申告できました」というお声を多く頂き、この度、新たに第2版を発行することができました。読者のみなさまに心よりお礼申し上げます。

　相続税申告は、申告書の作成そのものよりも「相続税のかかる財産をもれなく把握し」「必要な資料を集め」「正しく財産評価を行う」ことがカギになります。そのため本書も

・相続税のかかる財産かどうかを、一目で判断できる○×表（71ページ）
・集めなければならない書類の、財産の種類別チェックリスト（第2章）
・多くの方がお持ちの土地・保険・株や投資信託については詳しく解説
・記入する順番で、申告書の作成例を解説（第5章）

など、実際にご自身の手で相続税の申告書を作れるよう工夫しました。

　必要なことを正確に、できる限りやさしく解説しようと心がけたため、自分でできるレベルを超える項目や該当する方の少ない項目は説明を省いています。まずは、巻頭グラフのチェックシートで、自分で相続税申告ができそうかを確認した上で、本書をご活用頂ければ幸いです。

　この本が1人でも多くのみなさまのお役にたてることを願っております。

税理士　福田　真弓

3

巻頭
グラフ 相続税について、大まかに理解しましょう
15分でわかる 相続税のこと

第1章 相続税申告の前に…知っておきたい相続税の基礎
そもそも相続税って何?
〜前提知識の確認 その1〜

さあ、いよいよ準備開始! まずは書類を集めましょう

第2章 相続税申告に必要な書類を集めよう
〜事前準備 その1〜

6

● 贈与税の開示請求手続きとは？

〈記入例〉相続税法第49条第１項の規定に基づく開示請求書

● 養子縁組、する？しない？

第3章 書類を集め終わったら、次は財産の評価を行います

財産の評価をしよう 〜事前準備 その2〜

特例を使えれば自分で相続税申告をしやすくなります

第4章 相続税が安くなる特例を知ろう
～前提知識の確認 その2～

いよいよ申告書を作成します

第5章 相続税の申告書を作成しよう
～作成から完了まで～

本書は執筆時点（2023年4月現在）の法律・政令・省令・通達・国税庁ホームページ公表の申告書等の様式に基づき、執筆されています。

巻頭グラフ

相続税について、大まかに理解しましょう

15分でわかる
相続税のこと

　相続税の申告や納税のこと。何となく不安になってネットや本で調べてみても、難しい用語や細かな数字が並んでいるとなかなかイメージしづらいと思います。

　そこでまずは、この巻頭グラフで相続税のイメージを大まかにつかみましょう。相続税申告の難易度をはかるチェックシートもありますので、ご自身の事案と照らし合わせてみて下さい。

相続税申告に関する法改正

確認
しましょう

　近年、相続税・贈与税の計算ルールに大きな法改正がありました。少し難しいですが、相続税申告などに影響のある改正の概要を確認しましょう。

暦年課税贈与の相続税への加算期間の延長

【令和6年1月1日以後の贈与にかかる相続税】

　これまでは、相続財産に加算され相続税の課税対象となる暦年課税贈与は、相続開始前3年以内の贈与でした。この加算期間が3年から7年へと4年間延長されます。ただし、贈与の記録を長期間管理するのは大変なので、延長された4年間の贈与から総額100万円までを差し引けます。加算期間は順次延長され、最大の7年になるのは令和13年の相続からです。

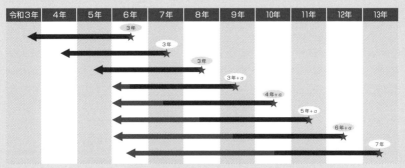

★：相続開始日　◀━◀━：贈与を相続財産に加算する期間　◀━：100万円を差し引ける延長された4年間
「週刊税務通信（No.3745）解説「資産関係の令和5年度改正案のポイント」（与良 秀雄著）
【参考3】相続税の課税価格への贈与加算期間の延長（イメージ）」をもとに著者作図

　加算対象者は相続で財産を取得した人です。そのため、加算対象者である遺言で財産を取得した相続人以外の人（受遺者）や死亡保険金だけを受け取った人は、年110万円以下の贈与や死亡年の贈与も加算の対象になります。一方、相続人でも財産を相続しなかった人や相続人ではない孫への贈与は加算の対象になりません。

相続時精算課税制度の見直し

【令和6年1月1日以後の贈与にかかる相続税・贈与税】

　相続時精算課税の贈与に年110万円の基礎控除が新設されました。暦年課税の基礎控除年110万円や従来の相続時精算課税の特別控除額2500万円とは別枠です。

　これにより、今までは贈与時に相続時精算課税を選択すると、その後はたとえ少額の贈与でも贈与税の申告が必要でしたが、今後は年110万円までの贈与は申告が不要になります。ただし、基礎控除110万円はもらう人1人あたりなので、同じ年に複数の親や祖父母から相続時精算課税で贈与を受けた場合は、110万円を各人からの贈与額に応じて按分します。

　なお、相続時精算課税の基礎控除は暦年課税の基礎控除とは違い、相続開始前の贈与について相続財産への加算が不要で、相続税の課税対象になりません。

教育資金一括贈与の非課税の見直し

【令和5年4月1日以後の贈与】

　適用期限が令和8年3月31日まで延長されました。ただし、贈与者が亡くなったとき、その者の相続税の課税価格の合計額が5億円を超える場合は、亡くなった時点での贈与額の使い残しに相続税が課税されます。また、受贈者が30歳に達したことにより、使い残しに贈与税が課税されるときは、特例税率ではなく一般税率が適用されます。

〈参考〉マンションの相続税評価の適正化

【有識者会議で検討中（令和5年5月時点）】

　マンションの相続税評価については、従来、市場価格と通達で評価した相続税評価額との乖離が大きく、問題視されていました。そのため、現在、評価の適正化について有識者会議で検討が行われており、今後、評価方法が見直される可能性があります。

そもそも相続税って何?

　相続税とは、亡くなった方の財産を、民法が定めた相続人や遺言で指定された人（受遺者）が引きついだとき、その引きついだ財産に課税される税金です。

　墓地や仏壇など特に非課税とされている財産を除き、亡くなった方のすべての財産が相続税の対象になります。

亡くなった方の財産で経済的価値のあるもののすべてが相続税の対象になります

基礎控除額を超えていたら申告と納税が必要です

相続

相続税は現金一括払いが原則です

相続税の申告納税

税務署

16

財産がいくら以上あるとかかるの?

　相続税には「遺産の総額がこの金額以下なら課税しません」という非課税枠（基礎控除額）があり、3,000万円＋600万円×法定相続人の数で計算します。

法定相続人 P26

　法定相続人の数が3人なら、基礎控除額は3,000万円＋600万円×3＝4,800万円になります。つまり、遺産の総額が4,800万円を超えていたら相続税がかかりますが、4,800万円以下ならかかりません。

遺産の総額
4,000万円

基礎控除額
4,800万円

財産はどうやって評価するの?

　遺産は亡くなった日の時価で評価します。しかし、時価を客観的に知ることは難しいため、一般的には相続税法や財産評価基本通達といった国の決まりや見解に沿って評価します。

相続税法

国税庁

誰がいつまでに手続きするの?

　財産を引きついだ人は、亡くなった日の翌日から10か月以内に、亡くなった方の住所地の所轄税務署へ相続税の申告書を提出します。令和元年10月からはe-Taxの利用も可能になりました。納税も同じ期限までに、所轄税務署か最寄りの金融機関の窓口で、原則として現金一括払いで納めます。

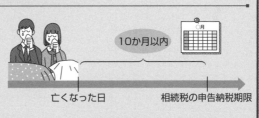

10か月以内

亡くなった日　　　　　相続税の申告納税期限

相続税申告難易度チェックシート

相続税は財産の評価額に税率を掛けて求めます。 それだけなら意外に簡単そうですが、実際には相続税申告の難易度はさまざまです。

なぜなら、税率はあらかじめ決められている税率表の税率をそのままあてはめればよいのですが、財産の評価額がいくらになるかの計算は、専門家に依頼しないと難しいケースがあるからです。また、様々な控除や特例を使えるかの判断には、さらに専門的知識が必要になります。

そこで自分で相続税申告ができそうか、以下の相続税申告難易度チェックシートを見ながら、ご自身の事案について確認してみましょう。

Q1 主な財産は自宅と預金のみですか?

A1　相続税申告の中で一番難しいのが土地の評価です。自宅以外の土地を評価する必要がある場合、たとえば賃貸アパートや貸駐車場の敷地、借地、農地や山林などがあると、難易度がアップします。

また、亡くなった方が自分で会社を経営していた場合など、遺産の中に上場していない会社の株式があるときは、かなりの専門的な知識が必要になります。専門家に相談した方がよいでしょう。

やさしい　　　　　　　むずかしい

〈自分でできる度〉

A．自宅と預金のみ ━━━━━━▷ ☆☆☆☆☆ 向いています

B．自宅以外の土地や上場していない会社の株式などがある

　　　　　　　　 ━━━━▷ ☆ 専門家に相談しましょう

Q2 土地の形は整形（正方形や長方形）ですか？

A2 土地の形が正方形や長方形の整った形で、公道に面している場合、たとえば住宅街にある区画整理された土地などなら、土地の評価はそれほど難しくありません。しかし、いびつな形の土地や間口が狭い土地、または、うなぎの寝床のように奥行が長い土地などの評価はやや難解です。専門家にサポートしてもらった方が、相続税申告にかかる時間や相続税を節約できる可能性が高いです。

〈自分でできる度〉

A．土地の形は正方形や長方形 ⟹ ☆☆☆☆☆ 向いています

B．土地の形がいびつ、間口が狭い、奥行が長い
⟹ ☆☆ 難しいかもしれません

Q3 インターネットを使えますか？

A3 相続税申告に必要な書類の中には、インターネットを使って入手できるものが多くあり、中には財産の評価額を自動計算してくれるようなサイトもあります。パソコンやスマートフォンは、分からないことを手軽に調べるためにも使えますので、それらがまったく使えないと、自分ひとりで相続税申告を行うのは難しいといえるでしょう。

〈自分でできる度〉

A．インターネットを使える ⟹ ☆☆☆☆☆ 向いています

B．インターネットを使えない ⟹ ☆☆ 難しいかもしれません

Q4 配偶者の方はご健在ですか?

A4 亡くなった方の戸籍上の配偶者は、相続する財産額が1億6,000万円か法定相続分のいずれか多い金額までなら、相続税がかかりません。この特例を使えば相続税がゼロになるなら、たとえ申告書に間違いがあっても利息や制裁金がかかりません。実害がないといえるので、相続税申告にも挑戦しやすいでしょう。

〈自分でできる度〉

A. 配偶者は健在だ ➡ ☆☆☆☆☆ 向いています
B. 配偶者は既に亡くなっている ➡ ☆☆☆ 注意して進めましょう

Q5 自宅は誰が相続しますか?

A5 亡くなった方の自宅を配偶者か同居の親族が相続する場合、またはそれらの方々がいないため、一定の別居の親族が相続する場合、要件を満たせば一定の面積まで土地の課税価格を80%減額できる特例があります。この特例を使え相続税がゼロかわずかで済むなら、相続税申告にも挑戦しやすいといえます。

〈自分でできる度〉

A. 配偶者か同居親族、またはそれらの人がいないため一定の別居親族が相続する ➡ ☆☆☆☆☆ 比較的向いています
B. A以外の人が相続する ➡ ☆☆☆ 注意して進めましょう

Q6 生前に贈与でもらった財産はありますか?

A6 相続税は「亡くなった方」から、贈与税は「生きている方」から、タダで財産をもらうとかかる税金です。原則的には違う種類の税金ですが、亡くなった方からの一定の生前贈与は、相続税に含めて計算し直すきまりがあります。そのため、亡くなった方から生前に贈与でもらった財産があると、相続税申告が少し複雑になります。

〈自分でできる度〉

A. 生前贈与はない ⟹ ☆☆☆☆☆ 向いています

B. 生前贈与がある ⟹ ☆☆ やや難しくなります

Q7 遺言はありますか?相続人同士の仲は良いですか?

A7 相続税申告の内容は、誰が何をいくら相続するかによって変わります。亡くなった方が遺言を残していれば、比較的手続きがスムーズに進められます。しかし、遺言がないと相続人の全員が話し合い、全員一致で財産の分け方を決めなければならないため、相続人同士の仲が良くないと時間や手間がかかります。

〈自分でできる度〉

A. 遺言がある、または、遺言がなくても相続人同士の仲がよい
⟹ ☆☆☆☆☆ 向いています

B. 遺言がなく、相続人同士の仲もよくない
⟹ ☆☆ 難しいかもしれません

Q8 家族名義になっている故人の財産はありますか?

A8　相続税の対象になるのは亡くなった方名義の財産だけではありません。実は、亡くなった方の「家族」名義になっている財産も、亡くなった方が稼いだものや代々相続したものは、亡くなった方の遺産として相続税申告に含める必要があります。場合によっては、家族名義の財産の実質的な持ち主は誰かを判断するため、専門家の知識が必要になることがあります。

〈自分でできる度〉

A．家族名義の財産の中に実質的な遺産はない

⟹ ☆☆☆☆☆ 向いています

B．家族名義の財産の中に実質的な遺産がある

⟹ ☆ 専門家に相談しましょう

Q9 海外に財産はありますか?

A9　日本に住所のある方が亡くなると、国内にある財産はもちろんのこと、海外の別荘や外国の支店に預け入れた預金など、海外にある財産も日本の相続税申告の対象になります。現地の専門家のサポートが必要になるため、自分ひとりで相続税申告を行うことはかなり難しくなるでしょう。

〈自分でできる度〉

A．海外に財産はない ⟹ ☆☆☆☆☆ 向いています

B．海外にも財産がある ⟹ ☆ かなり難しいでしょう

いかがでしたか。

　Ｑ１からＱ９までの質問を見て「自分でできる度」がすべてＡだった方は、自分で相続税申告ができる可能性が高いです。この本を活用し、ご自身の手で相続税の申告書を完成させて頂きたいと願っています。

　逆に、１つでもＢがあった方は、すべてをひとりで行うことは難しいかもしれません。しかし、資料の集め方や財産評価の方法などをあらかじめ知っておけば、自分でできるところまでチャレンジし、その後、税務署に相談して申告書を完成させたり、税理士などの専門家に残りの手続きを依頼したりすることもできるでしょう。できる範囲で、該当する項目をひととおり確認して頂ければと思います。

ひと目でわかる
パターン別 相続税申告の進め方

　相続手続きの中には、遺産分割や財産の名義書換のように法的な期限がないものもありますが、**相続税の申告と納税は亡くなった日の翌日から10か月以内と期限がはっきり定められています**。遅れると利息や制裁金がかかりますので、進め方をチャートで確認しておきましょう。

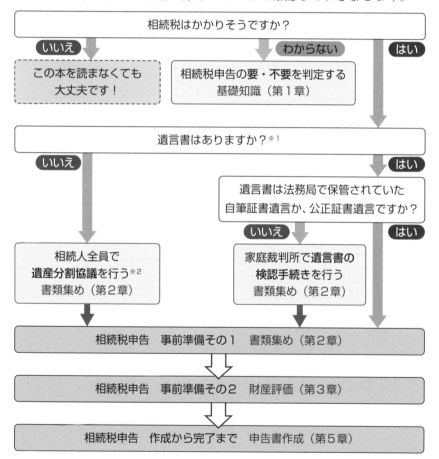

相続税はかかりそうですか？

いいえ → この本を読まなくても大丈夫です！

わからない → 相続税申告の要・不要を判定する基礎知識（第1章）

はい

遺言書はありますか？※1

いいえ → 相続人全員で**遺産分割協議を行う**※2 書類集め（第2章）

はい → 遺言書は法務局で保管されていた自筆証書遺言か、公正証書遺言ですか？

いいえ → 家庭裁判所で**遺言書の検認手続きを行う** 書類集め（第2章）

はい

相続税申告　事前準備その1　書類集め（第2章）

相続税申告　事前準備その2　財産評価（第3章）

相続税申告　作成から完了まで　申告書作成（第5章）

●相続税申告の進め方とこの本の流れ

（第1章）基礎知識　　　　　　　　P33〜54

　相続税のかかる財産とかからない財産、相続人や法定相続人の数、相続税申告の要・不要の判定のしかた、相続税の計算方法、申告書の提出や納税などについて確認しましょう。

（第2章）書類集め　　　　　　　　P55〜134

　相続税申告に必要な「戸籍」関係の書類、「遺産分割」に関する書類、「相続財産」に関する書類の内容や集め方（取得できる場所・費用・注意事項）を理解し、実際に書類を集めましょう。

（第3章）財産評価　　　　　　　　P135〜214

　財産の評価方法を種類ごとに確認し、財産評価を行いましょう。土地や生命保険関係の評価は特に難しいので、ゆっくり読み進め、チャレンジしてみましょう。

（第4章）特例の確認　　　　　　　P215〜234

　相続税が安くなる特例についてです。特例といっても適用を受けられる方は多いので、内容をきちんと理解しておきましょう。

（第5章）申告書作成　　　　　　　P235〜281

　申告書を完成させましょう。事例では、実際に作成する順で記入方法を解説しています。申告書に添付すべき書類をそろえ、納付書も作成しておきましょう。

※1　遺言書が遺留分（一定の相続人に認められている最低限の遺産を受け取る権利のこと）を侵害していても、遺言書の効力自体に影響はありません。通常は遺言書通りに相続税申告を行い、その後遺留分の侵害額請求がされた場合は、修正申告などを行えます。

※2　遺産分割協議が10か月以内にまとまらなければ、法定相続分でいったん仮の相続税申告を行います。その後協議がまとまった場合は、修正申告などを行えます。

10か月以内にまとまらなかったら？ P259

ひと目でわかる　法定相続人

詳しくは
第1章

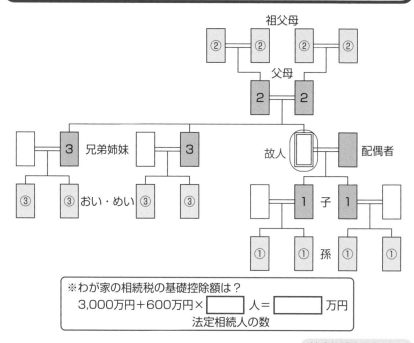

※わが家の相続税の基礎控除額は？

3,000万円＋600万円×［　　　　　］人＝［　　　　　］万円
　　　　　　　　　　法定相続人の数

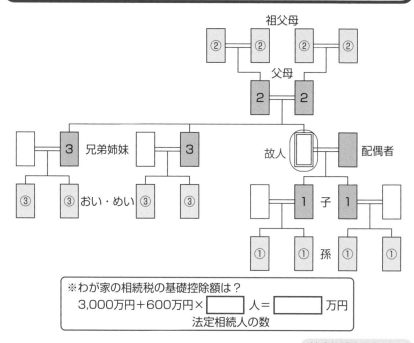

法定相続人の数 P48

・色塗りされている人が法定相続人です。配偶者は、必ず相続人になります。
・数字は相続人になる順位です。また、法定相続分は配偶者とどの順位の人とが相続人になる
　かで変わります。
　　　　　　　　　　　　　　　　　　　　　　　　　　　　法定相続分 P216
・「1 子」の誰かが先に亡くなっている場合、その子である「①孫」は、必ず相続人になりま
　す（「1 子」と「①孫」が同時に相続人になることがあります）。
・「2 父母」のいずれかが先に亡くなっていても、どちらか片方が生きていれば「②祖父母」
　は相続人になりません（「2 父母」と「②祖父母」が同時に相続人になることはありません）。
・「3 兄弟姉妹」の誰かが先に亡くなっている場合、その子である「③おい・めい」は、必ず
　相続人になります（「3 兄弟姉妹」と「③おい・めい」が同時に相続人になることがあります）。

巻頭グラフ

ひと目でわかる
おもな財産ごとの評価方法

詳しくは
第3章

財産の種類		参照	評価方法
土地	宅地（自用地）	P142〜	（路線価方式）路線価×補正率×地積 （倍率方式）固定資産税評価額×倍率
	借地権	P174	自用地の評価額×借地権割合
	貸宅地	P174	自用地の評価額×（1−借地権割合）
	貸家建付地	P175	自用地の評価額×（1−借地権割合×借家権割合）
	雑種地（住宅地の駐車場）	P178	状況が似ている近隣の土地の1㎡あたりの価額をもとにする
家屋	自用家屋	P180	固定資産税評価額
	貸家	P180	固定資産税評価額×70％
現金		P185	死亡日の手許残高
預貯金	普通預金	P185	死亡日の残高
	定期預金	P185	死亡日の残高＋利息（源泉税は差し引く）
有価証券	上場株式	P187	死亡日の終値。ただし死亡月・その前月・その前々月を参考にすることも可能
	非上場株式	P193	原則的評価方式か特例的評価方式のどちらか
	公社債	P189	最終価格または発行価額＋利息（源泉税は差し引く）
	投資信託	P191	死亡日の基準価額
死亡保険金		P200	受取金額。ただし非課税枠がある
生命保険契約に関する権利		P202	解約返戻金相当額
死亡退職金		P207	受取金額。ただし非課税枠がある
定期金に関する権利		P205・208	一定の評価方法により評価する
家庭用財産・自家用車・絵画		P197	死亡日の時価
ゴルフ会員権		P210	死亡日の取引価格×70％
金地金		P210	死亡日の買取価格

ひと目でわかる
相続税の計算のしかた

詳しくは第5章

　まず遺産全体にかかる相続税の総額を計算し、それを相続人や受遺者が引きついだ財産額に応じて割り振って、各人の納税額を計算します。

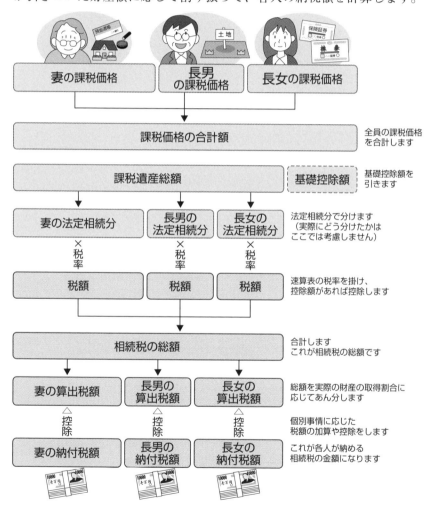

妻の課税価格 ｜ 長男の課税価格 ｜ 長女の課税価格

課税価格の合計額 — 全員の課税価格を合計します

課税遺産総額 — 基礎控除額 — 基礎控除額を引きます

妻の法定相続分 ｜ 長男の法定相続分 ｜ 長女の法定相続分 — 法定相続分で分けます（実際にどう分けたかはここでは考慮しません）

×税率 ｜ ×税率 ｜ ×税率

税額 ｜ 税額 ｜ 税額 — 速算表の税率を掛け、控除額があれば控除します

相続税の総額 — 合計します　これが相続税の総額です

妻の算出税額 ｜ 長男の算出税額 ｜ 長女の算出税額 — 総額を実際の財産の取得割合に応じてあん分します

△控除 ｜ △控除 ｜ △控除 — 個別事情に応じた税額の加算や控除をします

妻の納付税額 ｜ 長男の納付税額 ｜ 長女の納付税額 — これが各人が納める相続税の金額になります

チャートで確認
わが家は相続税申告、いる？ いらない？

　相続税には様々な特例や控除があり、相続税申告をしなくても自動的に適用を受けられるものと、相続税申告をしないと適用を受けられないものとがあります。以下のチャートで確認してみましょう。

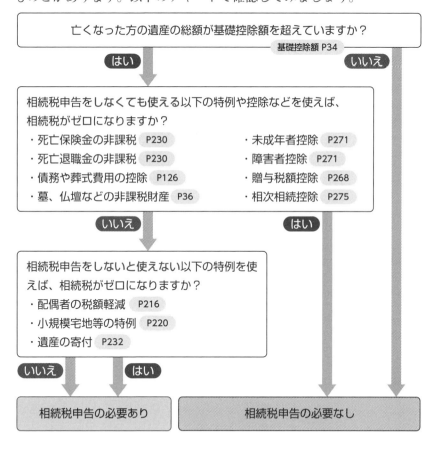

亡くなった方の遺産の総額が基礎控除額を超えていますか？

基礎控除額 P34

はい　　　　　　　　　　　　　　　　　　　　　いいえ

相続税申告をしなくても使える以下の特例や控除などを使えば、
相続税がゼロになりますか？
・死亡保険金の非課税　P230　　　　・未成年者控除　P271
・死亡退職金の非課税　P230　　　　・障害者控除　P271
・債務や葬式費用の控除　P126　　　・贈与税額控除　P268
・墓、仏壇などの非課税財産　P36　・相次相続控除　P275

いいえ　　　　　　　　　　　　　　はい

相続税申告をしないと使えない以下の特例を使えば、相続税がゼロになりますか？
・配偶者の税額軽減　P216
・小規模宅地等の特例　P220
・遺産の寄付　P232

いいえ　　　はい

相続税申告の必要あり　　　　　　相続税申告の必要なし

ひと目でわかる
相続税の申告書　主な様式の一覧（令和4年分用）

詳しくは
第5章

　一般的な相続税申告では、以下の表のうち、自分の相続税申告に関係のあるものを作成し税務署へ提出します。

様式の番号	様式の名前	参照
第1表・第1表（続）	相続税の申告書	P256
第2表	相続税の総額の計算書	P260
第4表	相続税額の加算金額の計算書	P265
第4表の2	暦年課税分の贈与税額控除額の計算書	P267
第5表	配偶者の税額軽減額の計算書	P218
第6表	未成年者控除額・障害者控除額の計算書	P270
第7表	相次相続控除額の計算書	
第8表	外国税額控除額・農地等納税猶予税額の計算書	
第9表	生命保険金などの明細書	P231
第10表	退職手当金などの明細書	
第11表	相続税がかかる財産の明細書	P243
第11・11の2表の付表1・第11・11の2表の付表1（続）	小規模宅地等についての課税価格の計算明細書	P224
第11・11の2表の付表1（別表1）	小規模宅地等についての課税価格の計算明細書（別表1）	
第13表	債務及び葬式費用の明細書	P248
第14表	純資産価額に加算される暦年課税分の贈与財産価額（略）特定の公益法人などに寄附した相続財産（略）の明細書	P233 P250
第15表・第15表（続）	相続財産の種類別価額表	P252

実際の各表の右端には、「○○年分以降用」や「○○年分用」のように表ごとに違った印字がされています。その理由は、法律が改正される都度、影響のある表だけが新しく変更されるからです。

実際に相続税申告を行う際には、必ず税務署の窓口や国税庁のホームページで「亡くなった年」に対応する様式を入手するようにして下さい。

作成が必要な場合
課税価格の合計額や各人の納付税額を計算するため、必ず作成
相続税の総額を計算するため、必ず作成
相続税の2割加算対象者がいる場合に作成
暦年課税で生前贈与を受けた相続人などが贈与税を払っていた場合に作成
配偶者の税額軽減の適用を受ける場合に作成
未成年者控除や障害者控除の適用を受ける場合に作成
亡くなった方が今回の相続の開始前10年以内に相続した財産に相続税を課されていた場合に作成
外国にある相続財産に、外国で日本の相続税に相当する税が課されている場合に作成
死亡保険金を受け取った場合に作成
死亡退職金を受け取った場合に作成
相続税がかかる財産の明細一覧なので、必ず作成
小規模宅地等の特例の適用を受ける場合に作成
小規模宅地等の特例の適用を受ける財産を2人以上が共有で取得する場合や、賃貸マンションなどに空室がある場合に作成
相続人や包括受遺者が負担した債務や葬式費用がある場合に作成
相続開始前3年以内に暦年課税で生前贈与を受けた相続人などがいる場合や、特定の公益法人などに寄付をした財産がある場合に作成
相続した財産の種類別一覧表なので、必ず作成

相続税申告書

◎どのくらいの人が相続税や税務調査の対象になってるの？

　国税庁が公表した直近のデータによれば、令和３年中に亡くなった方のうち相続税が課税された人の割合は、全国平均で9.3%、東京国税局管内（東京、千葉、神奈川、山梨）に限れば14.7%でした。ただしこれは、あくまで「相続税が課税された人＝相続税を納めた人」の割合で、相続税を納める必要はないけれど、相続税申告は必要だったという方は、実はもっとたくさんいらっしゃいます。

　なぜなら、**配偶者の税額軽減や小規模宅地等の特例などの相続税が軽減される特例の適用を受けるには、相続税の申告書を税務署に提出することが要件とされているからです。**そういった方々を含めた「実際に相続税申告を行った人」の割合は、全国平均で11.8%、東京国税局管内では19.6%で、この割合は年々増加しています。

配偶者の税額軽減 P216　　　**小規模宅地等の特例 P220**

　そして、相続税は税務調査が行われる確率が高いことでも知られています。法人税や所得税で税務調査が行われる確率は、申告件数全体の数%ですが、相続税はその倍以上の確率になります。実際に税務調査の対象に選ばれて税務調査が行われると、そのうち８割以上で何らかの申告もれが指摘されます。最近は、税務署の職員が自宅へやってくる実地調査の前に、税理士が税務署へ呼び出される意見聴取、文書や電話での申告もれの指摘も増えています。

　一般的に税務調査の対象に選ばれやすいのは、「生前の収入に比べて金融資産が少ない」「亡くなる直前に多額の預金が引き出されている」「家族名義の金融資産が多い」など、**金融資産の申告もれが想定される場合**です。また最近は、亡くなった方が保険料を払っていた生命保険契約（名義保険）の申告もれの指摘も増えています。税務署は、申告されている亡くなった方名義の財産ではなく、**申告されていない家族の財産を調べに来る**といえますので、十分な注意が必要です。

名義預金 P105　　　**名義保険 P203**

第1章

そもそも相続税って何?
～前提知識の確認 その1～

　従来、相続税は、一部のお金持ちだけにかかる税金でしたが、平成27年に課税最低限が引き下げられ、より幅広い方が対象になりました。それに伴い、節税目的で生前贈与を行う方が増えたため、令和5年度には相続税・贈与税の仕組みが大きく改正され、計算方法が複雑になっています。

　そこで最初にこの章では、相続税とはどんな税金なのかを、できるだけわかりやすく説明したいと思います。

　ご自身のケースに当てはめながら、ゆっくり読み進めてみて下さい。

相続税ってどんな税?

相続税とはどんな税金で、誰が納めるものなのでしょう。

相続税は亡くなった方の財産に課税される税金です

亡くなった方が残した財産は、民法が定める相続人や遺言で財産をもらえると指定された人（受遺者）が引きつぎます。相続税は、それらの方々が財産を引きつぐときに課税される税金で、引きついだ財産額に応じた金額を、各自が納めることになっています。

亡くなった方のことを**被相続人**、財産を引きつぐ権利のある人のことを**相続人**といいます。

相続人 P46

課税価格の合計額が基礎控除額以下ならかかりません

ただし、相続税には**基礎控除額**と呼ばれる非課税枠があります。課税価格の合計額が、基礎控除額を超えていた場合は相続税申告が必要になりますが、**基礎控除額に満たなければ申告の必要はありません**。税務署への手続なども不要です。

課税価格の合計額 P36

基礎控除額は**3,000万円＋600万円×法定相続人の数**で計算します。

法定相続人の数 P48

■相続税の基礎控除額

法定相続人の数	基礎控除額
1人	3,600万円
2人	4,200万円
3人	4,800万円
4人	5,400万円
5人	6,000万円

つまり、遺産を速やかにもれなく探し、全体像を把握することが、相続税の申告における最初の一歩であり、一番大切なことだといえます。

2 相続税のかかる財産・かからない財産・差し引けるもの

相続税のかかる財産の範囲を確認しましょう。

相続税のかかる財産（プラスの財産）

　相続税は、実質的に亡くなった方の財産だと考えられる経済的に価値のあるもののすべてにかかります。大きく分けて次の3種類です。

①相続財産

　土地、家屋、現金、預金や貯金、株式、国債や社債、投資信託、自家用車、家財道具、電話加入権、未収入金など**いわゆる普通の財産**。

②みなし相続財産

　亡くなった方が保険料を支払っていた**死亡保険金**、在職中に亡くなり勤務先から支払われた**死亡退職金**、亡くなった方が保険料を負担していた家族の生命保険契約など。

③生前贈与財産

　相続人や受遺者が、亡くなった方から、

・亡くなる前の3年以内（改正により順次7年以内）に、暦年課税の方法でもらった贈与財産

・相続時精算課税の方法でもらった、すべての贈与財産（改正後は基礎控除を除く）　　　　 法改正 P14　　 暦年課税・相続時精算課税 P131

相続税のかからない財産（非課税財産）

　財産の性質や国民感情などに配慮して、以下の①〜④に相続税はかからないことになっています。

①相続人が受け取った「500万円×法定相続人の数」の金額までの死亡保険金　　　　　　　　　　　　　　　　 死亡保険金の非課税 P230

②相続人が受け取った「500万円×法定相続人の数」の金額までの死亡退職金　　　　　　　　　　　　　　　　 死亡退職金の非課税 P230

③墓地、仏壇、仏具など（投資目的のものを除く）

④国、地方公共団体、特定の公益法人などに寄付をした財産など

国などへの寄付 P232

相続税のかかる財産から差し引けるもの（マイナスの財産）

相続人や包括受遺者が、亡くなった方の**債務**や**葬式費用**を負担した場合、相続税のかかる財産から差し引けることになっています。

包括受遺者 P42

■相続税のかかる部分は？

相続財産	みなし相続財産	生前贈与財産

課税価格の合計額	債務・葬式費用	非課税財産

課税遺産総額	基礎控除額 3,000万円＋600万円×法定相続人の数

↑
この部分に相続税がかかります

ちょっと発展 〈生前贈与財産に相続税がかかる理由〉

相続税は亡くなるときに、贈与税は生きている間に、無償で財産をもらうと課税される税金です。ただし、贈与税はあくまで相続税を「補う」税という位置づけなので、相続で財産を取得した人に対する亡くなる前3年以内の暦年課税による贈与と、相続時精算課税での贈与は、相続財産に加算し相続税で計算し直すことになっています。

なお、相続税の節税目的で生前贈与を行う人が増えたため、令和5年度の税制改正でこの制度が見直され、暦年課税での贈与は亡くなる前7年以内まで、相続税の対象となる期間が順次延長されることになりました。

法改正 P14

3 相続税はどうやって計算する?

相続税の基本的な計算のしかたを理解しましょう。

【例】課税価格の合計額が6,000万円・相続人が2人の場合

①6,000万円から基礎控除額4,200万円を引きます。ここでは債務・葬式費用、非課税財産はないものとします。

課税価格の合計額　6,000万円（長男：自宅4,000万円・長女：預金2,000万円）

課税遺産総額 1,800万円	基礎控除額　4,200万円（3,000万円＋600万円×2人）

②課税遺産総額1,800万円を法定相続分で分けます。ここでは長男と長女が実際に相続した額は考慮しません。 **法定相続分 P216**

課税遺産総額 1,800万円	→	長男　法定相続分1/2　900万円
	→	長女　法定相続分1/2　900万円

③相続税の速算表の税率を900万円にそれぞれ掛け、速算表に控除額があれば控除します。それを合算した金額が遺産にかかる相続税の総額です。 **相続税の速算表 P38**

長男　900万円×10%＝90万円
長女　900万円×10%＝90万円

相続税の総額
180万円

④相続税の総額180万円を、実際に遺産を相続した割合で按分します。長男が自宅4,000万円を、長女が預金2,000万円を相続しているため、各人が納める相続税は、長男120万円、長女60万円となります。

長男が納める相続税　180万円×4,000万円/6,000万円＝120万円

長女が納める相続税　180万円×2,000万円/6,000万円＝60万円

■相続税の速算表

法定相続分に応ずる取得金額	税　率	控除額
1,000万円以下	10%	―
1,000万円超　3,000万円以下	15%	50万円
3,000万円超　5,000万円以下	20%	200万円
5,000万円超　1億円以下	30%	700万円
1億円超　　　2億円以下	40%	1,700万円
2億円超　　　3億円以下	45%	2,700万円
3億円超　　　6億円以下	50%	4,200万円
6億円超	55%	7,200万円

ちょっと確認　〈遺産の全体像は早めに把握しましょう〉

　相続税の申告が必要かどうかは、「相続財産＋みなし相続財産＋一定の生前贈与財産－債務・葬式費用」が基礎控除額を超えているかで判断します。相続人は親族同士の間柄とはいえ、自分以外の人が相続で引きつぐ財産や、生前に贈与を受けた財産の確認には、どうしても時間がかかります。大切な方が亡くなった後は何かと忙しい日々が続きますが、遺産の全体像はなるべく早めに把握するよう努めましょう。

　遺言があるかもしれません。自宅や貸金庫の中に自筆証書遺言がないか、法務局に保管されていないか探してみましょう。公正証書遺言を作成しているかどうかは、公証役場で遺言検索を行えば確認できる場合があります。また、亡くなった方に多額の借金がある、知人の連帯保証人になっているなどの場合は、死後3か月以内に家庭裁判所で相続放棄の手続きをしないと、それらは自動的に相続人に引きつがれてしまいますので、注意が必要です。　　　　遺言保管の確認・検索 P65　　相続放棄 P49

4 相続税申告の要・不要を判定しよう

財産の大まかな評価額を計算し、財産リストを作りましょう。

　遺産の総額が明らかに基礎控除額を超えているような富裕層は別として、**「そもそも相続税申告をする必要があるのか・ないのか分からない」**というご家庭が、実際には多いのではないかと思います。

　そこで以下の資料などをもとに、亡くなった方の「財産リスト」を作ってみましょう。ここではあくまで申告の要・不要を判定するだけなので、相続税法や財産評価基本通達というものに基づいた厳密な相続税評価額ではなく、概算の評価額で構いません。

　基礎控除額を超える財産がありそうだと判断した場合、税務署は**「相続税の申告等についてのご案内」**という文書と一緒に「相続税の申告書」か**「相続税の申告要否検討表」**を遺族宛に郵送します。申告要否検討表は、国税庁のホームページから誰でもプリントアウトできますので、これを財産リストのひな形として使ってもよいでしょう。

※相続税の申告要否検討表
　https://www.nta.go.jp/about/organization/tokyo/topics/souzokuzei/pdf/29_03.pdf

　　　相続税の申告等についてのご案内 P54　　　相続税の申告要否検討表 P44

相続財産の総額が**大体いくら**になるかを確認しましょう

　次に説明する①から⑤までの**相続財産**に、⑥や⑦の**みなし相続財産**と、**生前贈与財産**を足し、**債務**や**葬式費用**を差し引いた金額が基礎控除額を超えている場合は、相続税申告が必要になる可能性が高いです。

【相続財産】

①土地

土地の評価 P136

　毎年5〜6月頃、所有者の自宅に届く固定資産税の納税通知書に同封

されている「固定資産税課税明細書」を見ます。この「価格」欄や「評価額」欄に記載されている**固定資産税評価額に7分の8を掛けた金額**を使いましょう。固定資産税上の評価額を相続税のベースに合わせるため、簡便的に7分の8を掛けて判断します。固定資産税課税明細書の見方 P43

②家屋（建物）
家屋の評価 P180

　家屋は、**固定資産税評価額**をそのまま使います。固定資産税上の評価額が相続税のベースと同じだからです。「固定資産税課税明細書」の「価格」欄や「評価額」欄、「固定資産税課税標準額」欄の金額を確認しましょう。

③預貯金
預貯金・現金の評価 P185

　預金通帳を記帳し、**亡くなった日現在の残高**を確認します。既に預金口座が凍結されてしまった場合は、金融機関の窓口で亡くなった日現在の残高証明書を発行してもらいます。

　残高証明書の発行は、相続人全員の印鑑や同意がなくても、相続人の1人だけで手続きできます。

④有価証券（上場株式、投資信託、国債など）
有価証券の評価 P187

亡くなった日現在の時価を調べます。

　正確を期するなら、証券会社に亡くなった日現在の残高証明書を発行してもらいます。簡便的に判断するなら、証券会社から亡くなった方宛に郵送された直近の「取引残高報告書」に記載されている「評価金額」の金額を使ってもよいでしょう。

　また、上場株式の銘柄ごとの時価は、各種検索サイトの画面にたとえば「○×自動車 株価」のように入力し、調べることも可能です。

⑤その他の財産
その他の財産の評価 P197・P209

　書画や骨董などの美術品、ゴルフ会員権などで高額そうなものがあれば、資料を探し、購入先や取引業者などに「今売却したらいくらで売れるか」を問い合わせてみましょう。

【みなし相続財産】

⑥死亡保険金・生命保険契約に関する権利　　生命保険金等の評価 P200

　相続税がかかるのは、保険会社から支払われた死亡保険金のうち、**亡くなった方が保険料を支払っていた部分に対応する金額**です。受取人が相続人の場合は、死亡保険金から非課税金額（500万円×法定相続人の数）を差し引いた金額を使います。

　保険金の額は保険証券に記載されていますが、既に保険金の請求手続きを済ませた場合は、保険会社に保険証券を提出し、手許にはないかもしれません。その場合、保険金の請求手続き後に保険会社から郵送される「支払通知書」などの記載金額を確認しましょう。

　また、今回の相続では保険金の支払われない保険契約も、**亡くなった方が保険料を負担していたもの**は相続税の対象になります。解約した場合に受け取れる金額を保険会社に確認しましょう。

⑦死亡退職金　　退職手当金等の評価 P207

　受取人が相続人の場合は、受け取った死亡退職金から非課税金額（500万円×法定相続人の数）を差し引いた金額を使います。

　勤務先から直接支払われるもの以外にも、相続税の対象となる退職手当金等にあたるものは多くあります。「退職手当金等受給者別支払調書」や「支払通知書」などを受け取った場合は内容を確認し、分からない場合は支払元に問い合わせてみましょう。　退職手当金等受給者別支払調書 P207

【生前贈与財産】

　相続人や受遺者が、亡くなった方から亡くなる前3年以内（改正により順次7年以内）に暦年課税の方法でもらった贈与財産や、相続時精算課税の方法でもらった贈与財産があれば、もらった方々に金額を確認しましょう。　法改正 P14　受遺者 P34

【債務・葬式費用】

亡くなった方の債務や葬式費用を、相続人や包括受遺者が負担した場合は、相続税がかかる財産から差し引きますが、それ以外の人が負担した場合は差し引けません。金額は領収書などを確認しましょう。

債務・葬式費用 P126

■相続税申告の要・不要

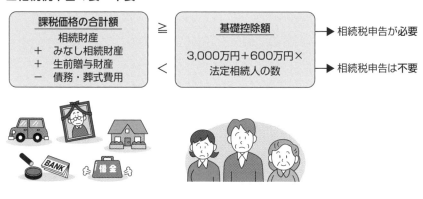

課税価格の合計額		
相続財産		
＋ みなし相続財産		
＋ 生前贈与財産		
－ 債務・葬式費用		

≧ 基礎控除額　➡ 相続税申告が必要

3,000万円＋600万円×法定相続人の数

＜ ➡ 相続税申告は不要

ちょっと発展　〈包括受遺者〉

遺言の形式には、「○○（誰）に××（何の財産）を遺贈する」というように、財産を残す相手と財産名を指定する**特定遺贈**の形と、「○○（誰）に財産の何分の1を残す」というように、割合で指定する**包括遺贈**の形とがあります。包括遺贈の形で書かれた遺言で財産を引きついだ人のことを**包括受遺者**といい、相続人と同じ立場として扱われます。

ちょっと確認　〈固定資産税課税明細書で不動産の全体像を把握しよう〉

亡くなった方が所有していた不動産の全体像を把握するには、「**固定資産税課税明細書**」を確認するのが一番簡単な方法です。課税明細書は、不動産の所在する市区町村から所有者の自宅に郵送されるため、遠方に

あるものでも、固定資産税が非課税や免税点未満のものを除き把握できます。また、土地の地番や家屋の家屋番号などの情報や、相続税申告の要・不要判定に使う固定資産税評価額も分かります。 地番・家屋番号 P79

　ただし、課税明細書の様式は全国一律ではありません。見方が分からない場合は、役所に問い合わせてみましょう。

■**固定資産税課税明細書の見方**（東京23区のマンションの例）

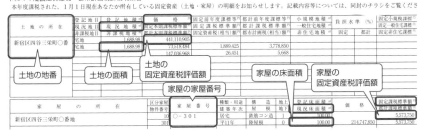

令和4年度固定資産税・都市計画税課税明細書
　本年度課税された、1月1日現在あなたが所有している固定資産（土地・家屋）の明細をお知らせします。記載内容等については、同封のチラシをご覧くださ

　東京23区の場合、マンションの敷地は1棟全体の価格が載っていますので、登記事項証明書（登記簿謄本）で敷地権の割合を確認し、それを全体の価格に掛けて、マンション1室の敷地権の評価額を計算しましょう。

マンションの登記事項証明書 P171　　敷地権の割合・評価 P170

　また、他の方と**共有**していた不動産も、亡くなった方の持分は相続税の対象になります。課税明細書は代表者だけに送付されるため、亡くなった方には郵送されていないかもしれません。計上もれのないよう、気をつけましょう。

　また、**既に亡くなっている方の名義のままの不動産**がないかの確認も必要です。その際に遺言がなく、当時、遺産分割協議もしていない場合は、その一部を今回亡くなった方の財産として、相続税申告に含める必要があるからです。自分では判断が難しい場合は、不動産登記の専門家である司法書士に相談してみましょう。

■〈記入例〉相続税の申告要否検討表

相 続 税 の 申 告 要 否 検 討 表　【提出用】

1　亡くなられた人の住所、氏名（フリガナ）、生年月日、亡くなられた日を記入してください。

住所	東京都新宿区四谷三栄町7番7号	氏名	（ ワタナベ タ ロウ ） 渡辺太郎	生年月日	昭和13年 5月5日
				亡くなられた日	令和4年 12月12日

2　亡くなられた人の職業及びお勤め先の名称を「亡くなる直前」と「それ以前（生前の主な職業）」に分けて具体的に記入してください。

亡 く な る 直 前：無職　　　　　　　　　　　　（お勤め先の名称：　　　　　　　　　　　）
それ以前（生前の主な職業）：会社役員　　　　　　（お勤め先の名称：○○商事株式会社　　　）

3　相続人は何人いますか。相続人の氏名、住所及び亡くなられた人との続柄を記入してください。

	相続人の氏名	フリガナ	相続人の住所	続柄
①	渡辺優子	ワタナベ ユウコ	東京都新宿区四谷三栄町7番7号	妻
②	渡辺大輔	ワタナベ ダイスケ	東京都世田谷区玉川2丁目1番7号	長男
③	田中美紀	タナカ ミキ	東京都練馬区栄町23番7号	長女
④	渡辺拓真	ワタナベ タクマ	東京都世田谷区玉川2丁目1番7号	孫(養子)
⑤				

（注）　相続を放棄された人がいる場合には、その人も含めて記入してください。　　**相続人の数 Ⓐ　4 人**

4　亡くなられた人や先代の名義の不動産がありましたら、土地、建物を区分して（面積は概算でも結構です。）記入してください。

種類	イ 所 在 地	イ 面積（㎡）	ロ 路線価等 （注1．2）	ハ 倍率 （注2）	ニ 評価額の概算 （注3）
① 土地	東京都新宿区四谷三栄町24番	100.00	680,000		6,800 万円
② 建物	東京都新宿区四谷三栄町24番地	93.00	8,000,000		800 万円
③					万円
④					万円

（注）　1　ロ欄は、土地について路線価が定められている地域は路線価を記入し、路線価が定められていない地域は固定資産税評価額を記入してください。また、建物は固定資産税評価額を記入してください。
　　　　2　土地に係るロ欄の路線価又はハ欄の倍率は、国税庁ホームページ【https://www.rosenka.nta.go.jp】で確認することができます。なお、路線価図は千円単位で表示されています。また、建物に係るハ欄の倍率は1.0倍です。
　　　　3　ニ欄は、次により算出された金額を記入してください。
　　　　　《ロ欄に路線価を記入した場合》ロの金額×イの面積（㎡）
　　　　　《ロ欄に固定資産税評価額を記入した場合》ロの金額×ハの倍率（建物は1.0倍）

合計額 Ⓑ　7,600 万円

5　亡くなられた人の株式、公社債、投資信託等がありましたら記入してください（亡くなった日現在の状況について記入してください。）。

銘 柄 等	数量（株,口）	金 額	銘 柄 等	数量（株,口）	金 額
①○○建設（株）	1,000	300 万円	④ 公社債		659 万円
②○○石油（株）	200	100 万円	⑤ 証券投資信託		166 万円
③○○産業（株）	250	100 万円	合計額 Ⓒ		1,325 万円

6　亡くなられた人の預貯金・現金について記入してください（亡くなった日現在の状況について記入してください。）。

預入先（支店名を含む）	金 額	預入先（支店名を含む）	金 額
①　○○銀行○○支店	4,230 万円	④	万円
②	万円	（現金）	100 万円
③	万円	合計額 Ⓓ	4,330 万円
		（ⒷからⒹ）の合計金額	13,255 万円

4.6

7 相続人などが受け取られた生命（損害）保険金や死亡退職金について記入してください。

生命保険金等	保険会社等	金 額	死亡退職金	支払会社等	金 額
	① 〇〇生命保険（相）	イ 1,100 万円		①	ハ 万円
	② △△生命保険（相）	ロ 1,000 万円		②	ニ 万円

		ホ＋ヘの金額
(注) 生命（損害）保険金や死亡退職金は一定額が非課税となりますので、次により計算します。※赤字のときはゼロ 生命保険金等＝（イ＋ロの金額 2,100 万円）－（表面Ⓐの人数 4 人×500万円）＝ホ 100 万円 死亡退職金＝（ハ＋ニの金額 万円）－（表面Ⓐの人数 人×500万円）＝ヘ 万円		Ⓔ 100 万円

8 亡くなられた人の財産で、上記4から7以外の財産（家庭用財産、自動車、貸付金、書画・骨とうなど）について記入してください。

	財産の種類	数量等	金 額		財産の種類	数量等	金 額
①	ゴルフ会員権	1	240 万円	③	生命保険契約に関する権利		450 万円
②	家財一式		20 万円		合計額	Ⓕ	710 万円

9 亡くなられた人から相続時精算課税を適用した財産の贈与を受けた人がいる場合、その財産について記入してください。

	贈与を受けた人の氏名	財産の種類	金 額		贈与を受けた人の氏名	財産の種類	金 額
①			万円	③			万円
②			万円		合計額	Ⓖ	万円

10 亡くなられた人から亡くなる前3年以内に、上記9以外の財産の贈与を受けた人がいる場合、その財産について記入してください。

	贈与を受けた人の氏名	財産の種類	金 額		贈与を受けた人の氏名	財産の種類	金 額
①	渡辺大輔	現金	100 万円	③	渡辺拓真	現金	400 万円
②	田中美紀	現金	100 万円		合計額	Ⓗ	600 万円

11 亡くなられた人から「教育資金」又は「結婚・子育て資金」の一括贈与の非課税の適用を受けた人がいる場合、管理残額を記入してください。

	贈与を受けた人の氏名	資金の種類	管理残額		贈与を受けた人の氏名	資金の種類	管理残額
①			万円	③			万円
②			万円		合計額	Ⓘ	万円

12 亡くなられた人の借入金や未納となっている税金などの債務について記入してください。また、葬式費用について記入してください。

	借入先など債権者の住所・所在と氏名・名称	金 額			金 額
①	4年度分 固定資産税	35 万円	③	葬式費用の概算	150 万円
②	4年度分 住民税	38 万円		合計額 Ⓙ	223 万円

13 相続税の申告書の提出が必要かどうかについて検討します。（概算によるものですので、詳細については税務署にお尋ねください。）

Ⓟの金額 《黒字である場合》相続税の申告が必要です。 《赤字である場合》相続税の申告は不要です。	（表面Ⓑから）の合計金額 Ⓚ	13,255 万円
	（Ⓔから）Ⓖの合計金額 Ⓛ	810 万円
※ あくまでも概算による結果ですので、Ⓝの金額とⓄの金額の差が小さい場合には、申告の要否について更に検討する必要があります。	（Ⓚ＋Ⓛ）－Ⓙの金額 ※赤字のときはゼロ Ⓜ	13,842 万円
	Ⓜ＋Ⓗ＋Ⓘの金額 Ⓝ	14,442 万円
※ 国税庁ホームページ【https://www.nta.go.jp】には、相続税に関する具体的な計算方法や申告の手続きなどの詳しい情報を記載した「相続税の申告のしかた」を掲載しておりますのでご利用ください。	基礎控除額の計算 Ⓞ 3,000万円 ＋（表面Ⓐ 4 人×600万円）＝ 5,400万円	
	（Ⓝ）－（Ⓞ）の金額 Ⓟ	9,042 万円

令和5 年 8 月 2 日

住 所 東京都新宿区四谷三栄町7番7号

氏 名 渡辺優子

日中連絡可能な電話番号 03-3359-4451

作成税理士の氏名、事務所所

> 税理士ではなく相続人などが作成した場合は、空欄で構いません。

（※） 相続税の申告が不要な場合には、この「相続税の申告要否検討表」を税務署に提出してください。

【注意】 「相続税の申告要否検討表」は、相続税の申告書ではありません。

そもそも相続税って何？ 45

5 誰が相続人になるのかを確認しよう

財産を相続する権利のある人を、確認しておきましょう。

　相続人とは、亡くなった方の財産を相続する権利を持つ人のことです。相続税の基礎控除額は、一部の例外を除き、相続人が何人いるかによって決まります。相続税申告が必要かどうかを正しく判断するため、相続人のルールを正しく理解しておきましょう。

一部の例外（法定相続人の数）P48

まず押さえておきたい相続人の基本ルール

①**配偶者**（夫や妻）は常に相続人になります。入籍していれば婚姻期間は問いません。ただし、事実婚の場合は配偶者になりません。

②配偶者以外の相続人には優先順位があり、順番が決まっています。

第一順位　**子**。子がいない場合は孫。子も孫もいない場合はひ孫と続きます。

第二順位　直系尊属（**両親**。両親のどちらもいない場合は祖父母。両親も祖父母もいない場合は曾祖父母と続きます）。

第三順位　**兄弟姉妹**。兄弟姉妹がいない場合はおい・めいまでです。

③②のうち、先の順位の人が1人でもいる場合、後の順位の人は相続人にはなりません。

■相続人の基本ルール

法定相続人 P26

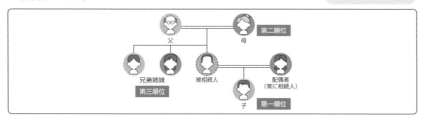

子が先に死亡し孫がいるときは、**代襲相続**がされます

第一順位の子が亡くなった方より先に死亡していた場合、孫が子の代わりに相続人になります。これを**代襲相続**といいます。なお、相続放棄をした場合、その者の下の世代の者に、代襲相続はされません。 相続放棄 P49

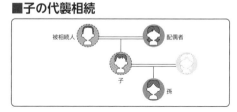

■**子の代襲相続**

被相続人　配偶者　子　孫

兄弟姉妹が死亡しているときの**代襲相続**は、おい・めいまで

第三順位の兄弟姉妹が相続人になる場合で、兄弟姉妹は既に死亡していて兄弟姉妹の子（おい・めい）がいる場合、そのおい・めいが兄弟姉妹の代わりに代襲相続し、相続人になります。ただし、その下の世代の者に再び代襲はされないため、おい・めいが既に死亡していても、その子は相続人にはなりません。

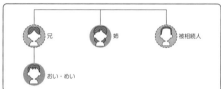

■**おい・めいの代襲相続**

兄　姉　被相続人　おい・めい

先妻・前夫、胎児や養子、非嫡出子などがいる場合のルール

亡くなった方とは既に離婚した**先妻**や**前夫**は、婚姻関係が解消されているため、相続人にはなりません。ただし、**先妻や前夫との子**は、離婚しても子であることに変わりはないため、第一順位の相続人になります。

胎児は、既に生まれたものとみなして、子として第一順位の相続人になりますが、死亡して生まれた場合、相続人にはなりません。

非嫡出子（婚外子）も、子として第一順位の相続人になります。

養子は、実子と同じく第一順位の相続人になります。

養親は、実親と同じく第二順位の相続人になります。 養子縁組 P134

6 法定相続人の数の考え方を確認しよう

基礎控除額や死亡保険金・退職金の非課税限度額の計算で使います。

相続税の基礎控除額は**法定相続人の数**に応じて決まります

　相続税の基礎控除額は、3,000万円＋600万円×**法定相続人の数**で計算しますが、場合によっては、この「法定相続人の数」が「相続人の人数」と一致しない、以下のようなケースがあります。

法定相続人の数が相続人の人数と**一致しないケース**

① 相続放棄をした人がいる場合

　相続放棄をした人は、相続人ではないものとみなされるため「相続人の人数」に含まれませんが、「法定相続人の数」には含まれます。

　たとえば、両親と長男長女の4人家族で父が亡くなり、長男が相続放棄をした場合、「相続人の人数」は母と相続放棄をしていない長女の計2人ですが、「法定相続人の数」は母と長男長女の計3人になります。

② 養子が2人以上いる場合 養子縁組 P134

　養子になっている方が何人いても、その全員が相続人であり亡くなった方の財産を相続する権利を持つため「相続人の人数」に含まれます。

　ただし、「法定相続人の数」には、実子がいる場合は養子のうち1人まで、実子がいない場合は養子のうち2人までしか含まれないという制限があります。

> **ちょっと確認**　〈法定相続人の数という考え方がある理由〉

　相続放棄や養子縁組は、当事者の意思だけで自由に行えます。それにより相続税の非課税枠や税率などが変わることを避けるため、相続税申告では「法定相続人の数」を使います。相続税申告のボーダーラインにかかわることなので、違いを理解しておきましょう。

■ 「法定相続人の数」を使うもの

① **相続税の基礎控除額の計算** P34
　　3,000万円＋600万円×法定相続人の数

② **相続税の総額の計算** 第2表 P260

③ **死亡保険金の非課税限度額** P230
　　500万円×法定相続人の数

④ **死亡退職金の非課税限度額** P230
　　500万円×法定相続人の数

ちょっと確認 〈相続放棄「したつもり」にご注意を！〉

　相続人は、プラスの財産とマイナスの財産の両方を引きつぎます。これを**単純承認**と呼びます。どちらも引きつぎたくない場合は、家庭裁判所に申し出て**相続放棄**を行いましょう。また、家庭裁判所に申し出れば、プラスの財産の範囲内でマイナスの財産を引きつぐ**限定承認**を行うこともできます。

　ただし、相続放棄は相続人がそれぞれ単独でできますが、限定承認は、相続人の「全員」が一緒に行う必要があります。

　また、誤解している方が多いのですが、**相続放棄をするには、必ず家庭裁判所での手続きが必要であり、単に「財産をもらわない」ことを相続放棄とは呼びません**。家庭裁判所で手続きをしないと、財産を何も相続していなくても、亡くなった方に借金など債務があった場合は、法定相続分で負担する義務を負ってしまいます。

　相続放棄と限定承認の期限は、相続開始を知った日から3か月以内で、何もしないままでいると、自動的に単純承認をしたとみなされます。財産も債務も両方いらない場合は、家庭裁判所に相続放棄を申し出た方が安心です。なお、相続放棄をしても、死亡保険金や死亡退職金、遺族年金などは、遺産ではないため受け取れます。

7 申告書の提出や納税について確認しよう

申告書の提出期限や提出先、納税方法を知っておきましょう。

申告書は亡くなった日の翌日から**10か月以内**に提出します

　申告書の提出期限は、亡くなった日の翌日から**10か月以内**です。たとえば、亡くなった日が令和４年12月５日なら、申告書の提出期限は令和５年10月５日です。期限の日が、土日祝日や年末年始の休日（12月29日から１月３日）にあたるときは、これらの日の翌日が期限になります。

亡くなった方の住所地の税務署に提出します

　申告書は、**亡くなった方の死亡時の住所地を所轄する税務署**に提出します。税務署は各都道府県内に複数あるため、国税庁のホームページ「国税局・税務署を調べる」※で管轄地域を確認してから提出しましょう。

　通常は、相続人などの全員が**共同**で１通の申告書を作り、それに全員が記名し、税務署に提出します。争いがあるなど共同で提出することが難しければ、別々に申告書を作り提出しても構いませんが、相続人自身の住所地を所轄する税務署に提出しないよう、気をつけましょう。

※税務署の所在地などを知りたい方　https://www.nta.go.jp/about/organization/access/map.htm

直接持参するか郵送で提出します

　申告書は、税務署へ**直接持参**するか**郵便**で送り提出します。郵送の場合は、税務署へ申告書が「到着した日」ではなく、自分が「**発送した日（消印の日）**」が、法律上、申告書を提出した日とみなされます。申告書は定形外郵便やレターパックでも送れますが、申告期限が迫っているときは、確かに申告期限以前に発送したという記録を残せる**書留**、**特定記録**、**配達証明**で送りましょう。また、郵便局のゆうパックや宅配便など

の荷物を送る方法では、申告書を送ってはいけないことになっています。間違えて送ってしまうと、発送日ではなく税務署への到着日が提出日とされてしまうため、利用しない方がよいでしょう。

相続税も亡くなった日の翌日から**10か月以内**に納めます

相続税を納める期限は、亡くなった日の翌日から**10か月以内**で、申告書の提出期限と同じです。期限より前なら申告書の提出日と相続税の納付日が違っていても構いません。原則、**現金で一括**で納めます。

税務署か金融機関で納めます　　　　　　詳しくは P276

相続税は、**最寄りの金融機関の窓口**か申告書を提出する**所轄税務署**で納める方法が一般的です。申告とは違い納税は、相続人ごとに別々の納付書に必要事項を記入しそれぞれが納めます。他の人の相続税を肩代わりすると、その分が**贈与**になってしまいますので気をつけましょう。

ちょっと確認 〈マイナンバーの確認について〉　詳しくは P278

申告書には、申告する人全員の**マイナンバー（個人番号）**の記載が必要です。税務署の窓口では、申告書に記載されたマイナンバーが正しいかの番号確認と、その人が確かにその番号の持ち主であるという身元確認も行われますので、忘れずに**マイナンバーカード**を持参しましょう。紙製の**通知カード**でも、氏名や住所が現在の住民票と同じなら代用できますが、違う場合は**マイナンバーの記載のある住民票の写し**が必要になります。マイナンバーカードのない方は、さらに**運転免許証、パスポート、公的医療保険の被保険者証など**のいずれかの提示も求められます。郵送で申告書を提出する場合は、上記のコピーをとって添付しましょう。なお、亡くなった方のマイナンバーは不要です。

そもそも相続税って何？　**51**

8 申告や納税をしないとどうなるの?

期限の10か月を過ぎると、利息やペナルティーが課されます。

事情があっても期限は延長してもらえません

「遺産の確認や残高証明書の発行に時間がかかってしまった」「遺産分割協議がなかなかまとまらなかった」「行方不明の相続人がいる」などの事情があったとしても、**申告と納税の期限は延長してもらえません**。

期限に間に合わないと、本来納めるべき相続税に加え、利息や制裁金が余計にかかり、全員にとって損になりますので気をつけましょう。

利息に相当する**延滞税**がかかります

延滞税は、遅れた日数分の**利息**です。納期限から2か月間は年2.4%（令和5年）の割合ですが、それを過ぎると年8.7%（令和5年）の割合でかかります。たとえば、100万円の相続税を納期限から3か月遅れで納めた場合、延滞税は約1万1,000円になります。

さらに遅れたことへの制裁として**無申告加算税**が課されます

無申告加算税は、遅れたことへの**ペナルティー**です。割合は、本来納めるべき相続税の5％相当額ですが、税務署から連絡を受けた後に申告と納税を行うと、通常15％（相続税が50万円を超える場合、超える部分については20％）相当額になります。たとえば、100万円の相続税に対する無申告加算税は5万円で済みますが、税務署から連絡を受けた後だと17万5,000円になってしまいます。

また、意図的に財産を隠すなど偽って不正に相続税を逃れようとした場合、無申告加算税ではなく**重加算税**が課され、相続税の40％相当額のペナルティーになります。最初から正しく申告するようにしましょう。

ちょっと確認 〈税務署はわが家に相続があったことを知ってるの？〉

　給料や年金にかかる所得税や住民税は、勤務先や国が計算し天引きしてくれます。マイホームにかかる固定資産税も、市役所が計算し自宅に納付書を送るか、口座振替してくれます。しかし相続税は、めったに経験することがない上に、申告や納税の面倒な手続きを「期限までに」「自発的に」「自力で」やらなければなりません。税金になじみのない方にとっては、本当に大変なことだと思います。

　ではそもそも税務署は、わが家の相続について何をどこまで知っているのでしょうか。遺族が市役所に死亡届を提出すると、市役所は翌月末までに、相続人の情報や不動産の所有状況、固定資産税上の評価額を税務署に知らせるきまりがあります。つまり税務署は、遺族が税務署には何も手続きしていなくても、相続が発生したことや所有不動産の概要は知っています。また税務署は、過去に提出された様々な書類（所得税の確定申告書、財産債務調書、給与や年金の源泉徴収票、株式の売却や配当金の報告書や支払調書、保険金の支払調書など）をもとに、一定以上の財産を所有していそうな方のリストを作成しています。そのため、相続税の対象になりそうな方が亡くなると、相続の半年後を目途に、主に同居の家族宛に「相続税の申告等についてのご案内」を郵送し、相続税のかかる方は「相続税の申告書」を、かからない方は「相続税の申告要否検討表」を提出するよう案内しているのです。

相続税の申告等についてのご案内 P54　　相続税の申告要否検討表 P44

　相続税のかかる可能性が低そうな方には、「相続税についてのお知らせ」が届くことが一般的です。ただし、それらが届かなくても、課税価格の合計額が基礎控除額を超える場合は、相続税の申告納税が必要です。「知らなかった」では済みませんので気をつけましょう。

課税価格の合計額 P36

そもそも相続税って何？　**53**

■税務署から届く「相続税の申告等についてのご案内」

〒
住所＿＿＿＿＿＿＿＿＿＿＿＿＿＿＿＿＿
氏名＿＿＿＿＿＿＿＿＿＿＿＿＿様

相 続 人 等 各 位

番号＿＿＿＿＿＿＿＿＿＿＿＿＿＿
令和　　　年　　　月　　　日

｜税務署長の氏名の記載及び署長印の押印は省略しています｜

＿＿＿＿＿＿＿＿＿　税 務 署 長

資 産 課 税 （ 担 当 ） 部 門
（電話　　　　　　　　　　　）

担当者	（内線　　　　　　）

相 続 税 の 申 告 等 に つ い て の 御 案 内

　このたびの＿＿＿＿＿＿＿様の御逝去に対し、謹んでお悔やみ申し上げます。

　さて、お亡くなりになられた方の遺産の総額が基礎控除額（3,000万円＋600万円×法定相続人数）を超える場合、亡くなられた方から相続や遺贈によって財産を取得された方は、亡くなられた日の翌日から**10か月以内**に相続税の申告と納税が必要になります。
　つきましては、同封の「相続税のあらまし」を参考に申告と納税の必要があるかどうかを確認いただき、次の1又は2に記載するところにより「相続税の申告書」又は「相続税の申告要否検討表」の提出をお願いいたします。

1　お亡くなりになられた方の遺産の総額が基礎控除額（3,000万円＋600万円×法定相続人数）を超える場合には、令和　　　年　　　月　　　日までに、亡くなられた方の住所地を所轄する税務署へ「相続税の申告書」を提出し納税をしてください。
2　お亡くなりになられた方の遺産の総額が基礎控除額に満たない場合には、「相続税の申告書」の提出は必要ありませんが、申告の要否を確認させていただくために、同封の「相続税の申告要否検討表」を、令和　　　年　　　月　　　日頃までに御提出くださいますようお願いいたします（同封の返信用封筒を御使用ください。）。

（注）1　この御案内は、あなたが過日、市区町村に届出された「死亡届」を基に送らせていただきました。あなたが相続人等でない場合には、お手数ですが、当署資産課税（担当）部門へ御連絡ください。
　　　2　既に「相続税の申告書」又は「相続税の申告要否検討表」の提出をされている場合には、この御案内が行き違いとなったものと思われますので、ご容赦ください。

※　この文書による行政指導の責任者は、上記の税務署長です。

┌───┐
税務署にお掛けいただいた電話は、自動音声で御案内しています。担当者へのお問合わせは、音声案内で「2」番（税務署）を選択した後、交換手に内線番号と担当者名をお伝えください。
└───┘

54

第**2**章

さあ、いよいよ準備開始！まずは書類を集めましょう

相続税申告に必要な書類を集めよう
～事前準備 その1～

　第1章をお読みになり、何となく相続税のイメージはつかめましたか？

　この章では、相続税申告に必要な書類の集め方を説明していきます。入手できる機関や窓口はばらばらで、取得に日数がかかるものもあり、全部そろえるにはそれなりの時間がかかると思います。また、どんな書類なのかを理解していないと正しく依頼できないものもあります。

　相続税申告以外の手続きで必要になる書類もありますので、1つずつ確認しながら集めてみましょう。

相続税申告の手順と全体像を確認しよう

最初に相続税申告の手順と全体像を確認しておきましょう。

相続税申告の**手順**を確認しましょう

相続税申告は、以下の手順で作業を進めます。まずこの章では、最初の手順である【書類集め】について説明していきます。

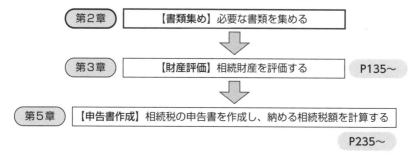

税務署へ提出する**申告書一式**のイメージを理解しましょう

相続税申告の際に税務署へ提出する書類は、大きく分けると、国税庁が定めた様式による**申告書や評価明細書**と、自分で集めたり作成したりした**添付書類**との2種類があります。

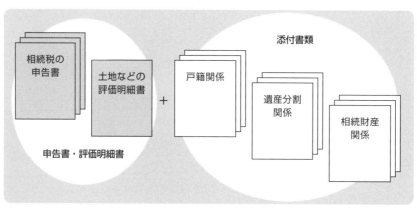

【申告書・評価明細書】

　申告書や評価明細書の用紙は、最寄りの税務署の窓口に行けば、誰でも無料でもらえます。近くに税務署がなければ、切手を貼った返信用封筒を同封し郵送で依頼すれば、自宅に送ってもらえます。

　また、用紙は国税庁のホームページ「相続税の申告書等の様式一覧」※からも印刷できます。

※相続税の申告書等の様式一覧（令和4年分用）

　https://www.nta.go.jp/taxes/tetsuzuki/shinsei/annai/sozoku-zoyo/annai/r04.htm

【添付書類】

　申告書には、以下のような書類を添付します。

⑴	**戸籍関係**の書類	P59〜64
⑵	**遺産分割**に関する書類	P65〜70
⑶	**相続財産**に関する書類	P71〜133

　添付書類は、申告書や評価明細書に記入した内容の根拠を税務署に示すためのものです。中には自分で作成しなければならない書類もあり、手間や時間がかかりますが、「なぜその評価額なのか」「なぜその相続税額になるのか」を説明するための大切な書類です。すべての書類の添付が義務づけられている訳ではありませんが、確実にひとつずつ準備しましょう。

　なお、特例の適用を受ける場合は、要件を満たしていることを証明するため、別途提出すべき書類が定められています。

添付が必要な書類 P278〜281

相続税の申告書の**全体像**を確認しましょう

相続税の申告書は、計算書や明細書も含めて第1表から第15表まであ
りますが、すべての表を作成する必要はなく、自分に必要な表だけを作
成し、税務署へ提出すればよいことになっています。

以下の全体図の(1)から(15)の数字は作成する「順番」を、矢印は内容の
「転記先」を示しています。 主な様式の一覧 P30

■相続税の申告書の全体図

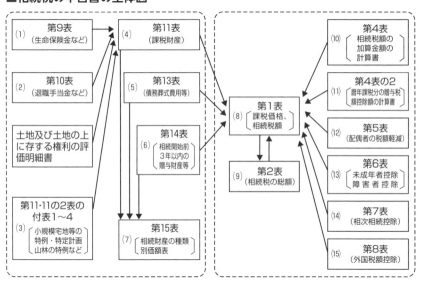

国税庁ホームページ「相続税の申告のしかた（令和4年分用）」P75をもとに著者作図

まず、全体図の左側にある(1)第9表から(7)第15表を作成し、**財産や債
務**の金額を計算していきます。次に、全体図の右側にある(8)第1表から
(15)第8表までを作成し、**相続税額**を計算します。 申告書の作成手順 P236

財産評価の方法が複雑な土地や非上場株式がある場合は、財産評価の
過程が細かく分かるよう、別途、評価明細書を作成します。

土地及び土地の上に存する権利の評価明細書 P152

2 戸籍関係の書類を取得しよう

亡くなった方のすべての相続人を明らかにする戸籍を準備します。

戸籍関係の書類

一般的に必要となる、戸籍関係の書類は以下の通りです。

■戸籍関係　必要書類チェックリスト

☑	誰の	どんな戸籍	取得できる場所・費用
	亡くなった方の	出生から死亡までの連続した	
☐		戸籍謄本	本籍のあった市区町村役場^{※2}（郵送可）・1通450円
☐		除籍謄本	過去に本籍のあった市区町村役場^{※2}（郵送可）・1通750円
☐		改製原戸籍謄本^{※1}	過去に本籍のあった市区町村役場^{※2}（郵送可）・1通750円
☐	相続人全員の現在の	戸籍謄本	本籍のある市区町村役場^{※2}（郵送可）・1通450円。亡くなった方と同じ戸籍の中にいる場合は不要
☐	亡くなった方と相続人全員の記載のある	相続関係説明図または法定相続情報一覧図	自分で作成するか、資格者代理人（弁護士、司法書士、土地家屋調査士、税理士、社会保険労務士、弁理士、海事代理士、行政書士）に作成してもらう^{※3}

※1　「かいせいはらこせきとうほん」とも読みます。
※2　令和6年3月までには、新たにどの市区町村役場でも取得できるようになる予定です。
※3　資格者代理人に作成してもらう場合は、書類作成の費用がかかります。

取得する際の注意点

・戸籍関係の書類は、**亡くなった日から10日を過ぎた日以後に作成されたもの**が必要です。原本は、本人、直系血族、配偶者が取得でき、委任状があれば代理人でも取得できます。

・郵送で取得する場合、各市区町村所定の請求書と請求者の身分証明書のコピーが必要です。請求書には、申請したい戸籍の「本籍地」と「筆頭者」を記入します。手数料分の定額小為替と切手を貼った返信用封筒を忘れずに同封しましょう。

相続関係説明図または法定相続情報一覧図を作りましょう

【相続関係説明図】

　戸籍関係の書類をもとに、亡くなった方と相続人との関係が一目で分かるような**相続関係説明図（家系図）**を作りましょう。特に決まったひな形はありませんので、縦書きでも横書きでも、手書きでもパソコンで作成しても構いません。

【法定相続情報一覧図】

　平成29年5月29日から、法定相続情報証明制度がスタートしました。これは、戸籍関係の書類と共に相続人または資格者代理人が相続関係を一覧に表した「**法定相続情報一覧図**」を作成して法務局に申し出ると、法務局が認証文付きの「**法定相続情報一覧図の写し**」を無料で交付してくれる制度です。Ａ4判の用紙を縦長に置き、パソコンまたは黒色インクのボールペン書きで作成します。相続税では、平成30年4月1日以後に提出する申告書から、この「法定相続情報一覧図の写し」を戸籍関係の書類一式の代わりに使えるようになりました。

　ただし、被相続人や相続人を単に列挙する方式のものではなく、図形式のものに限ります。また、子の続柄は、実子または養子のいずれであるかが分かるよう、戸籍上の続柄（長男、長女、養子など）が記載されている必要がありますので、気をつけましょう。

被相続人のすべての相続人を明らかにする戸籍の謄本 P279

■〈イメージ〉図形式の「法定相続情報一覧図の写し」

最後の住所は、住民票の除票か戸籍の附票を確認して記載します。

法定相続情報番号　００００－００－００００００

相続人の住所は任意ですが、記載すればその後の各種相続手続きで相続人の住所を証する書面の提供が不要になることがあります。

最後の住所　　　　　　被相続人　渡辺太郎　法定相続情報
東京都新宿区四谷三栄町７番７号
最後の本籍
東京都新宿区四谷三栄町２４番地
出生　昭和１３年５月５日
死亡　令和４年１２月１２日
　（被相続人）
　渡　辺　太　郎

住所　東京都世田谷区玉川２丁目１番７号
出生　昭和４２年８月８日
　（長男）
　渡　辺　大　輔　　　　（申出人）

申出人となる相続人には「申出人」と併記します。

住所　東京都練馬区栄町２３番７号
出生　昭和４５年７月７日
　（長女）
　田　中　美　紀

住所　東京都新宿区四谷三栄町７番７号
出生　昭和１８年３月３日
　（妻）
　渡　辺　優　子

住所　東京都世田谷区玉川２丁目１番７号
出生　平成１８年１０月１０日
　（養子）
　渡　辺　拓　真

子の続柄が実子または養子のいずれであるかが分かるように記載されている必要があります。

養子がいるときには、その養子の戸籍の謄本または抄本の添付も必要です。

作成日と作成者の住所と氏名を記載し、署名または記名押印します。

作成日：令和５年２月１日
作成者：住所　東京都世田谷区玉川２丁目１番７号
　　　　氏名　渡　辺　大　輔

以下のとおり、申出日を含んだ認証文、一覧図の写しの発行日、登記所名等、登記官印、注意事項が印字されます。

これは，令和５年２月１日に申出のあった当局保管に係る法定相続情報一覧図の写しである。

令和５年○月○日
東京法務局新宿出張所

　　　　　　　　　　登記官　　　　　　　新宿　太郎

東京法務局
新宿出張所
登記官之印

注）本書面は，提出された戸除籍謄本等の記載に基づくものである。相続放棄に関しては，本書面に記載されない。また，相続手続及び年金等手続以外に利用することはできない。

整理番号　Ｓ００００００　１／１

●戸籍のいろいろ

「戸籍」と一口にいっても様々な種類があり、書類集めの際には混乱してしまうかもしれません。

戸籍は、結婚や離婚、法律の改正などにより一生のうちに複数作られることが一般的です。しかし、新しく作られた戸籍には以前の戸籍の情報の一部しか記載されていないことが多いため、亡くなった方の出生から死亡までの連続した戸籍を取得し、内容を確認する必要があります。

【戸籍謄本・除籍謄本・改製原戸籍謄本】

現在、戸籍は原則として「一組の夫婦とその夫婦の子」という単位で作られています。同じ戸籍の中に生存している人がいる戸籍の写しを**戸籍謄本**といい、戸籍の中に誰もいなくなった戸籍の写しを**除籍謄本**といいます。また、戸籍に関する法律の改正により閉鎖された古い形式の戸籍の写しを、**改製原戸籍謄本**といいます。

【戸籍の附票】

戸籍には住所が書かれてないため、住所の移り変わりを知りたい場合は、**戸籍の附票**という書類を取得します。戸籍の附票には、戸籍に記載されている人の同一戸籍内での住所の移り変わりがすべて記載されています。

【謄本・抄本】

戸籍に記載されている人全員の記載があるものを戸籍**謄本**（戸籍**全部**事項証明書）、戸籍に記載されている人のうち一部の人だけを記載しているものを戸籍**抄本**（戸籍**個人**事項証明書）といいます。相続税の申告書には戸籍謄本の添付が必要です。

●兄弟姉妹などが相続人になる場合に必要な戸籍関係の書類

　相続税の申告書には、**亡くなった方のすべての相続人を明らかにする戸籍を添付する必要があります。** 相続人 P46

　通常は、「**■戸籍関係　必要書類チェックリスト**」でご説明した「亡くなった方の出生から死亡までの連続した戸籍関係の書類」と「相続人全員の現在の戸籍謄本」を添付すればよいのですが、**第三順位の法定相続人である兄弟姉妹やおい・めいが相続人になる場合**は、さらに以下の表の戸籍が必要になります。該当する方は、忘れずに取得して下さい。 戸籍関係 必要書類チェックリスト P59

☑	誰の	どんな戸籍	取得できる場所・費用
●第三順位の**兄弟姉妹**が相続人になる場合				
☐	亡くなった方の両親の	出生から死亡までの連続した	
		除籍謄本	過去に本籍のあった市区町村役場※（郵送可）・1通750円
☐		**改製原戸籍謄本**	
●第三順位の**兄弟姉妹**が相続人になる場合で、既に亡くなっている兄弟姉妹がいるため、**おい・めいが代襲相続する場合** 代襲相続 P47				
☐	既に亡くなっている兄弟姉妹の	出生から死亡までの連続した	
		戸籍謄本	本籍のあった市区町村役場※（郵送可）・1通450円
☐		**除籍謄本**	過去に本籍のあった市区町村役場※（郵送可）・1通750円
☐		**改製原戸籍謄本**	

※　令和6年3月までには、新たにどの市区町村役場でも取得できるようになる予定です。

■〈記入例〉戸籍に関する証明の請求書

戸籍に関する証明の請求書

新宿区長宛て

1 窓口に来た方 について書いてください

		令和 5 年 2 月 1 日

住所	東京都世田谷区玉川2丁目1番7号	電話番号 03−3700−4131
氏名	フリガナ ワタ ナベ ダイ スケ 渡辺大輔	請求する戸籍と窓口に来た方との関係 □戸籍に名前のある方 ☑戸籍に名前のある方の 　夫・妻・子・孫・父母・祖父母（○をつけてください） □届出人 □その他： □代理人・・・委任状を提出してください
生年月日	明・大・昭・平 42年 月 8 日 8	

2 窓口に来た方が代理人の場合は、委任した方 について書いてください

住所		電話番号
氏名	フリガナ	請求する戸籍と委任した方との関係 □戸籍に名前のある方 □戸籍に名前のある方の 　夫・妻・子・孫・父母・祖父母（○をつけてください） □届出人 □その他：
生年月日	明・大・昭・平 年 月 日	

〈聴き取り項目〉

3 請求する証明について書いてください

本籍地	新宿区 四谷三栄町	丁目	24 番地 番

筆頭者 戸籍の最初に書かれている方	フリガナ ワタ ナベ ユウ コ 渡辺優子 明・大・昭・平・令 18年 3 月 3 日生	誰について 個人事項証明・身分証明の際はかならず書いてください	□1の方 □2の方 ☑筆頭者 □亡くなった方 明・大・昭・平・令 年 月 日生

				<請求理由及び使用目的>
戸籍	全部事項証明（戸籍謄本）	1 通		※最近1か月以内に戸籍の届出をされた方はご記入ください
	個人事項証明（戸籍抄本）	通		（ ）届を（ ）月（ ）日に（ ）役所に提出
除籍	全部事項証明	1 通		□戸籍届出用　　　　　　□パスポート用
	個人事項証明	通		□年金用
	謄本・抄本	通		（厚生・国民・共済・基金・労災）年金の（老齢・障害・遺族）の（裁定・死亡・未支給）
改製原戸籍	謄本・抄本	通		の手続きのため（ ）に提出します
一部事項証明 戸籍・除籍		通		☑相続用
除籍記載事項証明		通		亡くなった方の氏名：
□受理証明・□届書記載事項証明		通		生 年 月 日：明治・大正・昭和・平成・令和 13 年 5 月 5 日
届出の件名：婚姻・離婚・出生・死亡・ （ ）届				死 亡 年 月 日：明治・大正・昭和・平成・令和 4 年 12 月 12 日
届出年月日：明・平・令 年 月 日 該当者氏名：		通		請求者からみた続柄：夫・妻・子・父母・祖父母・その他（ ） □死亡の記載があるものを各（ ）通 必要な内容 □（ ）と（ ）の関係が分かる戸籍を各（ ）通 ☑（ 渡辺太郎 ）の出生〜死亡までの戸籍を各（ 1 ）通 □（ ）の（ ）〜（ ）までの期間の戸籍を 　各（ ）通
その他 行政証明 等 □身分証明 　・・・・本人以外は委任状が必要です □不在籍証明 □独身証明書（相談所提出用） □その他：		通		□その他、以下理由のため

偽りその他不正な手段により戸籍証明書等の交付を受けた者は、刑罰（30万円以下の罰金）が科されます。※裏面の注意事項もお読み下さい。

合計	通	円

受付	出力	審査	レジ

職員記入欄
本人確認
免許 個カ
写住 在カ
特カ 旅券
身障
国保 社保
共済 後期
介護 年金
写社 写学
権限確認
委任状 証明書
代表事項 社員
資格確認
戸籍 住基
確認先：

※市区町村により様式が異なります。

64

3 遺産分割に関する書類を準備しよう

遺言がある場合とない場合とで、準備する書類が変わってきます。

遺言がある場合

自筆証書遺言か**公正証書遺言**かにより、準備する書類が異なります。

■遺言がある場合の必要書類チェックリスト

☑	遺言書の種類	必要な書類	取得できる場所・費用
☐	自筆証書遺言	【保管制度利用なし】 検認済証明書の添付された自筆証書遺言のコピー	家庭裁判所・検認申立用の収入印紙800円と連絡用郵便切手
		【保管制度利用あり】 遺言書情報証明書	遺言書保管所（最寄りの法務局の本局、支局等）・収入印紙1,400円
☐	公正証書遺言	公正証書遺言（正本・謄本）のコピー	原本は作成した公証役場で保管・謄本の交付は公証役場で用紙1枚250円

①自筆証書遺言【保管制度利用なし】

　故人の死後、自筆証書遺言を保管していた人や見つけた人は、故人の最後の住所地を管轄する**家庭裁判所**[※1]に遺言書を提出し、**検認**の請求を行わなければなりません。相続税申告には、検認手続きの終了を証する「**検認済証明書**」の添付された遺言書が必要になります。

※1　裁判所の管轄地域　https://www.courts.go.jp/saiban/tetuzuki/kankatu/index.html

②自筆証書遺言【保管制度利用あり】

　故人が保管制度を利用し自筆証書遺言を預けていたかは、故人の死後なら誰でも最寄りの**遺言書保管所（法務局）**で確認できます[※2]。制度を利用していた場合、相続人や受遺者、遺言執行者は、遺言書の写しである「**遺言書情報証明書**」の交付を受けられます。

※2　「遺言書保管事実証明書」の交付請求（800円）を行います。

③公正証書遺言

　公正証書遺言は、控え（正本や謄本）が自宅に見当たらなくても、作成した公証役場に原本が保管されていますので、閲覧や謄本の交付を請求できます。平成元年以降に作成された公正証書遺言は、公証役場のデータベース上で管理され、遺言の有無だけならどの公証役場でも調べられます。念のため、最寄りの公証役場へ足を運んで調べてみましょう。

ちょっと確認　〈遺言通りに相続しなくてもいい？〉

　遺言が残されていても相続人全員の同意が得られれば、**遺言と異なる内容の遺産分割**を行えます。ただし、以下の点に気をつけましょう。まず、遺言で**遺言執行者**が選任されている場合、遺言執行者の同意が必要です。遺言執行者は、遺言通りに財産の名義書換を行う義務があるからです。また、**相続人以外の人**が遺言で財産をもらえると指定されている場合は、その方の同意も必要です。ただし、相続人以外の人は相続人ではないため、その後に行う遺産分割協議に参加できません。つまり、遺言と異なる内容の遺産分割を行うことに同意すると、自分は財産を取得できなくなってしまうので、実際に実行するのは難しいでしょう。

ちょっと確認　〈相続人になる人・ならない人〉

【相続人になる人】

　離婚した両親の子、胎児、未成年者、養子になった人の実親が死亡したときのその養子、国外居住者、など

【相続人にならない人】

　再婚した配偶者の連れ子、家庭裁判所に申述し相続放棄をした人、相続の欠格事由に該当する人、家庭裁判所に請求し推定相続人から廃除された人、など

■〈記入例〉自筆証書遺言の検認の申立書

<table>
<tr><td rowspan="5">受付印</td><td colspan="4">**家 事 審 判 申 立 書** 事件名(遺言書の検認)</td></tr>
<tr><td colspan="4">(この欄に申立手数料として1件について800円分の収入印紙を貼ってください。)</td></tr>
<tr><td colspan="4">印紙 400　　印紙 400</td></tr>
<tr><td colspan="4">(貼った印紙に押印しないでください。)</td></tr>
<tr><td colspan="4">(注意)登記手数料としての収入印紙を納付する場合は、登記手数料としての収入印紙は貼らずにそのまま提出してください。</td></tr>
</table>

収入印紙	円
予納郵便切手	円
予納収入印紙	円

| 準口頭 | 関連事件番号　平成・令和　　年(家　　)第　　　　号 |

| 東 京 家庭裁判所 御中 令和 5 年 2 月 28 日 | 申 立 人 〔又は法定代理人など〕 の 記名押印 | 渡辺大輔 ㊞ |

| 添付書類 | (審理のために必要な場合は、追加書類の提出をお願いすることがあります。) 戸籍・除籍・改製原戸籍謄本　計 5 通 |

<table>
<tr><td rowspan="6">申
立
人</td><td>本　籍
(国　籍)</td><td colspan="2">(戸籍の添付が必要とされていない申立ての場合は、記入する必要はありません。)
東京 ㊞都 道 府 県　　世田谷区玉川2丁目1番</td></tr>
<tr><td>住　所</td><td colspan="2">〒 158-8601　　　　電話　03(3700)4131
東京都世田谷区玉川2丁目1番7号</td></tr>
<tr><td>連絡先</td><td colspan="2">〒　-　　　　電話　(　)
(　　方)</td></tr>
<tr><td>フリガナ
氏　名</td><td colspan="2">ワタ ナベ　ダイ スケ
渡辺 大輔</td><td>昭和 平成 令和 42 年 8 月 8 日生
(　55　歳)</td></tr>
<tr><td>職　業</td><td colspan="2">会社員</td></tr>
</table>

<table>
<tr><td rowspan="5">※
遺
言
者</td><td>本　籍
(国　籍)</td><td colspan="2">(戸籍の添付が必要とされていない申立ての場合は、記入する必要はありません。)
東京 ㊞都 道 府 県　　新宿区四谷三栄町24番地</td></tr>
<tr><td>最後の
住　所</td><td colspan="2">〒 160-0008　　　　電話　(　)
新宿区四谷三栄町7番7号　　　　(　　方)</td></tr>
<tr><td>連絡先</td><td colspan="2">〒　-　　　　電話　(　)
(　　方)</td></tr>
<tr><td>フリガナ
氏　名</td><td colspan="2">ワタ ナベ　タ ロウ
渡辺 太郎</td><td>昭和 平成 令和 13 年 5 月 5 日生
(　　歳)</td></tr>
<tr><td>職　業</td><td colspan="2"></td></tr>
</table>

(注)　太枠の中だけ記入してください。
※の部分は、申立人、法定代理人、成年被後見人となるべき者、不在者、共同相続人、被相続人等の区別を記入してください。
別表第一(1/2)

第2章

申　立　て　の　趣　旨

遺言者の自筆証書による遺言書の検認を求めます。

申　立　て　の　理　由

1　申立人は、遺言者から、平成26年1月2日に遺言書を預か
り、申立人の自宅金庫に保管していました。

2　遺言者は、令和4年12月12日に死亡しましたので、遺言書
（封印されている）の検認を求めます。なお、相続人は別紙の
相続人目録のとおりです。

※ 相続人	本　籍	（戸籍の添付が必要とされていない申立ての場合は、記入する必要はありません。） 東京 ⑲都 道 府 県　新宿区四谷三栄町24番地
	住　所	〒160－0008 東京都新宿区四谷三栄町7番7号（　　　　方）
	フリガナ 氏　名	ワタナベ　ユウコ 渡辺　優子　大正 ㊐昭和 平成 令和 18年 3月 3日生（　79歳）
※ 相続人	本　籍	（戸籍の添付が必要とされていない申立ての場合は、記入する必要はありません。） 東京 ⑲都 道 府 県　練馬区栄町23番地
	住　所	〒176－0006 東京都練馬区栄町23番7号（　　　　方）
	フリガナ 氏　名	タナカ　ミキ 田中　美紀　大正 ㊐昭和 平成 令和 45年 7月 7日生（　52歳）
※	本　籍	（戸籍の添付が必要とされていない申立ての場合は、記入する必要はありません。） 都 道 府 県

家庭裁判所ホームページより(http://www.courts.go.jp/saiban/syosiki_kazisinpan/syosiki_01_17/index.html)

68

遺言がない場合

■遺言がない場合の必要書類チェックリスト

☑	必要な書類	作成方法・取得できる場所・費用
☐	**遺産分割協議書のコピー**	相続人全員が自筆で署名し、実印を押印したものを作成する
☐	相続人全員の印鑑証明書の原本	印鑑登録している市区町村役場（郵送不可）・手数料は市区町村により異なる

　亡くなった方が遺言を残していなかった場合は、遺産の全体像を把握した後、相続人の全員で遺産分割協議を行い、**遺産分割協議書**を作成します。以下の点に注意しましょう。

①相続人の全員が参加すること

　遺産分割協議は相続人の全員が一堂に会して行う必要はなく、電話やメール、書類のやり取りなどで行っても構いません。ただし、全員が確かに合意したことを証明するため、協議書には自筆で署名し**実印**を押印し、各人の**印鑑証明書**を準備しましょう。印鑑証明書は郵送では取得できませんが、印鑑登録証（カード）があれば、代理人でも委任状不要で窓口や自動交付機で取得できます。

　また、**未成年者**や**認知症**などで意思能力のない相続人がいる場合、その状態のままで行った遺産分割協議は無効になります。未成年者は**法定代理人**（親権者）、または、親権者も相続人の場合は家庭裁判所に選任してもらった**特別代理人**が、そして、認知症の方は**成年後見人**が、代わりに遺産分割協議に参加する必要があります。

②分割内容を正確に記載すること

　誰の遺産についての話し合いで、誰が何を相続するのかという点をもれなく記載して下さい。枚数が２枚以上になる場合は、書面と書面とのつながりを証明するため、全員が同じ印鑑で契印（割印）をします。

第2章

■ 〈作成例〉遺産分割協議書

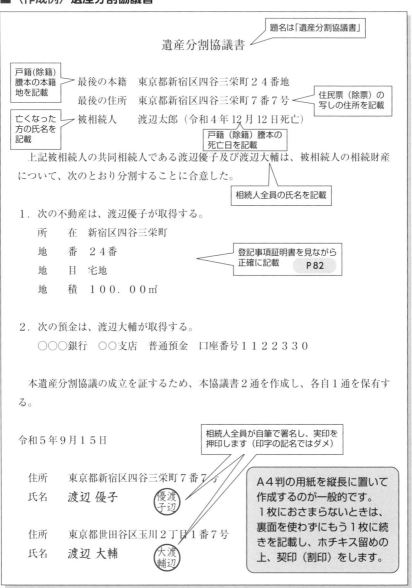

題名は「遺産分割協議書」

遺産分割協議書

戸籍(除籍)
謄本の本籍
地を記載

最後の本籍　東京都新宿区四谷三栄町２４番地

最後の住所　東京都新宿区四谷三栄町７番７号

住民票（除票）の
写しの住所を記載

亡くなった
方の氏名を
記載

被相続人　　渡辺太郎（令和４年12月12日死亡）

戸籍（除籍）謄本の
死亡日を記載

　上記被相続人の共同相続人である渡辺優子及び渡辺大輔は、被相続人の相続財産
について、次のとおり分割することに合意した。

相続人全員の氏名を記載

１．次の不動産は、渡辺優子が取得する。

　　　　所　　在　　新宿区四谷三栄町

　　　　地　　番　　２４番

登記事項証明書を見ながら
正確に記載　　P82

　　　　地　　目　　宅地

　　　　地　　積　　１００．００㎡

２．次の預金は、渡辺大輔が取得する。

　　　　○○○銀行　　○○支店　普通預金　口座番号１１２２３３０

　本遺産分割協議の成立を証するため、本協議書２通を作成し、各自１通を保有する。

令和５年９月15日

相続人全員が自筆で署名し、実印を
押印します（印字の記名ではダメ）

　　　住所　　東京都新宿区四谷三栄町７番７号

　　　氏名　　渡辺 優子　　　（渡辺優子）

　　　住所　　東京都世田谷区玉川２丁目１番７号

　　　氏名　　渡辺 大輔　　　（渡辺大輔）

A４判の用紙を縦長に置いて
作成するのが一般的です。
　１枚におさまらないときは、
裏面を使わずにもう１枚に続
きを記載し、ホチキス留めの
上、契印（割印）をします。

どんな財産に相続税がかかるか確認しよう

相続税のかかる財産とかからない財産とを、確認しておきましょう。

いよいよ**相続財産**に関する書類集めを始めます。

はじめに、どんな財産に相続税がかかるのかをここでもう少し細かく確認しておきましょう。判定欄の○は相続税のかかる財産、×は相続税のかからない財産、△はケースバイケースの（かかる場合とかからない場合がある）財産です。

ここで財産の把握もれが生じると、相続税申告がスムーズに行えないだけではなく、「遺産をわざと隠していたのではないか」と、相続人同士の遺産分割争いに発展することもありますので気をつけましょう。

相続税のかかる財産・かからない財産

	種類や内容	判定欄	掲載ページ
	相続財産		
土地	戸建て（自宅や別荘）の敷地	○	P140〜168
	マンション（自宅や別荘）の敷地	○	P170
	貸家の敷地	○	P175
	駐車場	○	P178
	貸宅地	○	P174
	空き地	○	P174
	田や畑などの農地	○	
	生産緑地	○	
	山林、原野	○	
	借地権（他人の土地に家屋を建て住む権利）	○	P174
	先代名義のままの土地	△	P43
	共有の土地	○	P43

	種類や内容	判定欄	掲載ページ
	相続財産（続き）		
土地（続き）	固定資産税が非課税の私道	△	P153
	売買契約後、引渡し前の土地（売主）	○代金請求権	
	売買契約後、引渡し前の土地（買主）	○引渡請求権 または土地	
	住所や本籍地以外にある土地	○	
	海外にある土地	△	P214
家屋・構築物	戸建て（自宅や別荘）の建物	○	P180
	マンション（自宅や別荘）の部屋	○	P173
	貸家、貸アパート、貸マンション	○	P180
	借家	×	P181
	家屋と構造上一体になっている設備	×	P181
	門や塀	○	P181
	庭	△	P182
	未登記の建物	○	P95
	先代名義のままの建物	△	P43
	共有の建物	○	P43
	建築中の建物	○	P182
	建物の増築部分	○	P182
	建物の改築部分	△	P182
	住所や本籍地以外にある建物	○	
	海外にある建物	△	P214
事業用財産	事業用の手許現金	○	P184
	事業用の（屋号名の）預金口座	○	P184
	売掛金や未収入金	○	P184
	棚卸資産（商品、製品、半製品、原材料、農作物など）	○	P183

種類や内容		判定欄	掲載ページ
相続財産（続き）			
事業用財産（続き）	減価償却資産（機械装置、器具、工具、備品、車両など）	○	P183
	事業用の電話加入権	○	P209
現金・預貯金	現金	○	P185
	普通預金・通常貯金	○	P185
	定期預金・定期郵便貯金・定額郵便貯金	○	P185
	社内預金・財形貯蓄	○	
	外貨預金	○	P185
	故人の家族名義の預金	△	P105
	海外にある預金	△	P214
有価証券など	上場株式	○	P187
	非上場株式	○	P193
	単元未満株式や端株	○	P110
	NISA口座にある株式	○	
	国債・地方債・社債	○	P189
	公社債投資信託（MRFやMMFなど）	○	P191
	株式投資信託	○	P191
	ETF（上場投資信託）	○	P187
	J-REIT（上場不動産投資信託）	○	P187
	信用金庫や農協などへの出資	○	
	故人の家族名義の有価証券	△	P105
	無記名の有価証券	○	
	海外にある有価証券	△	P214
	配当期待権	○	P192・210
	未収配当金	○	P192・210

種類や内容		判定欄	掲載ページ
相続財産（続き）			
家庭用財産など	家具や電化製品などの一般的な家財道具	○	P197
	貴金属、ブランド品	○	
	カメラ、ゴルフクラブ、楽器、ワインなど趣味の道具	○	P115
	自家用車、オートバイ	○	P198
	マリンスポーツやクルージング用プレジャーボートなどの船舶	○	P199
	書、絵画、壺、刀などの美術品	○	P199
	墓地、仏壇、仏具などのうち日常礼拝の用に供しているもの	×	P36
	墓地、仏壇、仏具などのうち投資目的のもの	○	P36
その他の財産	未収入金　死亡後に受け取った給与や賞与	○	P124
	死亡後に受け取った故人の年金	×	P124
	死亡後に受け取った地代や家賃	△	P209
	葬祭費や埋葬料（埋葬費）	×	P124
	高額療養費、傷病手当金	○	P124
	香典	×	
	還付された税金、国民健康保険料、介護保険料、後期高齢者医療保険料	○	P124
	民間の保険の入院給付金、手術給付金	○	P125
	老人ホームから返還された入居金など	○	P209
	ゴルフやリゾートクラブの会員権	○	P210
	代償分割で受け取った代償金	○	P247
	金の地金	○	P210
	他人に対する貸付金	○	P210

種類や内容		判定欄	掲載ページ
相続財産（続き）			
その他の財産（続き）	相続人に対する貸付金	△	P125
	建物更生共済	○	P118
	訴訟中の権利	○	
みなし相続財産など			
生命保険金や権利など	死亡保険金　契約者（保険料負担者）が　　故人	○非課税枠あり	P119
	受取人	×所得税が課税	P119
	それ以外	×贈与税が課税	P119
	剰余金、配当金、割戻金、前納保険料	○非課税枠あり	P201
	遅延利息	×所得税が課税	P201
	高度障害保険金やリビング・ニーズの生前給付金の使い残し	○非課税枠なし	P202
	住宅ローンの返済中に亡くなり受け取った団体信用生命保険の保険金	×	P202
	生命保険契約　被保険者が故人以外で　契約者（保険料負担者）が故人で　　解約返戻金のあるもの	○非課税枠なし	P202
	解約返戻金のない掛け捨てのもの	×	P202
	故人が受け取っていた個人年金の残りを遺族が受け取る権利	○非課税枠なし	P205
損害保険など	偶然の事故で死亡し受け取った損害賠償金	×	
	自賠責保険の保険金、対人賠償保険の保険金　※相手（加害者）の保険から支払われるもの	×	P206
	搭乗者傷害保険・自損事故保険の死亡保険金　※故人（被害者）が保険料を払っていたもの	○非課税枠あり	P206

種類や内容		判定欄	掲載ページ
みなし相続財産など（続き）			
損害保険など（続き）	無保険車傷害保険の保険金	×	
	人身傷害補償保険の死亡保険金　　相手（加害者）の過失部分　　故人（被害者）の過失部分	×　　○非課税枠あり	P206　　P206
退職手当金や権利など	勤務先から遺族に支払われた死亡退職金	○非課税枠あり	P121
	弔慰金・花輪代・葬祭料	△	P121
	現物で支給された死亡退職金	○非課税枠あり	
	確定給付企業年金の遺族給付金	○非課税枠あり	P121
	特定退職金共済の遺族一時金	○非課税枠あり	P121
	適格退職年金の遺族一時金	○非課税枠あり	P121
	企業年金連合会の死亡一時金	○非課税枠あり	P121
	企業型確定拠出年金やiDeCo（個人型確定拠出年金）の死亡一時金	○非課税枠あり	P121
	小規模企業共済の共済金（遺族が受取り）	○非課税枠あり	P121
	中小企業退職金共済の退職金（遺族が受取り）	○非課税枠あり	P121
	企業年金基金の遺族一時金	○非課税枠あり	P121
	国民年金基金の遺族一時金	×	
	厚生年金基金の死亡一時金	×	P207
	分割・年金形式で受け取る死亡退職金	○非課税枠あり	P208
	故人が受け取っていた各種の企業年金や退職年金を遺族が継続して受け取る権利	○非課税枠なし	P208
	国民年金や厚生年金の遺族年金	×	P208
	遺族恩給	×	P208

種類や内容	判定欄	掲載ページ
生前贈与財産		
相続開始前3年以内の暦年課税による贈与		
相続で財産を取得した人への贈与	○	P131
相続で財産を取得しなかった人への贈与	×	P131
死亡保険金だけを受け取った人への贈与	○	P131
贈与税の基礎控除額(年110万円)以下の贈与	△	P131
亡くなった年（死亡前）に受けた贈与	△	P131
相続時精算課税による贈与	○	P131
贈与税の配偶者控除による贈与	×	P251
各種非課税特例を使った贈与		
住宅取得等資金贈与	×	P131
教育資金一括贈与	△	P131
結婚・子育て資金の一括贈与	△	P132

相続税のかかる財産から差し引けるもの・差し引けないもの

　判定欄の○は相続税のかかる財産から差し引けるもの、×は差し引けないもの、△はケースバイケースの（差し引ける場合と差し引けない場合がある）財産です。

種類や内容	判定欄	掲載ページ
債務		
未払いの固定資産税、所得税、住民税、社会保険料など	○	P127
借入金	○	P127
団体信用生命保険に加入していた場合の住宅ローンの残債	×	P202
相続後に支払った医療費	○	P108
未払いの水道光熱費、電話代、新聞、クレジットカードの利用料など	○	P127

種類や内容	判定欄	掲載ページ
債務（続き）		
未払いの墓地、仏壇、祭具の購入費用（生前に購入）	×	
貸家や貸駐車場の預り敷金や預り保証金	○	P127
故人の後見人に対する後見人報酬の未払分	○	
信託銀行、弁護士、税理士、司法書士などに払った遺言執行報酬・相続税申告報酬・相続登記の報酬など	×	
遺産分割で争いになった場合の弁護士費用	×	
連帯債務（負担すべきことが明らかな金額部分）	○	
保証債務	×	
葬式費用		
通夜、葬儀、告別式の費用	○	P128
埋葬、火葬、納骨にかかった費用	○	P128
お寺に払った読経料、戒名料、お布施など	○	P128
通夜、告別式の際の飲食費用	○	P128
手伝ってくれた人への心づけ	○	P128
当日の参列者に渡す会葬御礼の費用	○	P128
遺体の捜索や遺体・遺骨の運搬費用	○	P128
遺体の解剖費用	○	P128
通夜や葬儀中のタクシー代	○	
遠方からの参列者の旅費、宿泊代など	×	
後日行う初七日や四十九日法要の費用	×	P128
香典返しの費用	×	P128
墓地、仏壇、祭具の購入費用（相続後に購入）	×	P128

5 土地に関する書類を取得しよう

種類や数が多くて大変ですが、もれのないよう確実に取り寄せましょう。

地番や家屋番号を確認してから、書類集めを始めましょう

　土地や家屋（建物）の１つ１つを特定できるよう、土地には「**地番**」、家屋には「**家屋番号**」がつけられています。この地番や家屋番号は、私たちが普段使っている住民票の住所や郵便物の宛先（住居表示）とは違うことも多いのですが、相続税申告ではこの地番や家屋番号の情報が必要になります。

　地番や家屋番号は、「固定資産税課税明細書」「登記事項証明書（登記簿謄本）」「不動産の権利証（登記済証）」「登記識別情報通知書」などに記載されています。まずは、亡くなった方がそれらの書類を保管していないかを探し、その後、相続税申告に必要な書類を集め始めましょう。

　土地と家屋は重複する書類が多いため、一緒に集めると効率的です。

■土地　必要書類チェックリスト

☑	書類名	取得できる場所・費用	注意事項
☐	固定資産税課税明細書	毎年、土地所在地の市区町村役場（東京23区は都税事務所）から郵送される	固定資産税課税明細書P43
☐	登記事項証明書	法務局（郵送可）・600円	全部事項証明書を取得すること
	または登記情報	インターネットの登記情報提供サービス・332円	
☐	固定資産評価証明書	土地所在地の市区町村役場。東京23区は都税事務所（郵送可）・手数料は市区町村により異なる	亡くなった年のものが必要

☑	書類名	取得できる場所・費用	注意事項
☐	名寄帳（土地家屋課税台帳・固定資産課税台帳）	土地所在地の市区町村役場。東京23区は都税事務所（郵送可）・手数料は市区町村により異なる	亡くなった年のものが必要
☐	公図	法務局（郵送可）・450円。インターネットの登記情報提供サービス・362円	
☐	地積測量図		土地によってはないことも
☐	住宅地図	図書館でコピー可・コピー代。コンビニのマルチコピー機でプリントアウト可・1枚400円	
☐	ブルーマップ	図書館でコピー可・コピー代	発行されていない地域あり
☐	路線価図	国税庁のホームページから印刷可・無料	路線価方式で評価する場合
	又は評価倍率表		倍率方式で評価する場合
☐	現地の写真	現地で撮影する	Googleマップのストリートビューなども参考になる
☐	土地の賃貸借契約書	貸している・借りている土地がある場合。なければ不動産管理会社に尋ねること	土地の所有者と利用者が違う場合
☐	土地の無償返還に関する届出書	過去に税務署に提出している場合。控えが自宅にあれば	土地を無償で返す約束をしている場合

書類を集める上でのポイント

・登記事項証明書

　いわゆる登記簿謄本で、地番ごとに作られています。以前は紙で管理されていましたが、今はすべてコンピュータ化され登記事項証明書になりました。現在の状況だけが記載された「現在事項証明書」ではなく、過去の履歴もすべて記載されている「**全部事項証明書**」を取得します。

【窓口で請求する場合】

　原則として不動産の所在地にかかわらず、全国どの法務局でも、誰でも取得できます。法務局にある交付申請書に必要事項を記入し、請求する通数分の収入印紙を購入し、申請書に貼って請求手続きを行います。

【郵送で請求する場合】

　交付申請書は法務省のホームページ[※1]からダウンロードできます。必要事項を記入し、請求する通数分の収入印紙を貼り、切手を貼った返信用封筒を同封の上、法務局に郵送します。

※1　法務省各種証明書請求手続　https://houmukyoku.moj.go.jp/homu/category_00002.html

・登記情報

　インターネットの「**登記情報提供サービス**」[※2]から取得できます。

　登記情報提供サービスは、土地や建物の登記情報、公図、地積測量図、建物図面などを、インターネットを利用し取得できるサービスです。自宅のパソコンからプリントアウトしたり、データのまま保存したりすることができます。一時利用するための登録手続きが必要ですが、手数料は登記事項証明書より安くクレジットカードで決済できるため、こちらを利用するのも1つの方法です。　**公図、地積測量図 P86**　　**建物図面 P96**

※2　登記情報提供サービス　https://www1.touki.or.jp

■土地の登記事項証明書（登記簿謄本）の例

■ 〈記入例〉登記事項証明書交付申請書

不動産用の交付
申請書を使用します

不動産用

登記事項証明書
登記簿謄本・抄本交付申請書

※ 太枠の中に記載してください。

住 所	東京都世田谷区玉川2丁目1番7号
	フリガナ　ワタ ナベ ダイ スケ
氏 名	渡辺大輔

収入印紙欄

収入印紙

収入印紙

※地番・家屋番号は、住居表示番号（〇番〇号）とはちがいますので、注意してください。

種 別 (レ印をつける)	郡・市・区	町・村	丁目・大字・字	地　番	家屋番号 又は所有者	請求通数
1 ☑土地 2 □建物	新宿区	四谷 三栄町		2 4		1
3 □土地 4 □建物						
5 □土地 6 □建物						

ここに1通あたり600
円の収入印紙を貼ります

他にも所有している不
動産がありそうな場合
はここにチェックをつ
けます

収入印紙は割印をしないでここに貼ってください。（登記印紙も使用可能）

※共同担保目録が必要なときは、以下にも記載してください。
次の共同担保目録を「種別」欄の番号_____番の物件に付ける。
☑現に効力を有するもの □全部（抹消を含む）□ (__)第_____号

※該当事項の口にレ印をつけ、所要事項を記載してください。

□ 登記事項証明書・謄本（土地・建物）
☑ 専有部分の登記事項証明書・抄本（マンション名_____）
　□ただし、現に効力を有する部分のみ（抹消された抵当権などを省略）

すべての情報が記
載されている証明
書を請求します

　一部事項証明書・抄本（次の項目も記載してください。）
　□_____に関する部分
　□所有者事項証明書（所有者・共有者の住所・氏名・持分のみ）
　　□ 共有者_____

□ コンピュータ化に伴う閉鎖登記簿
□ 合筆、滅失などによる閉鎖登記簿・記録　昭和
平成___年___月___日閉鎖)

交 付 通 数	交 付 枚 数	手 数 料	受 付 ・ 交 付 年 月 日

(乙号・1)

第2章

相続税申告に必要な書類を集めよう　83

・固定資産評価証明書

　土地が所在している市区町村役場の窓口か郵送で取得します。ただし、東京23区は、所在地に限らずどの都税事務所でも取得できます。

　申請書の書式や必要書類、手数料は市区町村により違いますが、所有者の相続人が、所有者が亡くなったことと窓口へ行った人が相続人であることを証明できる戸籍謄本と身分証明書を持参すれば、取得できることが一般的です。また、委任状があれば、代理人でも取得できます。

　相続登記では、登記申請を行う年度の評価証明書を使いますが、相続税申告では、亡くなった年の固定資産評価証明書が必要です。

■固定資産評価証明書の例

固 定 資 産（土 地 ・ 家 屋）評 価 証 明 書

所有者	住　所	■■区■■町■■番地	証明を必要とする理由	登記所へ提出
	氏名（名称）	■■　■■		

所在等	■■区■■町■番	登記地目　宅地 現況地目　宅地	地積 ㎡ 登記地積 ●●●.●● 現況地積 ●●●.●●	令和4年度価格（円） ●●,●●●,●●●

摘　要	固定資産税課税標準額　　●●,●●●,●●● 円 都市計画税課税標準額　　●●,●●●,●●● 円 課税標準の特例額　　　　●●,●●●,●●● 円 比準課税標準額　　　　　●●,●●●,●●● 円

上記のとおり証明します。

第01234号
令和5年6月1日
東京都新宿　都税事務所長

東京都
税事務
所長印

84

・名寄帳
なよせちょう

　亡くなった方がその市区町村内に所有していたすべての不動産の一覧表で、**土地家屋課税台帳**や**固定資産課税台帳**とも呼ばれます。固定資産評価証明書と同じ場所や方法で取得でき、固定資産税が**非課税**の土地や**未登記**の家屋についても記載されていることが一般的ですが、念のためそれらの記載もお願いしましょう。　　　　　　　　　　　**未登記 P97**

　また、遺産の中に路線価のついていない地域の更地や駐車場などの雑種地がある場合には、固定資産評価証明書や名寄帳を取得するときに「相続税申告に使うので、近傍宅地の1㎡あたりの固定資産税評価額も記載して頂けますか」と依頼しましょう。　**路線価 P142**　**雑種地の評価 P178**

　単独で所有していた不動産と、他の方と**共有**していた不動産とでは、名寄帳は別になります。別途請求が必要な場合もありますので、該当する場合はその旨も忘れずに伝えます。

第2章

■名寄帳の例

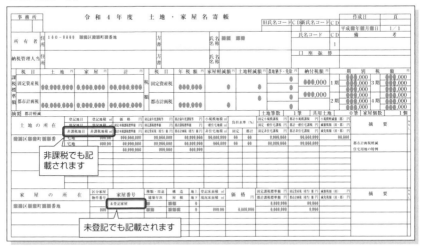

・公図・地積測量図

　公図（地図や地図に準ずる図面）や**地積測量図**は、土地の間口や奥行、形など、土地の位置や形状を確認するための図面です。原則として土地の所在地にかかわらず、全国どの法務局の窓口でも郵送でも、誰でも取得できます。

　公図より地積測量図の方が正確な形が分かりますが、地積測量図は土地によっては存在しないことがあります。法務局で調べてもらい、地積測量図があれば公図と地積測量図の両方を、なければ公図のみを取得します。

　公図と地積測量図は、インターネットの「**登記情報提供サービス**」※からも取得できます。

登記情報提供サービス P81

※登記情報提供サービス　https://www1.touki.or.jp

■地積測量図の例

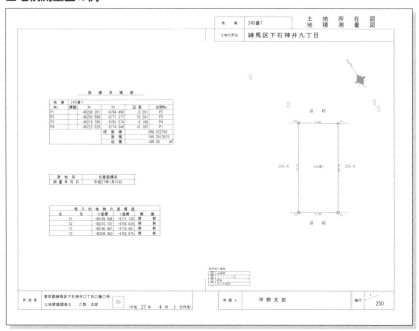

■公図の例

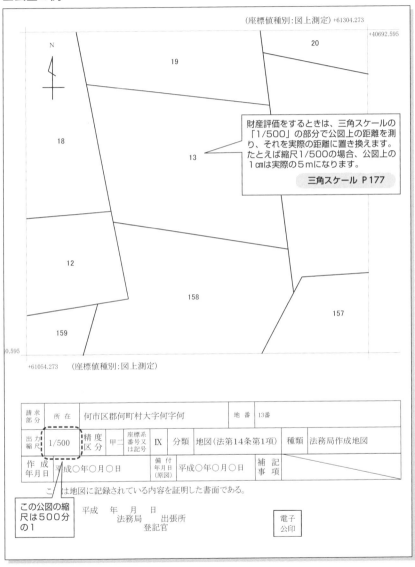

(座標値種別:図上測定) +61304.273

財産評価をするときは、三角スケールの「1/500」の部分で公図上の距離を測り、それを実際の距離に置き換えます。たとえば縮尺1/500の場合、公図上の1cmは実際の5mになります。

三角スケール P177

(座標値種別:図上測定)

盛岡地方法務局ホームページより (https://houmukyoku.moj.go.jp/morioka/content/000133360.pdf)

公図表

請求部分	所在	何市区郡何町村大字何字何		地番	13番			
出力縮尺	1/500	精度区分	甲二	座標系番号又は記号	IX	分類	地図(法第14条第1項)	種類 法務局作成地図
作成年月日	平成〇年〇月〇日		備付年月日(原図)	平成〇年〇月〇日		補記事項		

これは地図に記録されている内容を証明した書面である。

この公図の縮尺は500分の1

平成　年　月　日
法務局　　出張所
登記官

電子公印

第2章 tab第2章

■〈記入例〉公図・地積測量図の証明書申請書

地図・各種図面用	地　　　　図　の　証明書　申請書
	地積測量図等　の　閲　覧　申請書

※ 太枠の中に記載してくださ

窓口に来られた人	住所	東京都練馬区栄町２３番７号
（申請人）	フリガナ　タ　ナ　カ　ミ　キ	
	氏名	田中美紀

※地番・家屋番号は、住居表示番号（○番○号）とはちがいますので、注意してください。

種別 （レ印をつける）	郡・市・区	町・村	丁目・大字・字	地番	家屋番号	請求通数
1 ☑土地	新宿区	四谷三栄町		２４		1
2 □建物						1
3 □土地						
4 □建物						
5 □土地						
6 □建物						
7 □土地						
8 □建物						
9 □土地						
10□建物						

> 公図は１筆ごとに申請します。離れた場所に土地がある場合は、すべての筆を記入し申請します。ただし、複数の筆が近くにまとまって所在しているなら、中心あたりの１筆だけを申請すれば、周囲の筆も同じ公図に載っていることが多く、その方が手数料を節約できます　**公図の例 P87**

> ここに収入印紙を貼ります。公図は１筆、地積測量図は１事件ごとに600円です　**筆 P140**

（どちらかにレ印をつけてください。）

☑ 証明書　　□ 閲覧

※該当事項の□にレ印をつけ、所要事項を記載してください。

☑ 地図・地図に準ずる図面（公図）　（地図番号：＿＿＿＿＿＿＿）

☑ 地積測量図・土地所在図
　☑ 最新のもの　□昭和／平成＿＿＿年＿＿月＿＿日登記したもの

□ 建物図面・各階平面図
　□ 最新のもの　□昭和／平成＿＿＿年＿＿月＿＿日登記したもの
　□　　　の図面（　　　　　　　　　　　）

> 「最新のもの」にチェックをつけます

□　　　　した地図・地図に準ずる図面（公図）

□ 閉鎖した地積測量図・土地所在図（昭和／平成＿＿＿年＿＿月＿＿日閉鎖）

□ 閉鎖した建物図面・各階平面図（昭和／平成＿＿＿年＿＿月＿＿日閉鎖）

交付通数	交付枚数	手数料	受付・交付年月日

（乙号・4）

収入印紙欄

収入印紙

収入印紙

収（入紙　可能）　をしないでここに貼ってください。

88

・住宅地図

　民間業者が発行している**住所**が表示された市販の地図です。土地の位置や形状、周辺の利用状況などを確認するために取得します。

　株式会社ゼンリンの住宅地図は、１冊約１〜３万円と高価ですが、**ゼンリン住宅地図プリントサービス**[※1]を利用すれば、コンビニエンスストア（セブン-イレブン、ローソン、ファミリーマート、ミニストップ、デイリーヤマザキ、セイコーマート）の店頭にあるマルチコピー機で、必要なエリアだけを指定し、プリントアウトができます。

※1　ゼンリン住宅地図プリントサービス
　　 https://www.zenrin.co.jp/product/category/residentialmap/j-print/index.html

第2章

・ブルーマップ

　住宅地図に公図を重ね、**住所**から土地の**地番**を調べられるようにした地図で、１冊数万円と高価です。都市部以外の地域などブルーマップ自体が発行されていない地域もありますが、亡くなった方の土地がブルーマップの発行されている地域にある場合は、住宅地図ではなくブルーマップを取得し、土地の位置や形状、周辺の利用状況などを確認します。

　国立国会図書館[※2]には全国すべてのブルーマップがあり、Ａ３カラー１枚116円（税抜）で誰でもコピーできます。また、ブルーマップは管轄の法務局に備え付けられていて、無料で確認できます。ただし、法務局ではコピーはできません。

※2　国立国会図書館　https://www.ndl.go.jp
　　 東京本館　東京都千代田区永田町1-10-1　電話03-3581-2331
　　 関西館　　京都府相楽郡精華町精華台8-1-3　電話0774-98-1200

・路線価図・評価倍率表

　宅地の評価額は、**路線価方式**か**倍率方式**のいずれかで求めます。路線価方式で評価する場合は**路線価図**が、倍率方式で評価する場合は**倍率表**が必要になります。国税庁のホームページ「**財産評価基準書 路線価図・評価倍率表**」※からプリントアウトするか、最寄りの税務署に出向き、備え付けのパソコンを使って入手しましょう。　**路線価方式・倍率方式 P142**

　路線価図と倍率表は、「亡くなった年分」のものを使います。ただし、それらが国税庁から公表されるのは毎年7月1日前後のため、遺産に土地が含まれる場合の相続税申告は、7月1日以後でないと行えません。

　路線価方式と倍率方式、どちらで評価するのか分からない場合は、以下の「倍率表の取得方法」に沿って確認しましょう。なお、現状、東京23区内はすべて路線価方式で評価します。

■倍率表の取得方法（どちらの方法で評価するのかの確認手順）

①国税庁のホームページ「財産評価基準書 路線価図・評価倍率表」※で、「亡くなった年分」のタブを選び、宅地が所在する「都道府県名」の文字か日本地図上の所在地をクリックする。

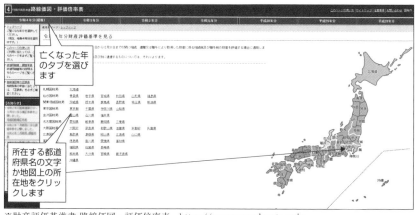

※財産評価基準書 路線価図・評価倍率表　https://www.rosenka.nta.go.jp

90

②次のページで「評価倍率表（一般の土地等用）」をクリックする。

③次のページで宅地が所在する「市区町村名」をクリックする。

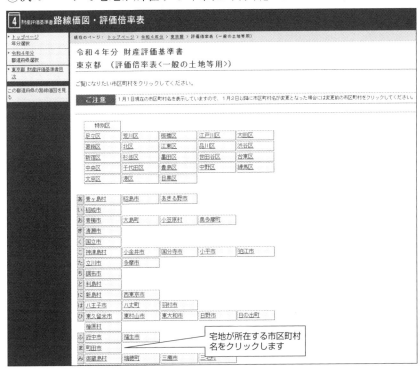

④「倍率表」が表示されるので、該当する「町（丁目）又は大字名」を
　見る。

　「**宅地**」の列に「1.1」などの**倍率**が書かれていた場合は、倍率方式で
評価するため、その表示されたページを印刷する。

　「**路線**」と書かれていた場合は、路線価方式で評価するため、次のペ
ージの「路線価図の取得方法」に沿って進み、路線価図を取得する。

■**倍率表の例**（どちらの方法で評価するのかの確認例）

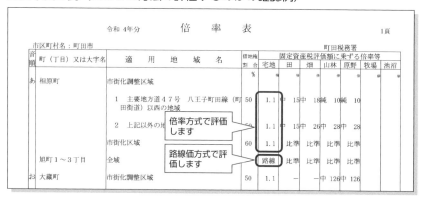

■路線価図の取得方法

①国税庁のホームページ「財産評価基準書 路線価図・評価倍率表」※で、「亡くなった年」のタブを選び、宅地が所在する「都道府県名」の文字か日本地図上の所在地をクリックする。

※財産評価基準書 路線価図・評価倍率表　https://www.rosenka.nta.go.jp

②次のページで「路線価図」をクリックする。

③次のページで宅地が所在する「市区町村名」をクリックする。

④次のページで宅地が所在する「地名（町又は大字）」を探し、右にある「路線価図ページ番号」をクリックすると、「路線価図」が表示される。

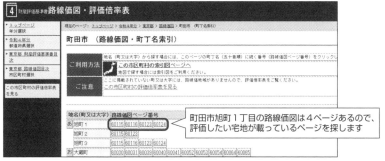

　町の面積が広い場合は、上記のようにページ番号が複数表示される。その場合は、番号を1つずつクリックして路線価図を画面に表示させ、住宅地図やブルーマップと見比べながら、自分が評価したい宅地が載っているページを探していき、印刷する。

■路線価図の例

路線価図の見方　P143

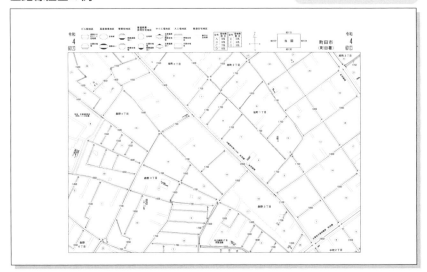

ちょっと確認　〈とりあえず持っていくもの5点セット〉

　平日に何度も時間を割いて、役所などへ足を運ぶのは骨が折れますね。そこで、最初にその窓口へ行くときに以下のものを持参すると、手続きが比較的スムーズに進みます。ポーチやファイルにまとめておけば、さっとバッグに入れて出かけられるので、便利です。原本は返してもらえることが多いので、窓口で返却希望であることを伝えましょう。

☐	死亡診断書
☐	亡くなった方の出生から死亡までの連続した戸籍謄本、または、認証文付き法定相続情報一覧図の写し
☐	相続人の戸籍謄本
☐	窓口へ行った方の本人確認書類（運転免許証・健康保険証・マイナンバーカードなどの身分証明書）と印鑑（認印で可）
☐	遺言書（あれば）

認証文付き法定相続情報一覧図の写し　P61

6 家屋(建物)に関する書類を取得しよう

土地に関する書類と一緒に取得すると、より効率的です。

家屋は未登記のものも多くありますが、それらも相続税申告の対象になります。もれが生じないよう、注意しながら書類を集めましょう。

未登記 P97

■家屋（建物）必要書類チェックリスト

☑	書類名	取得できる場所・費用	注意事項
☐	固定資産税課税明細書	毎年、土地所在地の市区町村役場(東京23区は都税事務所)から郵送される	固定資産税課税明細書 P43
☐	登記事項証明書	法務局（郵送可）・600円	全部事項証明書を取得すること
	または登記情報	インターネットの登記情報提供サービス・332円	
☐	固定資産評価証明書	建物のある市区町村役場。東京23区は都税事務所（郵送可）・手数料は市区町村により異なる	亡くなった年のものが必要
☐	名寄帳（土地家屋課税台帳・固定資産課税台帳）		亡くなった年のものが必要
☐	建物図面／各階平面図	法務局（郵送可）・450円。インターネットの登記情報提供サービス・362円	古い建物や未登記の建物にはないことも
☐	建築計画概要書	建築確認申請時の書類。自宅に保管があれば	増築の有無や建物の配置が確認できる
☐	建築工事請負契約書	自宅に保管があれば	設計図面などで建物の概要が確認できる

第2章

☑	書類名	取得できる場所	注意事項
☐	現地の写真	現地で撮影する	Googleマップのストリートビューなども参考になる
☐	建物の賃貸借契約書	貸している・借りている土地がある場合。なければ不動産管理会社に尋ねること	所有者と利用者が違う場合
☐	管理委託契約書		

書類を集める上でのポイント

・分譲マンションの登記事項証明書

　分譲マンションのように、1棟の建物の中に複数の独立した専有部分があり、その専有部分ごとに登記されている建物を「**区分建物**」といいます。

　区分建物は、土地と建物が**一体**で登記されていることが多いので、建物の登記事項証明書を取得すれば、土地と建物、両方の登記状況が確認できます。ただし、比較的古いマンションは、土地と建物が別々に登記されていることがあり、その場合は土地と建物、それぞれの登記事項証明書を取得する必要があります。

分譲マンションの評価 P170

・建物図面／各階平面図

　たいていは、建物の位置を表した図面（**建物図面**）と建物の各階ごとの形状を表した図面（**各階平面図**）が一緒になっています。

　原則として、建物の所在地にかかわらず、全国どの法務局の窓口でも郵送でも、誰でも取得できます。また、インターネットの「**登記情報提供サービス**」※でも取得できます。

　ただし、データ化されていない地域が一部あり、管轄外の法務局や「登記情報提供サービス」では取得できないこともあります。その場合は、建物を管轄している法務局の窓口か郵送で取得する必要があります。

※登記情報提供サービス　https://www1.touki.or.jp

■建物図面／各階平面図の例

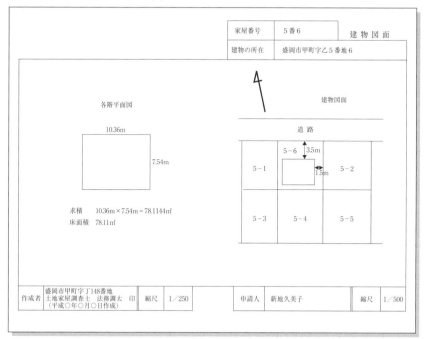

家屋番号	5番6	建 物 図 面
建物の所在	盛岡市甲町字乙5番地6	

各階平面図

10.36m

7.54m

求積　　10.36m×7.54m＝78.1144㎡
床面積　78.11㎡

建物図面

道　路

5－6　3.5m

5－1　　　　　　　5－2
1.5m

5－3　　5－4　　5－5

| 作成者 | 盛岡市甲町字丁148番地 土地家屋調査士　法務調太　印 （平成○年○月○日作成） | 縮尺 | 1／250 | 申請人 | 新地久美子 | 縮尺 | 1／500 |

盛岡地方法務局ホームページより（https://houmukyoku.moj.go.jp/morioka/content/000133358.jpg）

・建築計画概要書・建築工事請負契約書

　建物の建築時、建築会社から受け取った書類一式の中に含まれていることが多いです。建物の概要や配置が確認でき、宅地の評価に役立ちます。建築計画概要書は市区町村役場で閲覧することもできますが、写しの交付は有料ですので、亡くなった方が保管していないか探してみましょう。

ちょっと確認　〈未登記とは？〉

　所有者などの情報が公に登記されていないため、登記事項証明書がそもそも存在しないという意味です。ただし、未登記の家屋でも、名寄帳には記載されていることが一般的です。

名寄帳 P85

第2章

7

事業用財産に関する書類を取得しよう

故人が事業を営んでいた場合は、事業用財産の書類も必要になります。

　亡くなった方が個人事業主だった場合、事業用財産も相続税申告の対象になります。忘れがちですので、気をつけましょう。

■事業用財産　必要書類チェックリスト

☑	書類名	取得できる場所・費用	注意事項
☐	所得税の青色申告決算書または収支内訳書	控えがなくても税務署で閲覧できるサービスあり（コピー不可・写真撮影可）・無料	確定申告を税理士に頼んでいた場合は税理士に確認すること
☐	帳簿（総勘定元帳、固定資産台帳など）	個人事業者が事業や決算のため作成する。一定年数の保管が義務付けられている	
☐	書類（棚卸表、通帳など）		

確認すべきポイント

・事業用財産とは

　商品・製品・原材料などの棚卸資産、機械装置・器具・備品・自動車などの減価償却資産、売掛金、未収入金などが、事業用財産に該当します。屋号名の預金口座や事業用の手許現金も、相続税申告の対象になります。

・書類の集め方

　所得税の確定申告書には、青色申告の方は「**青色申告決算書**」、白色申告の方は「**収支内訳書**」という書類を添付しています。青色申告決算書には貸借対照表というすべての事業用財産のリストや減価償却資産の明細が、また、収支内訳書にも減価償却資産の明細が載っているため、

事業用財産を把握するのに役立ちます。亡くなった方の確定申告書類の控えがないか、自宅や事業所を探してみましょう。

・申告書等閲覧サービスの活用

　書類が見つからない場合は、「**申告書等閲覧サービス**」※の利用を検討しましょう。このサービスは、相続人などが税務署へ事前連絡の上、必要書類をそろえて窓口に行けば、税務職員の立ち合いのもと、亡くなった方が過去に提出した申告書などを閲覧できるというものです。手数料はかかりません。亡くなった方の相続人または一定の代理人が閲覧できますが、閲覧するには相続人「全員」の委任状と印鑑証明書が必要になりますので、相続人間に争いがあると利用が難しいかもしれません。また、収受日付印、氏名、住所等以外の部分はデジタルカメラやスマートフォンでの写真撮影が可能ですが、コピーは取れません。
※申告書等閲覧サービスの実施について
　https://www.nta.go.jp/law/jimu-unei/sonota/050301/pdf/01.pdf

■【青色申告】青色申告決算書　貸借対照表の例

■【青色申告】青色申告決算書　減価償却費の計算の例

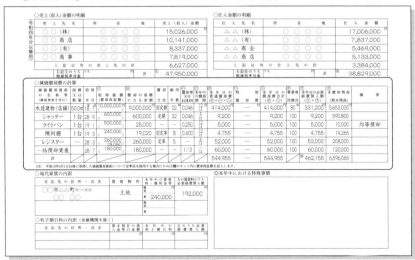

国税庁ホームページより（https://www.nta.go.jp/）

8 預貯金に関する書類を取得しよう

名義預金（家族名義の預貯金）の取り扱いに気をつけましょう。

　預貯金に関する書類は、他の相続財産を探す手がかりになります。取引していた金融機関の数が多いと大変ですが、もれなく取得しましょう。

☑	書類名	取得できる人・場所・費用	注意事項
☐	残高証明書	相続人や遺言執行者・口座のある金融機関の窓口・手数料は金融機関により異なる	相続開始日現在の残高を依頼する
☐	亡くなった方名義の通帳	自宅に保管があれば	相続開始日前後の記帳がされているもの
	または取引履歴	相続人・口座のある金融機関の窓口・手数料は金融機関により異なる	通帳がない場合に依頼する
☐	亡くなった方の家族名義の通帳	各家庭に保管があれば	通帳にあるお金の出どころが家族自身の収入の場合は不要
☐	定期預金証書	自宅に保管があれば。家族名義のものも確認する	通帳式と証書式があり証書式の場合に必要
☐	利息計算書 ※残高証明書に既経過利息を記入してもらう形でも可	相続人や遺言執行者・口座のある金融機関の窓口・手数料は金融機関により異なる	定期預金があれば必要。普通預金は不要

書類を集める上でのポイント

・取引していた金融機関が分からない場合

通帳やキャッシュカード、証書などが自宅に
ないか探しましょう。金融機関名の入ったパン
フレットやカレンダー、ノベルティなどの見つ
かった金融機関についても、念のため、口座を保有していないか調べて
もらった方が安心です。

・ネット銀行

亡くなった方のパソコンやスマートフォンを調
べ、インターネット上のお気に入りに、ネット銀
行のホームページが登録されていないか確認しま
す。IDやパスワードが不明でログインできない
場合も、電話や郵送などで口座保有の有無を問い合わせてみましょう。

取引の報告や金融商品の宣伝などはメールで行われることが多いの
で、パソコンのメールを確認するのも方法のひとつです。

・残高証明書

必ず**相続開始日（亡くなった日）現在**の
残高証明書を発行してもらいます。外貨預
金があれば、対顧客直物電信買相場（**TTB**）
も記載してもらいましょう。必要書類や手
続き方法は金融機関により異なりますが、取引店以外の窓口や郵送でも
手続きできることが一般的です。他の支店にも口座がないかは、その際
に調べてもらえます。ただし、残高証明書は支店ごとに発行されるため、
発行までには日数がかかります。

なお、この手続きを行うと預金者の死亡が金融機関に知られ、預金口
座は凍結されます。引落し口座の変更や通帳への記帳は、その前に済ま
せておきましょう。

外貨預金の評価 P185

・亡くなった方名義の通帳

　亡くなった方の通帳の生前の入出金記録は、他の相続財産や債務を探す手がかりになります。税務調査でも税務署が一番細かく調べる点なので、過去6年分程度は必ず入手し、確認しておきましょう。

■亡くなった方名義の通帳の確認例（令和4年12月12日相続開始）

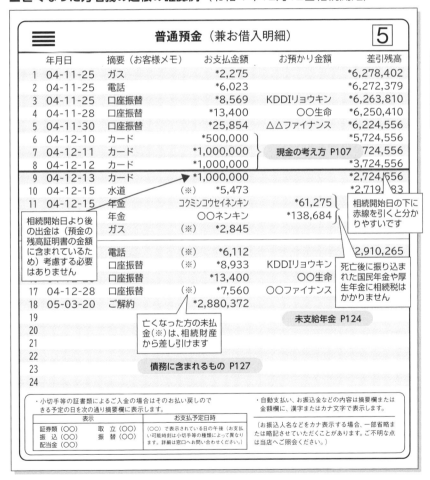

・取引履歴

　過去の通帳が見つからない場合は、通帳と同じ情報が記載されている**取引履歴**の発行を金融機関に依頼して下さい。発行には日数や費用がかかりますが、亡くなった方の相続人であれば単独で発行を依頼できます。

■**取引履歴の例**（令和４年12月12日相続開始）

預金取引明細表　　　　　　　　　　　　　　　　　25ページ

お客様番号　5150043717　　検索期間　　　　　　　取引店舗番号　　424
お客様氏名　渡辺　太郎　様　平成27年12月12日〜令和５年３月20日　店舗名　　　　四谷支店
お客様住所　東京都新宿区四谷三栄町24番地　　　　　照会日　　　　令和5年3月20日

科目	口座番号	取引コード	取扱日	摘要	出金(円)	入金(円)	残高(円)	取扱店	取引時刻	端末機番	備考
普通預金	1234567	300	041125	ガス	2,275		6,278,402	424			
		300	041125	電話	6,023		6,272,379	424			
		300	041125	口座振替　KDDIリョウキン	8,569		6,263,810	424			
		300	041128	口座振替　○○生命	13,400		6,250,410	424			
		300	041130	口座振替　△△ファイナンス	25,854		6,224,556	424			
		300	041210	カード	500,000		5,724,556	480	12:43	105	摘要101
		300	041211	カード	1,000,000		4,724,556	480	16:04	112	摘要101
		300	041212	カード	1,000,000		3,724,556	480	9:18	534	摘要101
		300	041213	カード	1,000,000		2,724,556	412	11:35	128	摘要101
		300	041215	水道	5,473		2,719,083	424			
		300	041215	年金　コクミンコウセイネンキン		61,275	2,750,358	424			
		300	041215	年金　○○ネンキン		138,684	2,919,222	424			
		300	041225	ガス	2,845		2,916,377	424			
		300	041225	電話	6,112		2,910,265	424			
		300	041225	口座振替　KDDIリョウキン	8,933		2,901,332	424			
		300	041228	口座振替　○○生命	13,400		2,887,932	424			
		300	041228	口座振替　△△ファイナンス	7,560		2,880,372	424			
		300	050320	ご解約	2,880,372			424			

・定期預金・定期貯金

　定期預金や定期貯金は、亡くなった日に解約したと仮定した場合の利息も相続税の対象になりますので、**利息計算書**を発行してもらいます。残高証明書に**既経過利息**（きけいか）を記載してもらう形でも構いません。

　普通預金や通常貯金の場合は不要です。

・**相続人が複数いても単独（１人だけ）で行える手続き**

　口座の有無の調査や、残高証明書・取引履歴・利息計算書の発行依頼は、相続人のうちの１人が単独で行えます。相続人全員の署名や印鑑などは必要ありません。

・亡くなった方の家族名義の通帳

　家族名義の通帳にあるお金が、亡くなった方の収入によるもので、家族へ生前に贈与されたものでない場合、そのお金は亡くなった方の相続財産として相続税の対象になります。それを確認するため、場合によっては**家族名義の通帳**が必要になります。

> （ちょっと確認）　〈亡くなった方の家族の通帳を確認する理由〉
>
> **Q & A　家族名義の財産は？**
>
> 問：父（被相続人）の財産を整理していたところ、家族名義の預金通帳が見つかりました。この家族名義の預金も相続税の申告に含める必要があるのでしょうか。
>
> 答：名義にかかわらず、被相続人が取得等のための資金を拠出していたことなどから被相続人の財産と認められるものは相続税の課税対象となります。したがって、被相続人が購入（新築）した不動産でまだ登記をしていないものや、被相続人の預貯金、株式、公社債、貸付信託や証券投資信託の受益証券等で家族名義や無記名のものなども、相続税の申告に含める必要があります。

国税庁ホームページ「相続税の申告のしかた（令和4年分用）」P4より

　相続税の申告上、預貯金や株式などの金融資産は、もともとのお金の出どころ（原資）は誰かという観点から、実質的な所有者を判断します。「誰の名義になっているか」は重視されません。

　そのため、亡くなった方の妻や子ども、孫などの名義の金融資産についても、それが家族自身が外で働いて稼いだお金、実家から相続したお金、亡くなった方から生前に贈与されたお金などではない場合、実質的な所有者が亡くなった方である「**名義預金・名義株**」ではないか、検討する必要があるのです。

9 現金についても調べておこう

確認を怠りがちですが、とても重要です。

　亡くなった方の通帳の生前の入出金記録と照らし合わせて、現金の残高が妥当かを、大まかに確認しておきましょう。理論的には「生前の出金額－生前に使った額＝相続開始日現在の現金」になるはずです。

■現金　確認・作成書類チェックリスト

☑	書類名	取得できる人・場所・費用	注意事項
□	亡くなった方名義の通帳	自宅に保管があれば	相続開始日前後の記帳がされているもの
	または取引履歴	相続人・口座のある金融機関の窓口・手数料は金融機関により異なる	通帳がない場合に依頼する
□	手許現金の金額を記したメモ	相続開始日に自宅やお財布、金庫などにあったと思われる金額を、保管場所ごとの一覧表にする	通帳からの出金記録と照らし合わせる
□	医療費の領収書	病院など・無料。再発行には手数料がかかることも	支払日を確認する
□	葬式費用の領収書または金額を書いたメモ		領収書のもらえないお布施や心づけはメモでよい
□	貸金庫内の保管物のリスト	相続人などが金庫内の写真を撮り、リストを作る	現金その他の相続財産が保管されていないかも確認する

確認すべきポイント

・現金についての考え方【一般的な家庭の場合】

一般的な家庭では、防犯上の理由などから、自宅に多額の現金を保管することはないと思います。相続開始日に、自宅やお財布にあったと思われる金額を概算で相続税申告に含めれば、それで問題ありません。

ただし、容体が悪化してから亡くなるまでの間に、亡くなった方ではなくその家族が、通帳から多額の現金を引き出しているケースも比較的多くみられます。引き出した現金を亡くなった方の生活費や医療費として「**生前に**」使い切ったのならよいのですが、「**死後に**」必要となる葬式費用や家族の生活費として引き出していた場合、そのお金は相続開始日の時点では現金として手許にあったはずですから、現金残高に含めるのを忘れないようにして下さい。

■**現金の把握方法の例**（令和4年12月12日相続開始）

〈通帳からの出金状況〉　　　　　　　　　　亡くなった方名義の通帳 P103

	日付・時期	金額	内容
年初～相続開始日までの出金額は計490万円	R4.1～12月	2,400,000	毎月の生活費引出し（20万円×12か月）
	R4.12.10	500,000	死亡前にカードで引出し
	R4.12.11	1,000,000	死亡前にカードで引出し
	R4.12.12	1,000,000	死亡前にカードで引出し

〈現金の使用状況〉

	日付・時期	金額	内容
年初～相続開始日までに使った現金は計240万円 →	R4.1～12月	2,400,000	生活費として使用
相続開始日「後」に使った現金は計250万円	R4.12.20	2,000,000	○○葬儀社へ葬式費用支払い
	R4.12.28	500,000	△△病院へ未払医療費支払い

> 概算でOK。ただし、医療費は領収書を確認しておくこと

※12/12以降に支払った250万円は、相続税の申告書作成時には手許になくても、12/12の時点では手許にあったはずなので、現金残高に含めること。

第2章

・現金についての考え方【多額の現金を保管している家庭の場合】

　マイナンバー制度の導入や相続税の増税などを背景に、金融機関から引き出したお金を、タンス預金として自宅の金庫や金融機関の貸金庫に保管する方が増えています。

　しかし、通帳から引き出したお金はその後、①**使う**、②**別の財産を買う**、③**現金のまま取っておく**、のいずれかになるはずです。税務署も同じ考え方で、亡くなった方の通帳の生前の出金記録をチェックし、通帳から出たお金がどこにいったのかを捜します。そのため、不自然な出金が多い場合は、税務調査の対象に選ばれやすくなってしまいます。

　②や③なら、別の財産や現金として相続税申告に含めましょう。①なら、引き出したお金の使い道を税務署に説明できるよう、分かる範囲でまとめておいた方が安心です。亡くなった方の通帳の生前の入出金記録は、過去6年分程度は必ず入手し、確認しておきましょう。

・貸金庫

　貸金庫のサービスは、金融機関や専門業者が行っています。

　貸金庫には、遺言や不動産の権利証などの遺産を探すための手がかりや、現金や金の地金、宝飾品など、遺産そのものが保管されている場合があります。貸金庫の利用料は口座引き落としの場合が多いので、通帳の引き落とし記録を確認し、契約や利用の有無を調べましょう。

ちょっと確認　〈医療費の領収書は大切に保管しましょう〉

　医療費を支払った日が相続開始日以前なら、亡くなった方の所得税の準確定申告で、医療費控除の適用を受けられます。また、相続開始日より後なら、亡くなった方の相続税の申告上、債務として相続財産から差し引けます。

債務控除 P127

　領収書の再発行などには手数料がかかることもあります。大切に保管しておきましょう。

有価証券に関する書類を取得しよう

預貯金と同じように、家族名義のものも確認しましょう。

有価証券とは、株式、債券（公債や社債）、投資信託などのことです。

■**有価証券　必要書類チェックリスト**

☑	書類名	取得できる場所・費用	注意事項
☐	残高証明書	【証券会社や銀行で取引していた場合】その証券会社や銀行等・手数料は金融機関により異なる	相続開始日現在の残高を依頼する
		【株券を現物で保有していた場合など】株式名義書換代行機関になっている信託銀行等（株主名簿管理人）・手数料は金融機関により異なる	
☐	配当金計算書、支払通知書、株主総会招集通知	自宅に保管があれば	１単元に満たない株式がないかを確認する
☐	取引残高報告書	郵送または電子（インターネット）で金融機関から交付される	基準日現在の預り資産の一覧が記載されている

書類を集める上でのポイント

・残高証明書

　通常は、取引していた証券会社や銀行に発行を依頼します。取引店や相続専用のセンターで手続きすることが一般的です。「相続税の申告に使います」と伝えれば、所有していた株式数や口数に加え、相続税申告に必要な評価額や利率などを記載してもらえることが多いです。

株券を現物で保有していた場合などは、株式名義書換代行機関になっている信託銀行等（株主名簿管理人）に残高証明書の発行を依頼します。株主名簿管理人は、株主になっている会社のホームページや、配当の時期に郵送される「配当金計算書」で確認できます。

・単元未満株式

　１単元（100株や1,000株など、銘柄ごとに決められている最低売買単位の株数）に満たない株式のことを、単元未満株式といいます。長年同じ銘柄を保有していた場合に生じることが多いです。証券会社や銀行の残高証明書に記載されないため確認を忘れがちですが、これらも相続税の対象になります。「**配当金計算書**」や「**配当金支払通知書**」、「**株主総会招集通知に同封されている議決権行使書**」には単元未満株式も含めた所有株数が記載されますので、亡くなった方がこれらを保管していないか探して下さい。見当たらない場合は、株主名簿管理人に単元未満株式の有無を問い合わせてみましょう。

・取引していた**証券会社などが分からない場合**

　証券会社などからは、期間中に取引があれば３か月に１度、取引がなくても１年に１度は、「**取引残高報告書**」が郵送または電子で交付されます。預り資産の詳細な内容が記載されているため、まずはこれを探しましょう。見当たらない場合は、インターネットで取引を行っていた可能性があります。亡くなった方のパソコンやスマートフォンを調べ、インターネット上のお気に入りに証券会社のホームページが登録されていないか確認します。パソコンのメールを確認するのも方法のひとつです。

　それでも手掛かりがなければ、**証券保管振替機構（通称ほふり）**に、「登録済加入者情報の開示請求」※という手続きを行えば、どの証券会社などに口座を開設していたのかだけは確認できます。ただし、保有銘柄や株数などの情報は、別途証券会社などへの問い合わせが必要です。

※証券保管振替機構「登録済加入者情報の開示請求」 https://www.jasdec.com/system/less/
　certificate/kaiji/index.html　電話での問い合わせ先　開示請求事務センター　03-5665-3642

■証券会社発行の残高証明書と評価額の参考資料の例

令和5年4月30日

残 高 証 明 書

口座名　　　渡辺　太郎　様
口座番号　　1234567

○○証券株式会社
四谷支店

2022年12月12日現在、上記口座におけるお預り金銭及び証券残高等は下記の通りであることを証明します。

記

種類	銘柄	数量	備考
金銭	お預り金	0円	
株式等	出光興産	1,500株	
株式等	日本製鉄	5,000株	
株式等	パナソニック ホールディングス	1,000株	
株式等	トヨタ自動車	600株	
株式等	本田技研工業	800株	
株式等	みずほフィナンシャルグループ	5,000株	
株式等	三井不動産	2,000株	
株式等	三菱地所	1,000株	
株式等	日本電信電話	100株	
自動継続投資口	○○MRF	7,740口	
		以上	

＜ご参考資料＞

【基準日】令和4年12月12日

種類	銘柄名	市場	基準日終値	月中平均終値(基準日当月)	月中平均終値(基準日前月)	月中平均終値(基準日前々月)	通貨	備考
株式等	出光興産	東京	3,170.0	3,027.34	2,527.18	2,880.55	円	
	日本製鐵	東京	2,407.5	2,107.50	2,007.50	2,548.50		
	パナソニック ホールディングス	東京	1,466.5	1,824.10	1,838.18	1,538.18		
	トヨタ自動車	東京	5,910.0	6,357.27	7,357.27	8,357.27		
	本田技研工業	東京	3,112.0	3,357.32	3,857.25	4,057.25		
	みずほフィナンシャルグループ	東京	196.7	190.18	250.45	220.19		
	三井不動産	東京	2,642.5	3,048.20	3,548.50	3,448.30		
	三菱地所	東京	2,105.0	2,524.10	2,924.77	2,824.30		
	日本電信電話	東京	5,346.0	6,276.27	6,576.93	7,476.27		
	以上							

※見本です。実際の各銘柄の株価ではありません。

非上場株式に関する書類を取得しよう

非上場株式がある場合は、相続税に強い税理士へ相談しましょう。

　非上場株式は、株式の保有目的や会社の規模、資産や利益の状況などをもとに評価するため、以下のような資料が必要になります。

■非上場株式　必要書類チェックリスト

☑	書類名	取得できる場所・費用	注意事項
☐	法人税申告書 決算報告書（貸借対照表・損益計算書・株主資本等変動計算書・個別注記表） 勘定科目内訳明細書 法人事業概況説明書	通常は、税務署に提出したものの控えが会社に保管されている。株式を発行している非上場会社に問い合わせること	直近3事業年度分。修正申告書、県民税申告書、市民税申告書、消費税申告書も必要
☐	定款	株式を発行している非上場会社	現行のもの
☐	株主名簿		法人税申告書の別表2も参考にする
☐	従業員数の分かる資料		役員は除く
☐	登記事項証明書	法務局（郵送可）・600円	
	または登記情報	インターネットの登記情報提供サービス・332円	
☐	非上場会社の資産と負債に関し、第2章の各財産の種類ごとに必要な書類のすべて		原則的評価方式（純資産価額）で評価する場合に必要

☑	書類名	取得できる場所	注意事項
☐	日本標準産業分類	総務省ホームページ	原則的評価方式（類似業種比準価額）で評価する場合に必要
☐	日本標準産業分類の分類項目と類似業種比準価額計算上の業種目との対比表	国税庁ホームページ	
☐	類似業種比準価額計算上の業種目及び業種目別株価等	国税庁ホームページ	原則的評価方式（類似業種比準価額）で評価する場合に亡くなった年分のものが必要

純資産価額、類似業種比準価額 P195

書類を集める上でのポイント

　亡くなった方が会社を経営していた場合など、遺産の中に**非上場株式（取引相場のない株式）**が含まれていることがあります。

　非上場株式の評価方法はとても複雑です。また、相続後にその株式をどうするかなど、相続税申告以外の面から検討しなければならないことも多く、極めて専門的な知識が必要になります。そのため、まずは顧問税理士がいればその方に、いなければ相続税に強い税理士などの専門家に相談し、自分で相続税申告ができるかできないかも含め、アドバイスをもらった方がよいでしょう。上記の必要書類のうち、手元にあるものや入手できるものを持参すれば、話がスムーズに進むと思います。

　なお、株式を相続した人やその親族が少数零細株主で、**配当還元価額**という簡単な方法で株式を評価することが確定している場合は、法人税申告書の別表5⑴と決算報告書を入手すれば評価を行うことが可能です。

配当還元価額 P195

第2章

12 家庭用財産などに関する書類を取得しよう

1個または1組あたりの価額が5万円を超えるものがないかを確認しましょう。

■動産（家庭用財産など）　必要書類チェックリスト

☑	書類名など	取得できる場所・費用	注意事項
☐	時価が5万円を超える家庭用財産のリスト	相続人などが自宅を調査し、作成する	5万円超かは1個または1組ごとに判定する
	時価が5万円を超える家庭用財産の購入時の資料		買った時期や金額、店舗名の分かる領収書など
☐	自動車検査証（車検証）	自宅などに保管があれば	車種、初度登録年月日、型式の確認のため
☐	美術品が入っていた箱や保証書など		落款（印）や署名など真贋確認のため
☐	美術品相続評価書	画商や骨董商、各地の美術倶楽部など・鑑定評価料数万円～、評価書発行料数万円	画像だけで簡易に査定してくれる場合もあり
☐	船舶検査証書、購入時の契約書や領収書など		船種、船名、登録番号などの確認のため

確認すべきポイント

・家庭用財産は5万円判定

　相続開始日現在における**1個または1組の価額（時価）が5万円以下**の家庭用財産は、**世帯ごとにまとめて**大まかに価値を見積もり、**一括で**評価してよいことになっています。そのためまずは、5万円を超えそうな新品やアンティークのものなどがないか、確認しましょう。

・趣味の道具や美術品にも要注意

　亡くなった方に、カメラ、ゴルフ、マリンスポーツ、ワイン、音楽、茶道などのような趣味があり、それらに関する道具が多くある場合や、美術年鑑に掲載されている作家の美術品がある場合、念のため価値の判断できる専門家に確認してもらった方が安心です。亡くなった方の通帳の生前の振込や引き落としの記録から、購入金額が分かるようなら確認しておきましょう。

亡くなった方名義の通帳 P103

ちょっと確認　〈お宝鑑定の値段が「価額」〉

　先祖から譲り受けたり自分が購入したりしたお宝を、専門家が「いくらで売れるか」鑑定してくれるという人気番組があります。著名な作家のものだと信じて大切にしていた作品が、実は偽物で数千円の価値しかなかったというシーンを見ると、少し気の毒になりますね。

　相続税申告における財産評価は、基本的にはこのお宝鑑定の考え方と同じです。亡くなった方から相続した財産を「相続開始日に売ったとしたらいくらで売れるか」という鑑定額が、いわゆる**時価（＝価額）**であり相続税評価額になります。

　家庭用財産の5万円判定もこの考え方で行います。ただし、一般的な家庭の場合、5万円を超える値段で売れるものは、あまりないかもしれません。

財産評価 P17

13 生命保険や損害保険に関する書類を取得しよう

家じゅうの保険証券について、契約者（保険料負担者）・被保険者・受取人を確認しましょう。

保険は、相続税の対象になるか・ならないかの判断がとても難しいと思います。今回の相続では保険金が支払われない保険契約も、相続税の対象になることがあるからです。

■生命保険・損害保険　必要書類チェックリスト

☑	書類名	取得できる場所	注意事項
☐	保険証券のコピー	自宅（保険会社への提出前にコピーしていれば）	契約者・被保険者・受取人の確認のため
☐	保険金の支払明細、支払通知書、支払計算書、支払手続き完了のお知らせなど	保険金請求後、保険会社から保険金の支払前に受取人に郵送される。保険金の支払日や金額、送金先などが記載されている	故人が被保険者だった保険がある場合。書類名は保険会社により異なる
☐	解約返戻金相当額等証明書、生命保険権利評価額証明書など	契約していた保険会社	故人が契約者（保険料負担者）で、今回保険金が支払われない保険がある場合
☐	建物更生共済の解約返戻金証明書	共済契約を結んでいる農協など	解約返戻金のある共済契約がある場合
☐	受取人の通帳		入金確認のため
☐	保険料負担者の通帳		保険料を支払った事実を確認するため

116

・契約者・被保険者・受取人・保険料・保険金とは

亡くなった方が**被保険者**だった保険は、保険金が支払われ相続税の対象になります。保険の用語は難解ですがここで確認しておきましょう。

契約者	契約の当事者となり保険料を払う人
被保険者	保険の対象になっている人
受取人	保険金をもらう人
保険料	契約者が保険会社に払い込むお金
保険金	もしものときに受取人がもらえるお金

・保険証券

上記は、保険加入時に保険会社から契約者に交付される保険証券に記載されています。しかし、保険金の請求手続きをするときには保険証券を保険会社に提出する必要があり、その後は手許に返還されません。通常は、保険金の請求手続きを行った後に相続税申告を行うことが多いので、保険会社へ提出する前にコピーをとっておくようにします。

保険証券が見当たらないなど保険契約の有無が不明な場合は、亡くなった方の所得税の確定申告書に**生命保険料控除証明書**が添付されていないか、または、**給与所得の源泉徴収票**に生命保険料の控除額の記載がないか、預金口座から保険料が引き落とされていないかなど、手がかりを探してみましょう。なお、どの保険会社と契約していたかだけは「**生命保険契約照会制度**」※を使って確認できますが、具体的な情報は別途保険会社への問い合わせが必要です。

亡くなった方名義の通帳 P103

※生命保険契約照会制度　https://www.seiho.or.jp/contact/inquiry/

・解約返戻金相当額等証明書

今回の相続では保険金が支払われなくても、亡くなった方が**契約者（保険料負担者）**である生命保険は、**解約返戻金相当額**が相続税の対象になります（**生命保険契約に関する権利**）。

生命保険契約に関する権利 P202

第2章

解約返戻金相当額とは、保険を解約したときに保険会社から戻るお金のことです。終身保険や養老保険など、保険期間が長い保険や掛け捨てではない貯蓄性のある保険には、解約返戻金があることが多いです。亡くなった方が家族にかけた（**被保険者が家族の**）生命保険の中にこのようなものがないか、保険証券を持ち寄り確認して下さい。

　該当する保険があった場合は、保険会社に相続開始日時点での解約返戻金相当額を証明する「**解約返戻金相当額等証明書**」の発行を依頼します。保険会社によっては証明書を発行してもらえないことがありますが、相続人に対してなら、口頭や簡易な書面で金額を教えてもらえることが多いので、確認してみましょう。

生命保険権利評価額証明書 P204

・契約者と保険料負担者が異なる場合

　保険料は、本来、契約者が負担すべきものです。しかし、家族が契約者になっている保険の保険料を、家族の代わりに亡くなった方が現金や口座振替で支払っていることがあります（次ページの表の③や⑥）。

　その場合、契約者とは単に名ばかりにすぎない「**名義保険**」として扱われ、実際に保険料を負担していた人は誰かで税務上の取扱いを判断することになります。

・会社員の場合

　保険料を給料から天引きする団体扱の生命保険に加入していないか、勤務先に確認してみましょう。

・損害保険が相続税の対象になる場合

　亡くなった方が**建物更生共済**（積立型の共済契約）の契約者だった場合は、解約返戻金の額が相続税の対象になります。また、掛け捨ての火災保険や自動車保険など解約返戻金のない損害保険も、生前に保険料を**一時払い**していた場合は、**前納保険料**の額が相続税の対象になります。

118

ちょっと確認　〈生命保険に課される税金の種類〉

　下記の表は、父の相続時に課される税金の種類を、保険の契約形態ごとにまとめたものです。申告もれになりやすいのが、契約者と保険料負担者が違う③や、今回の相続では保険金が支払われない⑤と⑥ですが、この考え方は非常に分かりにくく、相続税申告を行った後に税務署から指摘されて判明するケースも多いようです。心配な方は、保険会社や税務署、税理士などに事前に確認しておきましょう。

【死亡保険金】

	契約者 (保険料負担者)	被保険者	受取人	受取人に 課される税金
①	父	父	長男	相続税
②	長男	父	長男	所得税・住民税
③	長男 (父)	父	長男	相続税 (①と同じと考える)
④	母	父	長男	贈与税

死亡保険金の評価方法 P200

【生命保険契約に関する権利】

	契約者 (保険料負担者)	被保険者	受取人	課される税金
⑤	父	母	父	相続税 (父から契約者の地位を 引きついだ人に課される)
⑥	長男 (父)	長男	長男の子	相続税 (契約者である長男 に課される)

生命保険契約に関する権利の評価方法　P202

第2章

相続税申告に必要な書類を集めよう　119

14 退職金などに関する書類を取得しよう

退職金以外の名目で支払われた場合も、対象になる場合があります。

退職金関係も相続税の対象になるものの範囲は広いので、書類を見て不明点があれば勤務先などに確認しましょう。

■退職金など　必要書類チェックリスト

☑	書類名	取得できる場所	注意事項
☐	退職手当金等受給者別支払調書	勤務先	交付されないこともある
☐	弔慰金・花輪代・葬祭料などの通知書や領収書		実質的に退職金にあたるものがないか確認する
☐	《確定給付企業年金・確定拠出年金・企業年金連合会など》支払通知書など	生命保険会社、信託銀行、管理運営している基金や機関などから郵送される	在職中に亡くなった場合は勤務先の担当部署に、退職後なら取扱機関に確認する
☐	《小規模企業共済》支払決定通知書兼振込通知書	独立行政法人中小企業基盤整備機構より郵送される	個人事業主や小規模企業経営者の場合
☐	受取人の通帳		入金確認のため

書類を集める上でのポイント

・遺族が受け取る死亡退職金に課されるのは相続税

　在職中に亡くなり、本人の代わりに遺族が退職金などを受け取った場合は、所得税ではなく相続税がかかります。その場合、退職所得の源泉徴収票は発行されず、「**退職手当金等受給者別支払調書**」という別の書類が発行されることがあります。　退職手当金等受給者別支払調書 P207

・弔慰金・花輪代・葬祭料など

　原則として、勤務先から受け取った**弔慰金・花輪代・葬祭料**などに相続税はかかりません。ただし、それらの金額が、業務上の死亡の場合は普通給与の３年分、業務上の死亡でない場合は普通給与の半年分を超えると、超えた部分の金額に相続税がかかりますので、念のため通知書や領収書を確認します。

　また、名目は弔慰金などでも、実質的には退職金として支払われた場合は、その全額が相続税の対象になります。

・勤務先以外から死亡退職金以外の名目で支払われたお金に注意

　勤務先以外の機関から退職金以外の名目で遺族に支払われたお金でも、「死亡退職金」や「契約に基づかない定期金に関する権利」として、相続税の対象になるものがあります（確定給付企業年金の遺族給付金、特定退職金共済の遺族一時金、適格退職年金の遺族一時金、企業年金連合会の死亡一時金、企業型確定拠出年金やiDeCo（個人型確定拠出年金）の死亡一時金、遺族が受け取る小規模企業共済の共済金や中小企業退職金共済の退職金、企業年金基金の遺族一時金など）。

　分からない場合は、取り扱っている機関や勤務先の総務部や人事部などに内容を問い合わせてみましょう。

　死亡退職金の評価 P207　　　契約に基づかない定期金に関する権利の評価 P208

第2章

15 その他の財産に関する書類を取得しよう

ひとくちにその他の財産といっても、様々なものがあります。

　相続後に受け取る還付金や給付金などは、相続税がかかるものとかからないものとに分かれます。書類で内容を確認し、判断しましょう。

■その他の財産　必要書類チェックリスト

☑	書類名	取得できる場所	注意事項
☐	死亡後に受け取った給与や賞与の支給明細書	勤務先	在職中に亡くなった場合
☐	高額療養費・傷病手当金・健康保険給付金の支給決定通知書など	加入している健康保険より郵送される	亡くなった方がもらうべきお金のため相続税の対象になる
☐	国民健康保険料・介護保険料・後期高齢者医療保険料の過誤納金還付通知書など		
☐	所得税の準確定申告書および付表の控え	税務署へ提出したものの控えがあれば	死亡後に準確定申告を行った場合
☐	《生命保険の入院給付金・手術給付金》手続き完了のお知らせなど	加入している保険会社より自宅に郵送される	

☑	書類名	取得できる場所	注意事項
☐	《配当期待権・未収配当金》 配当金支払通知書、配当金領収書など	自宅に保管があれば	
☐	《老人ホームの入居金・預け金・保証金》 ご返金のご案内、領収書など	入居していた老人ホームの運営会社	既に払い込んだ費用のうち、戻る金額がある場合は相続税の対象になる
☐	《金地金》 購入時の納品書、計算書など	自宅に保管があれば	
☐	《貸付金》 金銭消費貸借契約書、亡くなった方・借りた方名義の通帳など		貸付や返済の事実が確認できるもの
☐	《ゴルフクラブ・リゾートクラブなどの会員権》 証書（会員証、会員権、株券）、預託金領収書、規約、購入時の領収書など		不明な場合はゴルフ場や運営会社に確認する
☐	過去の相続税・贈与税の申告書 申告書等閲覧サービス P99	税務署に提出したものの控えが自宅にあれば	亡くなった方が過去に相続や贈与で財産を取得したことがある場合

第2章

確認すべきポイント

・電話加入権

　過去に施設設置負担金を支払って固定電話を契約していた場合、電話加入権も相続税の対象になります。電話加入権のない固定電話のライトプラン、ひかり電話、携帯電話などは対象になりません。

　ただし、相続開始日が令和3年以後の場合は、5万円以下の家庭用財産に含め一括で評価しますので、電話加入権だけを個別に評価、計上する必要はありません。

家庭用財産 P197

・未収給与・未収賞与・未支給年金

　亡くなった方の給与や賞与で、支給日が死亡後のため遺族が受け取ったものは、相続税の対象になります。勤務先から受け取った支給明細書を確認して下さい。なお、所得税はかからないため、亡くなった方の給与所得の源泉徴収票の金額には含まれません。

　また、**亡くなった方の国民年金**や**厚生年金**で、死亡後に振り込まれたものや相続後に生計を一にしていた遺族が受け取ったものは、相続税の対象にはならず、遺族の一時所得として所得税の対象になります。

・健康保険から支払われるお金

　高額療養費や**傷病手当金**は、亡くなった方がもらうべきお金なので、相続税の対象になります。また、**公的健康保険の過誤納金の還付金**も、亡くなった方が払ったお金が戻ったものなので、相続税の対象になります。一方、**葬祭費**や**埋葬料（埋葬費）**は、葬儀を行った人に支払われるお金という位置づけなので、相続税の対象になりません。

・所得税の準確定申告の還付金

　死亡後に行う、亡くなった方の所得税の確定申告のことを準確定申告といいます。これにより、亡くなった方が生前に支払った所得税の一部が還付された場合、その還付金は相続税の対象になります。

・入院給付金・手術給付金

　亡くなった方が生命保険に加入していた場合、死亡後に、相続開始日**前**の入院や手術に対する**入院給付金**や**手術給付金**が支払われることがあります。これらは、亡くなった方がもらうべきお金なので相続税の対象になりますが、以下のような注意点があります。

　①死亡保険金ではないため、相続人が受け取っても非課税枠（500万円×法定相続人の数）の適用がない。 <u>死亡保険金の非課税 P230</u>

　②死亡保険金（みなし相続財産）ではなく相続財産になるため、遺産分割協議を行い、受取人を決める必要がある。

・配当期待権・未収配当金 <u>配当期待権・未収配当金 P192</u>

　亡くなった方が株式を持っていた場合、死亡後に配当金が支払われることがあります。配当金は、一定の**基準日**に株主だった人が受け取れることになっているため、相続開始日**前**に亡くなった方が配当金を受け取ることが確定していたもの、つまり、基準日が相続開始日より前で死亡後に受け取ったものは、相続税の対象になります。

・貸付金

　亡くなった方が誰かにお金を貸していた場合は、貸付金として相続税の対象になります。子や孫がマイホームを購入するときに、親や祖父母などの親族がお金を貸していたケースなどもこれに該当します。

　ただし、気をつけたいのは「**本当に借りていたのか**」という点です。お金を貸し借りした証拠（金銭消費貸借契約書。いわゆる借用書）がなく、定期的に返済をしていた実績のない場合、税金の世界では、**貸付けではなく贈与があったと判断されることが多いです**。「ある時払いの催促なし」や「出世払い」ではなかったか、もう一度確認してみましょう。

第2章

16 債務と葬式費用に関する書類を取得しよう

相続税のかかる財産から差し引ける債務や葬式費用について確認しましょう。

亡くなった方の債務や葬式費用で相続人や包括受遺者が負担したものは、相続財産から差し引けます。

債務について

■債務　必要書類チェックリスト

☑	書類名	取得できる場所	注意事項
☐	金銭消費貸借契約書、借入金の残高証明書、返済予定表など	自宅に保管があれば	
☐	所得税の青色申告決算書 申告書等閲覧サービス P99		事業に伴う債務がないか確認する
☐	賃貸借契約書		預り敷金や保証金は債務になる
☐	所得税の準確定申告書および付表の控え、納付書のコピー	控えがあれば	死亡後、相続人が支払った所得税は債務になる
☐	固定資産税・住民税（市民税・県民税）の納税通知書、領収証書など	不明な場合は市区町村役場や都税事務所などへ確認する	故人が未払いだったもの
☐	その他の税金や社会保険料の領収書など		

126

☑	書類名	取得できる場所・費用	注意事項
☐	電気・ガス・水道・電話代などの領収書	不明な場合は各社に確認する	生前に故人が使い、死亡後に相続人が支払ったもの
☐	クレジットカードの利用明細		
☐	医療費の領収書	病院や薬局など・再発行には手数料がかかることも	死亡後に相続人が支払ったもの

確認すべきポイント

・債務に含まれるもの

債務控除できない人 P129

　相続開始日に存在している、亡くなった方の借入金や未払金などの債務を、死亡後に**相続人や包括受遺者**が支払った場合は、その金額を支払った方の相続財産から差し引けます。それらに該当する債務なら、預金口座が凍結される前に亡くなった方の口座から引き落とされた分も含めて構いません。

包括受遺者 P42

　分かりにくいのが、固定資産税と住民税の考え方です。**固定資産税**は、1月1日現在の所有者に1年分を課税されることになっています。また、**住民税**は、1月1日の時点で住民票のある場所に1年分を納める義務があります。そのため、どちらも1月1日以降に亡くなった場合は、既に亡くなった方に1年分全額の納税義務が発生しているため、**死亡日には納税通知書が届いていなくても**、また、**納期限が死亡後でも**、未払い分はすべて亡くなった方の債務となります。

・個人事業の債務、賃貸用不動産の預り敷金

　亡くなった方が個人で事業を営んでいた場合は、所得税の確定申告書に添付されている青色申告決算書の貸借対照表に、買掛金、未払金、借入金などの債務がないか確認しましょう。賃貸用の不動産をお持ちの場

合、入居者から預かっている**敷金**や**保証金**は退去するとき入居者へ返すべきものですから、債務になります。

葬式費用について

■葬式費用　必要書類チェックリスト

☑	書類名	取得できる場所	注意事項
☐	領収書、明細書など	葬儀会社など	
☐	お寺への支払い・手伝ってくれた人への心づけなどをメモしたもの		領収書がもらえないものはメモでよい

確認すべきポイント

・葬式費用に含まれるもの

　通夜・葬儀・告別式の費用、お寺に払った読経料・戒名料・お布施など、通夜や告別式の際の飲食費用、当日の参列者への会葬御礼や手伝ってくれた人への心づけなどを**相続人や包括受遺者**が支払った場合、葬式費用として相続財産から差し引けます。火葬や埋葬、納骨の費用、遺体や遺骨の運搬費用や、遺体の解剖費用なども葬式費用に含まれます。

　一方、後日行う初七日や四十九日などの法要にかかる費用、香典返しの費用、お墓や仏壇の購入費用などは、葬式費用に含まれません。

包括受遺者 P42

・領収書のない葬式費用

　支払った事実があれば、領収書がなくても葬式費用に含めて構いません。支払日、支払金額、支払内容、相手の名前などのメモを作り、相続税の申告書に添付して税務署へ提出しましょう。

　債務や葬式費用を支払っても、相続財産から差し引けない人がいます。つい「払ったから引けるはず」と思いがちなので確認しておきましょう。

【原則】相続人と包括受遺者のみ

　亡くなった方の相続人や包括受遺者ではない方は、どんなに多額の債務や葬式費用を支払っても、それを相続財産から差し引けません。

　「通常の特定遺贈の形式で書かれた遺言で財産を引きついだ受遺者」が債務や葬式費用を支払った場合に、誤って差し引いてしまうケースが多いようです。特定遺贈 P42

【例外】

・相続放棄者などが葬式費用を負担した場合

　相続人や包括受遺者以外でも、**相続放棄**をした方と**相続権を失った方**※が、葬式費用を負担した場合だけは、例外的に差し引いてよいことになっています。ただし、あくまで葬式費用だけで、債務を負担しても差し引けません。相続放棄 P49

・亡くなった方の死亡時の住所が海外にある場合

　この本は、亡くなった方が日本に住んでいた場合の相続税申告を念頭に説明しています。そのため、相続人や包括受遺者が負担した債務や葬式費用はすべて債務控除の対象になり、相続財産から差し引けます。

　しかし、亡くなった方が死亡時に日本に住んでいなかった場合は、葬式費用は差し引けず、また、債務もごく一部しか差し引けないという制限があります。該当する方は、税務署や税理士に相談しましょう。

※相続権を失った方
　遺言の偽造・変造・破棄・隠匿などにより相続欠格者となった人や、亡くなった方に虐待・重大な侮辱などを行い、相続人からの廃除を家庭裁判所が認めた人のこと。

17 生前贈与財産に関する書類を取得しよう

暦年課税と相続時精算課税では集める書類の範囲や注意点が違います。また、令和5年度税制改正で制度が変わり、より複雑になりました。

　相続人などに相続開始前3年以内に暦年課税で贈与された財産と、相続時精算課税で贈与された財産には、相続税がかかります。

■生前贈与財産　必要書類チェックリスト

☑	書類名	取得できる場所・費用	注意事項
☐	《暦年課税》贈与税の申告書（過去7年分）	税務署に提出したものの控えがあれば	
☐	《相続時精算課税》・贈与税の申告書（過去分すべて）		
☐	・相続時精算課税選択届出書		
☐	・亡くなった方と相続時精算課税適用者（贈与を受けた人）の戸籍の附票の写し	本籍のあった市区町村役場（郵送可）・手数料は市区町村により異なる	相続開始日以後に作成されたものが必要
☐	贈与契約書	保管していれば	
☐	亡くなった方および贈与を受けた方名義の通帳	あれば	贈与があったことの確認のため

確認すべきポイント

・相続税の対象になる生前贈与

　暦年課税と相続時精算課税とに分けて説明します。

130

《暦年課税》

　「相続で財産を取得した人」が亡くなった方から**相続開始前３年以内**に**暦年課税**で贈与を受けた財産は、贈与があったときの相続税評価額を相続財産に加算します。「相続で財産を取得した人」なので、相続人ではなくても、亡くなった方から**遺言で財産を取得した人（受遺者）や死亡保険金だけを受け取った人**なども含まれます。一方、相続人でも、**相続で財産を取得していない人**への贈与を加算する必要はありません。

　また、贈与税の**基礎控除額（年間110万円）以下**の贈与や、**亡くなった年（死亡前）**に受けた贈与も加算します。贈与税のかからなかった贈与なら相続税申告にも含まれないと勘違いしないようにしましょう。

《相続時精算課税》

　亡くなった方から**相続時精算課税**で贈与を受けた財産は**すべての分**（改正後は基礎控除を除く）、贈与時の相続税評価額を相続財産に加算します。暦年課税とは違い、相続で財産を取得していない人も対象になります。たとえば、祖父から孫へ相続時精算課税で贈与をしていた場合、孫は祖父の相続人ではなく、遺言がない限り祖父から財産を相続することはありませんが加算します。忘れないように気をつけましょう。

・過去７年分の贈与の確認が必要な理由

　贈与税の時効は申告期限から６年、悪質な脱税の場合は７年です。さらに、令和６年１月１日以後の贈与については、相続財産に加算する暦年課税での贈与の範囲が、相続開始前３年以内から７年以内に順次延長されます。そのため、過去の贈与の事実や贈与税申告の有無を、相続税申告の時に確認する必要があります。

・各種非課税贈与の適用財産

　相続開始前３年以内の贈与のうち、**贈与税の配偶者控除や住宅取得等資金贈与の非課税**の適用を受けた部分は、相続財産への加算は不要です。**教育資金一括贈与の非課税**は、平成31年４月１日から令和３年３月31

日までの資金拠出のうち相続開始前３年以内のもの、および、令和３年４月１日以後の資金拠出は、亡くなった時点での使い残しを原則として相続財産へ加算します。**結婚・子育て資金の一括贈与の非課税**は、贈与の時期を問わず、贈与者が亡くなった時点での使い残しを加算します。

ちょっと確認 〈贈与税の開示請求手続きとは？〉

　このように、相続税申告には、亡くなった方から**相続税の対象者「全員」**に対する過去の生前贈与の有無と金額の確認が必要になります。とはいえ、自分以外の相続人や受遺者に対し、亡くなった方が行った贈与の具体的な内容は分からないのが普通です。特に遺産分割でもめている場合は、お互いに贈与については秘密にしたいと思うかもしれません。

　そのような場合は、亡くなった方の住所地を所轄する税務署に「**贈与税の申告内容の開示請求**」※を行えば、自分以外の相続人などが、亡くなった方から受けた相続開始前３年以内の暦年贈与と相続時精算課税贈与について、**贈与税の課税価格の合計額**を開示してもらうことができます。「相続税法第49条第１項の規定に基づく開示請求書」を、以下のいずれかの書類と一緒に税務署に提出して下さい。

　①財産の全部または一部について遺産分割協議が済んでいる場合

　　遺産分割協議書の写し

　②遺言書がある場合

　　遺言書の写し

　③ ①②以外の場合

　　開示請求者（自分）と開示対象者（他の相続人など）の戸籍謄本または戸籍抄本

　回答を郵送で受け取りたい場合は、切手を貼った返信用封筒と自分の住民票の写しなど住所を確認できる書類の添付も必要になります。

※贈与時の申告内容の開示請求手続
　https://www.nta.go.jp/taxes/tetsuzuki/shinsei/annai/sozoku-zoyo/annai/2361.htm

【長女が他の相続人への贈与情報の開示を請求する場合。遺言書あり・回答は郵送受領を希望】

■〈記入例〉相続税法第49条第1項の規定に基づく開示請求書

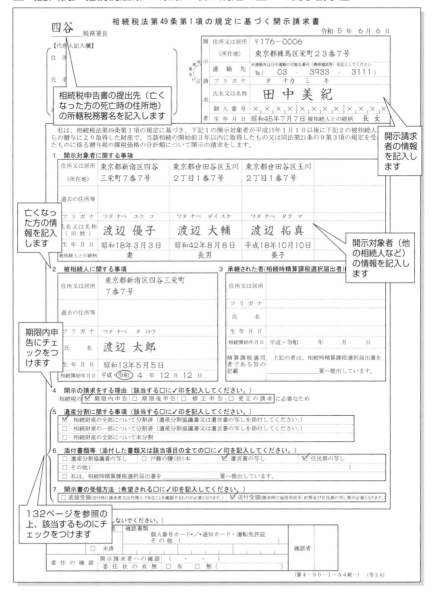

相続税法第49条第1項の規定に基づく開示請求書

四谷 税務署長

令和 5 年 6 月 6 日

【代理人記入欄】
住 所
氏 名

相続税申告書の提出先（亡くなった方の死亡時の住所地）の所轄税務署名を記入します

開示請求者
住所又は居所（所在地） 〒176-0006
東京都練馬区栄町23番7号
※連絡先は日中連絡の可能な番号（携帯電話等）を記入してください
連絡先 Tel.(03 - 3933 - 3111)
フリガナ タナカ ミキ
氏名又は名称 田中 美紀
個人番号 ×|×|×|×|×|×|×|×|×|×|×|×
生年月日 昭和45年7月7日 被相続人との続柄 長女

開示請求者の情報を記入します

私は、相続税法第49条第1項の規定に基づき、下記1の開示対象者が平成15年1月1日以後に下記2の被相続人からの贈与により取得した財産で、当該相続の開始前3年以内に取得したもの又は同法第21条の9第3項の規定を受けたものに係る贈与税の課税価格の合計額について開示の請求をします。

1 開示対象者に関する事項

住所又は居所（所在地）	東京都新宿区四谷三栄町7番7号	東京都世田谷区玉川2丁目1番7号	東京都世田谷区玉川2丁目1番7号
過去の住所等			
フリガナ 氏名又は名称（旧姓）	ワタナベ ユウコ 渡辺 優子	ワタナベ ダイスケ 渡辺 大輔	ワタナベ タクマ 渡辺 拓真
生年月日	昭和18年3月3日	昭和42年8月8日	平成18年10月10日
被相続人との続柄	妻	長男	養子

亡くなった方の情報を記入します

開示対象者（他の相続人など）の情報を記入します

2 被相続人に関する事項

住所又は居所	東京都新宿区四谷三栄町7番7号
過去の住所等	
フリガナ 氏 名	ワタナベ タロウ 渡辺 太郎
生年月日	昭和13年5月5日
相続開始年月日	平成・令和 4 年 12 月 12 日

期限内申告にチェックをつけます

3 承継された者（相続時精算課税選択届出者）

住所又は居所	
フリガナ 氏 名	
生年月日	
相続開始年月日	平成・令和 年 月 日
精算課税適用者である旨の記載	上記の者は、相続時精算課税選択届出書を _____ 署へ提出しています。

4 開示の請求をする理由（該当する□に✓印を記入してください。）
相続税の ☑ 期限内申告 ・ □ 期限後申告 ・ □ 修正申告 ・ □ 更正の請求 に必要なため

5 遺産分割に関する事項（該当する□に✓印を記入してください。）
☑ 相続財産の全部について分割済（遺産分割協議書又は遺言書の写しを添付してください。）
□ 相続財産の一部について分割済（遺産分割協議書又は遺言書の写しを添付してください。）
□ 相続財産の全部について未分割

6 添付書類等（添付した書類又は該当項目の全ての□に✓印を記入してください。）
□ 遺産分割協議書の写し ・ □ 戸籍の謄（抄）本 ・ ☑ 遺言書の写し ・ ☑ 住民票の写し
□ その他（ ）
□ 私は、相続時精算課税選択届出書を _____ 署へ提出しています。

7 開示書の受領方法（希望される□に✓印を記入してください。）
□ 直接受領（交付時に請求者又は代理人であることを確認するものが必要となります。） ・ ☑ 送付受領（請求時に返信用切手、封筒及び住民票の写し等が必要となります。）

132ページを参照の上、該当するものにチェックをつけます

～ないでください。）

	確認書類
	個人番号カード・✓・通知カード・運転免許証 その他（ ）
□ 未済	確認者
委任の確認	開示請求者への確認 （ ・ ・ ） 委任状の有無 □ 有 □ 無

（資4－90－1－A4統一）（令3.6）

第2章

◎養子縁組、する？しない？

　相続税対策として孫などを養子にしようと思われる方もいらっしゃるでしょう。養子縁組にはメリットとデメリットの両方がありますから、よく検討してから実行するかを判断するようにして下さい。

【メリット】　　　　　　法定相続人の数 P48　　　2割加算 P266

①養子は、養親の財産を法定相続分、遺言がある場合は遺留分、相続する権利を持てる。特別養子になる場合を除いて、実親との親子関係もそのまま続く。

②法定相続人の数が増えるので

・相続税の基礎控除額や死亡保険金・死亡退職金の非課税枠が増える。

・相続税の総額は、遺産を法定相続分で分けた金額に累進税率を掛けて計算するため、法定相続人の数が増えれば適用税率が低くなり、相続税の総額が減る。

③孫を養子にすれば、相続税を一代飛ばせる。

【デメリット】

①もともとの実子は自分の法定相続分や遺留分が減ってしまうため、争いが生じやすくなる。

②養子と養親は親子になるため、お互いに扶養の義務が生じる。

③子どもの配偶者や孫を養子にした後、「子ども夫婦が離婚した」「孫が自分の面倒をみない」といった事情が生じ、養子縁組を解消したいと思っても、養子が同意するかよほどの理由がない限り離縁が難しい。

届出先	養親か養子の本籍地　または届出人の住所地の市区町村役場
届出人	養親と養子（養子が15歳未満の場合は法定代理人。通常は両親）※届を窓口に持参する人は、誰でもよい。
必要書類	養子縁組届（市区町村役場にある。届出人と証人2名の署名捺印が必要）、養親と養子の戸籍謄本（本籍地に届け出る場合は不要）、顔写真入りの身分証明書

第**3**章

書類を集め終わったら、次は財産の評価を行います

財産の評価をしよう
〜事前準備 その2〜

　書類集めに目途がついたら、次の段階に進みましょう。この章では、財産の評価方法を財産の種類ごとに説明していきます。

　相続税は相続した財産の「評価額」に相続税の「税率」を掛けて求めます。税率はあらかじめ決まっていますから、いわば財産評価が相続税申告の一番のキモになります。中でも難しいのが、最初にご説明する土地の評価です。

　大まかなしくみを理解しながら、評価のしかたを確認していきましょう。

土地の評価はなぜ難しいのでしょう

相続税申告の最大の難関は土地の評価です。

財産評価の基本は**時価**。土地以外は難しくありません

　この章では、財産評価の方法を、財産の種類ごとに説明していきます。

　とはいえ、**土地以外の財産の評価はそれほど難しくありません。なぜなら、基本的には「時価」で評価すると覚えておけばよいからです。**

　預貯金は、残高がほぼそのまま評価額になります。また、上場株式や投資信託などは、金融機関が発行してくれる資料を見れば、評価額である市場価格や基準価額が確認できます。死亡保険金も、受け取った金額から非課税枠を差し引いた金額が評価額です。

　100万円の預金は100万円、１株２万円の株式が100株あれば200万円なら、評価額は誰にでもはっきりと分かります。第２章の書類集めの段階で財産の把握もれがなければ、財産の評価額や納める相続税額に大きな影響はでないことが多いでしょう。　<u>預貯金の評価 P185</u>　<u>有価証券の評価 P187</u>

<u>証券投資信託受益証券の評価 P191</u>　<u>生命保険金等の評価 P200</u>

土地だけは要注意。評価方法がかなり複雑です

　しかし**土地は、他の財産と大きく違います。**

　まず、世の中にひとつとして同じものがありません。農地や山林、住宅地や駐車場など、種類や用途も様々です。また、土地には上記で述べた他の財産のように「〇〇円」という値段もついていません。通帳の残

136

高や株価とは違い、自分が持っている土地の「買った値段」は覚えていても、「今の値段」は分からないのが普通です。

それに、たとえ同じ用途で同じ面積の土地でも、以下のように形や道路との接し方が違うと、それによっても評価額はまったく違ってきます。

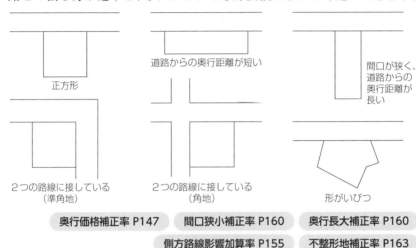

正方形

道路からの奥行距離が短い

間口が狭く、道路からの奥行距離が長い

2つの路線に接している（準角地）

2つの路線に接している（角地）

形がいびつ

奥行価格補正率 P147　　間口狭小補正率 P160　　奥行長大補正率 P160

側方路線影響加算率 P155　　不整形地補正率 P163

さらに、その土地を誰が使っていたかや、誰が相続するかによっても評価額は変わります。

評価単位 P140

そういった千差万別の土地について、個別の事情に配慮しながら、できるだけ公平な基準で評価し相続税を納めてもらうため、土地の評価方法は、他の財産と比べて複雑なしくみになっているのです。

集めた資料を見ながら評価方法を確認していきましょう

とはいえ、たとえば住宅街にある区画整理された自宅の敷地などなら、自分で評価することも十分可能です。ひとりでは難しい場合は遠慮なく、税務署や税理士を頼り相談すれば、大丈夫です。

では、第2章で集めた公図や地積測量図、ブルーマップや路線価図などの資料を見ながら、土地の評価方法を順に確認していきましょう。

2 土地の評価区分を確認しよう

土地の評価は「土地をどう区切るか」を知ることからスタートします。

　相続した土地が自宅の敷地だけなら、138～141ページで説明する土地の評価区分と宅地の評価単位の検討はいりませんので、142ページへ進んで下さい。その一方、たとえば自宅の隣が駐車場などの場合は、土地をどう区切って評価するかを、最初に確認する必要があります。

土地は「地目」ごとに評価します

　相続税では原則として、**土地は「地目」ごとに評価します**。地目とは、土地の1つ1つにつけられている**土地の利用状況**をあらわすものです。よく使う地目は、**宅地**（建物が建っている土地）、**雑種地**（貸駐車場、資材置き場など）、田（水を利用する農地）、畑（水を利用しない農地）などです。

地目の種類 P141

　たとえば、自宅の隣に貸駐車場がある場合、自宅の地目は宅地で貸駐車場の地目は雑種地なので、分けて別々に評価します。また、自宅の隣に畑がある場合、地目は宅地と畑なので、別々に評価します。ただし、育てた野菜を売らずに家族で食べる程度の家庭菜園は、畑ではなく宅地と考え、分けずに一体で評価することが多いです。

自宅	貸駐車場

別々に評価

自宅	畑

別々に評価

自宅	家庭菜園

一体で評価

現況地目を確認しましょう

　土地がどの地目かは、**死亡日の実際の利用状況**をもとに判断します。

これを**現況地目**といいます。また、登記事項証明書（登記簿謄本）の地目を**登記地目**、固定資産評価証明書の地目を**課税地目**といいます。

地目の種類	載っている書類名
登記地目	登記事項証明書
課税地目	固定資産評価証明書※ ※現況地目と書かれている市区町村もある
現況地目	ない （死亡日の実際の利用状況を自分で確認する）

（相続税申告ではこれを使います）

　現況地目を確認するには、登記地目や課税地目も参考にします。しかし、登記地目は畑でも、課税地目は雑種地や宅地というように、書類によって地目が違うこともあります。たとえば、過去に畑だった土地を、駐車場や建物の敷地に転用し、使っていた場合などです。

　一般的に、課税地目は市区町村が実際の利用状況を調べて固定資産税を課税するので、現況地目である可能性が高いです。とはいえ、課税地目と現況地目が違う場合もあります。自分の目で実際の利用状況を確認し、現況地目を決めましょう。 登記事項証明書 P82 固定資産評価証明書 P84

地目が違っても**一体**で評価する場合があります

　たとえば、土地と土地の間に道路を挟まず地続きで一体で利用している「自宅の敷地（宅地）と自家用車の駐車場（雑種地）」や「コンビニの店舗の敷地（宅地）とお客様用駐車場（雑種地）」、「ゴルフ練習場（雑種地）とクラブハウスの敷地（宅地）」を、地目ごとに分けて評価すると、その土地全体の効用を適切に評価額に反映できません。

　そのため、**2以上の地目の土地を一体で利用しているこのような場合は、分けずに全体を主たる地目で一体で評価します。**自宅やコンビニは、建物が主で駐車場は従なので、全体を宅地で評価し、ゴルフ練習場は、練習場が主でクラブハウスは従なので、全体を雑種地で評価します。

3 宅地の評価単位を確認しよう

次に評価単位である「1画地」がどのようになるかを確認します。

宅地は「1画地」ごとに評価します

　土地は、筆という単位で数えます。土地の1つ1つには**地番**がつけられていて、その地番ごとに1筆、2筆……と数えます。

　しかし、相続税申告で宅地を評価するときは、**この地番や筆にはとらわれません**。宅地を利用の単位で区切ったまとまりである「**1画地**」ごとに評価します。

自宅の敷地が1筆でも　　　2筆でも　　　相続税ではどちらも1画地

A土地
地番 ○番

B土地　　C土地
地番：○番　地番：△番

自宅

自宅がA土地の上にあっても、B土地＋C土地の上にあっても、相続税ではどちらも同じ1画地

　利用の単位とは、持ち主が自由に使えるか、他の権利によって持ち主の利用が制限されていないかで判断します。難しければ、「**利用者ごとに分ける**」と考えると理解しやすいでしょう。

宅地 P138

評価単位は**利用者**→**取得者**の順で確認します

　たとえば、「自宅の隣に賃貸アパートがある」「戸建ての貸家が2軒隣り合っている」という場合、2つの建物はそれぞれ**利用者**が違うので、2画地として評価します。

　一方、「亡くなった方の自宅の隣にその方が営んでいたお店がある」というように、用途の違う建物が2軒あっても利用者が同じだった場合は、全体を1画地として評価します。ただし、利用者が同じでも相続後の**取得者**が違う場合は、取得者ごとに分けて評価します。つまり、この自宅とお店をそれぞれ違う人が相続したときは、2画地に分けて評価します。

繰り返しになりますが、地番や筆は一切関係ありません。

別々に評価　　　　　　　　別々に評価　　　　　　　　一体で評価
　　　　　　　　　　　　　　　　　　　　　　　　　　※**取得者**が違う場合は別々に評価

1筆の宅地を2画地以上に分ける方法

　以下の①〜③などの方法で、公図や地積測量図などの図面で宅地を、
1画地ごとに区切って評価します。　　　　　<u>公図・地積測量図 P86</u>

①現地を測る

　メジャーやウォーキングメジャーを使い、現地で実際の宅地の間口や
奥行などを測ります。測った距離を、三角スケールを使って1/600や
1/500といった公図や地積測量図の縮尺に引き直し、図面に落とし込み
区切ります。メジャーはホームセンターなどで、三角スケールは文房具
店などで、誰でも購入できます。

<u>メジャー・ウォーキングメジャー・三角スケール P177</u>

②建物図面を参考にする

　どのような位置関係で、宅地に建物が建っているのかを確認します。

③その建物を建てたときの資料を参考にする

　役所に建築確認申請を行ったときに提出した建築計画概要書などを見
て、建物の概要や配置図を確認します。　　　<u>建築計画概要書 P97</u>

　<u>ちょっと確認</u>　　〈宅地以外の土地がある場合〉

　相続税申告では、地目を①宅地、②田、③畑、④山林、⑤原野、⑥牧
場、⑦池沼、⑧鉱泉地、⑨雑種地の9つに分類します。宅地以外の土地
がある場合は、やや専門的な知識が必要になります。税務署や税理士に
相談し、アドバイスをもらった方がよいでしょう。　　<u>現況地目 P138</u>

第3章

4 「路線価方式」と「倍率方式」、どちらで 評価するかを確認しよう

宅地は路線価方式または倍率方式のいずれかで評価します。

評価区分と評価単位の確認が終わったら、実際の評価に進みます。

路線価方式・倍率方式

宅地は、**路線価方式**または**倍率方式**のいずれかで評価します。路線価方式とは、路線価が定められている地域の評価方法で、倍率方式とは、路線価が定められていない地域の評価方法です。

どちらの方式で評価するかは、「**■倍率表の取得方法**」の手順に沿って**倍率表**を確認し、判断しましょう。一般的に、市街地にある宅地は路線価方式で、市街地から離れた宅地は倍率方式で評価することが多いです。

倍率表の取得方法 P90

路線価方式の場合は、相続税の申告書に「**土地及び土地の上に存する権利の評価明細書**」を添付します。倍率方式の場合、この評価明細書は必要ありません。

評価明細書 P152

路線価方式とは

その宅地が面している道路につけられた**路線価**に、宅地の面積（以下、「**地積**」と呼びます）を掛けて評価額を求めます。

路線価は、**路線価図**に宅地1㎡あたりの価額が千円単位で表示されています。また矢印（◄──►）は、路線価が適用される範囲です。

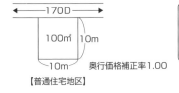

路線価×補正率×地積＝評価額
170,000円×1.00×100㎡＝1,700万円

補正率 P144

142

■路線価図の見方

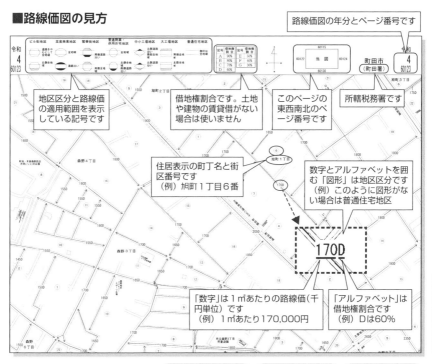

地区区分 P150　　住居表示 P79　　借地権 P174

　地積は、**死亡日の実際の地積**を使います。通常は、固定資産評価証明書の課税地積を使います。課税地積は登記事項証明書の公簿地積とは違う場合もあるため、地積測量図があれば、念のため地積測量図の地積も確認します。

地積測量図 P86

　また、相続後にその宅地を売る場合など、実際に測量を行ったときは、その測量した地積（実測地積）を使います。

　つまり、死亡日の実際の地積として一番確実性が高そうだと考えられる地積を使って下さい。

宅地ごとの個別事情を補正率で調整します

　路線価とは、「その道路に面する標準的な宅地の1㎡あたりの価額」です。標準的な宅地とは、その道路に面する宅地に共通している状態にある、正方形や長方形の整った形の宅地のことをいいます。

　つまり、「道路から奥まっている」「道路に接する距離が短い」「形がいびつ」といった個別の事情は、路線価には反映されていません。そこで、そのような場合は、宅地の形状などに応じた補正率を使って路線価を調整します。

補正率の種類	補正する理由	
奥行価格補正率	道路からの奥行距離が長く（短く）利用しにくい	P147
不整形地補正率	形がいびつで宅地全体を有効利用できない	P163
間口狭小補正率	道路に接する間口が狭く利用しにくい	P160
奥行長大補正率	間口に比べて奥行距離が長すぎ利用しにくい	P160
がけ地補正率	がけ地があり使えない部分がある	

倍率方式とは

　その宅地の固定資産税評価額に、倍率を掛けて評価額を求めます。固定資産税評価額は固定資産評価証明書に、倍率は倍率表に記載されています。地積は掛けませんので、気をつけましょう。　倍率表の取得方法 P90

　固定資産税評価額は宅地ごとにつけられているため、それぞれの宅地の個別の事情を反映した評価額になっています。そのため原則として、路線価のような補正率による調整は行いません。

> 固定資産税評価額×倍率＝評価額
> 3,000万円×1.1＝3,300万円

144

■固定資産評価証明書の見方

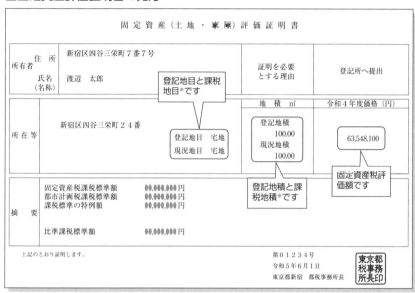

※固定資産評価証明書の「現況地目」「現況地積」は、あくまで固定資産税の課税に関するものです。
相続税申告でも参考にはしますが、同じとは限りませんので気をつけましょう。

■倍率表の見方

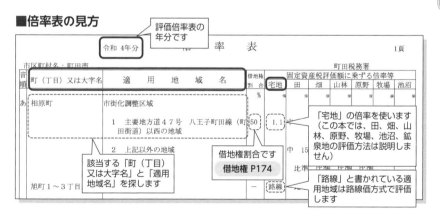

財産の評価をしよう　**145**

倍率方式で１筆の宅地を２画地以上に分ける方法

固定資産税評価額は、通常「筆ごと・地番ごと」につけられています。しかし、相続税申告では宅地を「１画地ごと」に分けて評価するため、固定資産税評価額を何らかの方法で分けて使わなければならないことがあります。

評価単位 P140

この場合は課税上の弊害がない限り、固定資産税評価額を**地積**で按分した後、その按分した評価額に倍率を掛けて、相続税評価額を求めます。

【計算例】

```
     地番　○番
全体の固定資産税評価額
   3,000万円

┌─────┬─────┐
│  A  │  B  │
│(建物)│貸駐車場│
│ 自宅 │     │
│100㎡│200㎡│
└─────┴─────┘
```

> 自宅敷地は宅地、貸駐車場は雑種地のため、２画地に分けて評価します。
>
> ＜A（自宅敷地）＞
> 3,000万円×100㎡/300㎡×1.1＝1,100万円
> ＜B（貸駐車場）＞
> 3,000万円×200㎡/300㎡×1.1＝2,200万円

AとBの相続税評価額の合計は、全体の固定資産税評価額3,000万円にそのまま倍率の1.1を掛けた3,300万円と、結果だけ見れば同じです。それならわざわざ２画地に分けなくてもよいかというと、Aの自宅敷地とBの貸駐車場とでは、小規模宅地等の特例の減額割合や上限面積が違うため、特例を適用した後の計算結果が違ってきます。

小規模宅地等の特例 P220

また仮に、Bが賃貸アパートの敷地の場合、Bは貸家建付地になり評価方法自体が変わります。このように土地の評価には落とし穴がたくさんありますので、きちんと理解し、正しく評価するようにしましょう。

貸家建付地 P175

■【まとめ】宅地の２つの評価方式

評価方式	計算方法
路線価方式	路線価×補正率×地積
倍率方式	固定資産税評価額×倍率

1つの道路に面する宅地を評価しよう

1つの道路だけに面している宅地の評価をしましょう。

　路線価は、その道路に面する標準的な宅地の1㎡あたりの価額です。道路からの奥行距離が長かったり短かったりする場合は利用しにくいため、補正率で路線価を調整します。

1つの道路だけに面する宅地の評価方法

　まず、宅地の正面の道路につけられた路線価に、宅地の**奥行距離**に応じた**奥行価格補正率**を掛けて、路線価を調整します（A）。

　その後、Aに地積を掛けて評価額を求めます。

> 路線価 × **奥行価格補正率** = A （円未満切捨て）
> A × 地積 = 評価額

【計算例】

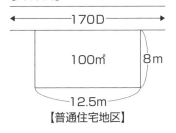

8mの
奥行価格補正率
170,000円 × 0.97 = 164,900円
164,900円 × 100㎡ = 16,490,000円

奥行価格補正率表 P149

奥行距離の求め方

　上記の計算例のように、完全な正方形や長方形の宅地の奥行距離は、宅地の正面の道路から宅地の一番奥の端までを、垂直に測った距離になります。

　ただし、宅地の形がいびつな場合は、どこからどこまでを測るかで奥

行距離が変わってきます。そこで通常は、**宅地の地積**を道路に接する部分の距離である**間口**で割り（宅地全体の奥行距離の平均を求めて）、それを**想定整形地の奥行距離**と比較してどちらか**短い方**を奥行距離として使用します。以下の「想定整形地の奥行距離」も、参考にして下さい。

$$\frac{宅地の地積}{間口} \quad \begin{matrix} > \\ < \end{matrix} \quad 想定整形地の奥行距離 \quad ※どちらか短い方が奥行距離$$

間口 P162

想定整形地・想定整形地の奥行距離

想定整形地とは、宅地の正面の道路から**垂直**に線を引いて作った、宅地全体を囲む四角形（以下の**【計算例】**の点線の四角形）のことです。

宅地の形や道路との接し方により、想定整形地を複数作れる場合は、想定整形地の面積が最も小さくなるものを使います。

想定整形地の奥行距離は、その四角形の奥行を三角スケールで測って求めます。

想定整形地の作図例 P167   三角スケール P177

【計算例】

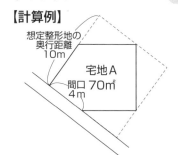

想定整形地の
奥行距離
10m

宅地A
間口 70㎡
4m

$$\underset{間口}{\frac{70㎡}{4m}} = 17.5m \quad > \quad \underset{奥行距離}{\overset{想定整形地の}{10m}}$$

宅地Aの地積

想定整形地の
奥行距離

∴宅地Aの奥行距離は短い方の10m

奥行価格補正率は宅地のある地区区分によって変わります

評価する宅地の奥行距離を求めたら、**《奥行価格補正率表》**で奥行価格補正率を確認します。同じ距離でも、**地区区分**によって補正率が違いますので、表を見間違えないよう気をつけましょう。   地区区分 P150

■奥行価格補正率表（平成30年1月1日以後相続用。令和5年5月時点最新）

奥行距離(m)	ビル街	高度商業	繁華街	普通商業・併用住宅	普通住宅	中小工場	大工場
4未満	0.80	0.90	0.90	0.90	0.90	0.85	0.85
4以上　6未満		0.92	0.92	0.92	0.92	0.90	0.90
6 〃　　8 〃	0.84	0.94	0.95	0.95	0.95	0.93	0.93
8 〃　　10 〃	0.88	0.96	0.97	0.97	0.97	0.95	0.95
10 〃　　12 〃	0.90	0.98	0.99	0.99	1.00	0.96	0.96
12 〃　　14 〃	0.91	0.99	1.00	1.00		0.97	0.97
14 〃　　16 〃	0.92	1.00				0.98	0.98
16 〃　　20 〃	0.93					0.99	0.99
20 〃　　24 〃	0.94					1.00	1.00
24 〃　　28 〃	0.95				0.97		
28 〃　　32 〃	0.96		0.98		0.95		
32 〃　　36 〃	0.97		0.96	0.97	0.93		
36 〃　　40 〃	0.98		0.94	0.95	0.92		
40 〃　　44 〃	0.99		0.92	0.93	0.91		
44 〃　　48 〃	1.00		0.90	0.91	0.90		
48 〃　　52 〃		0.99	0.88	0.89	0.89		
52 〃　　56 〃		0.98	0.87	0.88	0.88		
56 〃　　60 〃		0.97	0.86	0.87	0.87		
60 〃　　64 〃		0.96	0.85	0.86	0.86	0.99	
64 〃　　68 〃		0.95	0.84	0.85	0.85	0.98	
68 〃　　72 〃		0.94	0.83	0.84	0.84	0.97	
72 〃　　76 〃		0.93	0.82	0.83	0.83	0.96	
76 〃　　80 〃		0.92	0.81	0.82			
80 〃　　84 〃		0.90	0.80	0.81	0.82	0.93	
84 〃　　88 〃		0.88		0.80			
88 〃　　92 〃		0.86			0.81	0.90	
92 〃　　96 〃	0.99	0.84					
96 〃　　100 〃	0.97	0.82					
100 〃	0.95	0.80			0.80		

補正率が1.00の部分は、奥行距離が長すぎず短すぎないため、調整する必要がないということです。

第3章

財産の評価をしよう　149

たとえば、表の奥行距離10m以上12m未満の部分を見てみると、補正率は、普通住宅地区は1.00ですが、それ以外の地区区分では1.00未満です。つまり、奥行10m以上12m未満は住宅街としてはちょうどいい距離ですが、それ以外だと奥行が短い（路線価より価値が下がる）ため、その分路線価を調整するのです。

地区区分の表示方法

　地区区分は７つに分かれていて、路線価図に以下の表示方法で表わされています。

路線価図 P143

地 区 区 分	表 示 方 法
ビ ル 街 地 区	◀〈 12,500A 〉▶
高 度 商 業 地 区	◀（ 6,200A ）▶
繁 華 街 地 区	◀⬡ 4,800B ⬡▶
普通商業・併用住宅地区	◀（2,300C）▶
普 通 住 宅 地 区	◀─ 950D ─▶
中 小 工 場 地 区	◀◇ 720D ◇▶
大 工 場 地 区	◀□ 580D □▶

ちょっと発展　〈地区区分の表示方法に斜線や黒塗り部分がある場合〉

　地区区分を表している○や◇、□などの図形は、白色のことが多いのですが、**適用範囲を限定したいときだけ**は、上下左右（北南西東を表す）の一部や全部が、斜線や黒塗りになっています。

　斜線は、その方角にはその地区区分を「適用しない」ことを示していて、**黒塗り**は、その方角は「道路沿いだけ」にその地区区分が適用されることを示しています。たとえば、普通商業・併用住宅地区（○）の場合、表示方法とその意味は以下のとおりです。

150

表示方法	その意味
900C	道路を中心として、北側・南側の全地域がこの地区区分
900C	道路を中心として、斜線のない南側の全地域がこの地区区分
900C	道路沿い「のみ」の地域がこの地区区分。奥にある土地には適用しない
900C	道路を中心として黒塗り側（北側）の道路沿いと反対側（南側）の全地域がこの地区区分
900C	道路を中心として黒塗り側（北側）の道路沿い「のみ」の地域がこの地区区分。斜線側（南側）には適用しない

ただし、これはあくまで「地区区分」の適用範囲の指示であり、**「路線価」の適用範囲には影響を与えません**。間違える方が非常に多いので、該当する方のために、以下の図で詳しく説明します。

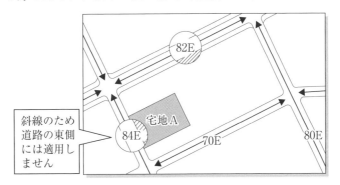

宅地Aが面する道路（84E）の地区区分は「普通商業・併用住宅地区（○）」ですが、○の右（道路の東の地域を指す）には、その地区区分を適用しないことを意味する斜線がついています。また、Aの上（北）にある道路（82E）の○の下（南）も斜線です。そのためAの地区区分は、下（南）にある道路（70E）や右（東）にある道路（80E）の無印を適用し「普通住宅地区」になり、その補正率を使います。ただし、路線価は宅地Aが面する道路（84E）の84千円を使って評価します。

【1つの道路に面する宅地】

■〈記入例〉土地及び土地の上に存する権利の評価明細書

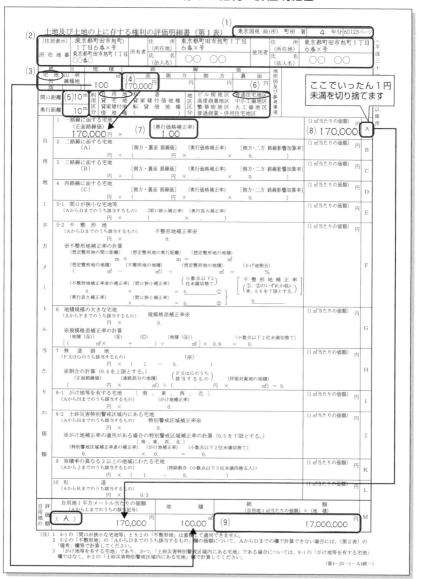

152

■〈記入方法〉土地及び土地の上に存する権利の評価明細書[1]

(1) 「国税局名」は、「財産評価基準書 路線価図・評価倍率表」[2]のトップページで土地が所在する都道府県名を探し確認します。「税務署名・年分・ページ番号」は、路線価図の右上に記載されています。 路線価図 P143

(2) 住居表示が所在地番と違う場合は住居表示をカッコ内に記入します。

(3) 該当する地目に○をします。地積を記入し、最下段にも転記します。

(4) 路線価を「正面」の欄に記入し、「1 一路線に面する宅地（正面路線価）」に転記します。

(5) 間口距離と奥行距離を記入します。

(6) 自用地に○をします。自宅敷地や駐車場は自用地です。地区区分は路線価の○や◇、無印などの図形を確認します。 地区区分 P150

(7) 奥行価格補正率を記入します。 奥行価格補正率表 P149

(8) 正面路線価に奥行価格補正率を掛け、「1㎡当たりの価額」を求めます。最下段の「自用地1平方メートル当たりの価額」欄に転記し、カッコ内に（A）と記入します。

(9) 自用地1平方メートル当たりの価額に地積を掛け価額を求めます。

※1 土地及び土地の上に存する権利の評価明細書の記載のしかた
https://www.nta.go.jp/taxes/tetsuzuki/shinsei/annai/hyoka/annai/pdf/1470-5-6.pdf
※2 財産評価基準書 路線価図・評価倍率表　https://www.rosenka.nta.go.jp

第3章

ちょっと発展 〈私道の評価〉

固定資産税が非課税の私道でも相続税は利用の制約度合いに応じて評価します。個人所有の道路（私道）を不特定多数の人が通行している場合、その道路に相続税はかかりません（ゼロ評価）。ただし、特定の人だけが通行している私道は30％相当額で、所有者だけが通行している私道は100％（通常の評価額）で評価します。通り抜けられる私道はゼロ、行き止まりの私道は30％か100％と理解してもよいでしょう。

1つの道路に面する宅地より利用価値が高くなるため、その分路線価を
調整します。

　側方や裏面にも道路が面する場合はより利便性が高まるため、その調
整を行います。具体的には、**側方路線影響加算率**や**二方路線影響加算率**
を使って求めた金額を**プラスします**。

まずは**正面道路**を決めましょう

　宅地が面する道路が複数ある場合は、「路線価×奥行価格補正率」で
計算した1㎡あたりの価額が最も高い道路が正面道路になります。

　つまり、路線価の一番高い道路が正面になる訳ではありません。奥行
価格補正率は、正面は正面の道路から、側方は側方の道路から、裏面は
裏面の道路から、それぞれ垂直に測った奥行距離に応じて決まるからで
す。路線価の差が小さい場合や、間口や奥行距離が極端に長かったり短
かったりする場合は、逆転する可能性があるため、気をつけましょう。

【計算例】

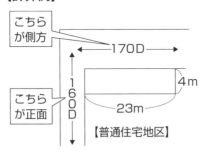

　　　　4mの
　　奥行価格補正率
(1) 170,000円×0.92＝156,400円

　　　　23mの
　　奥行価格補正率
(2) 160,000円×1.00＝160,000円

∴(2)の方が高いので

160千円の道路が正面

170千円の道路が側方

奥行価格補正率表 P149

　170千円の道路からの奥行距離は4mです。奥行価格補正率表をみると、
普通住宅地区の「4m以上6m未満」の補正率は0.92です。一方、160千円

の道路からの奥行距離は23mで、「20m以上24m未満」の補正率は1.00です。その結果、「路線価×奥行価格補正率」は路線価の低い160千円の道路の方が高くなり、こちらが正面道路となります。なお、同額になる場合は、道路に接する距離の長い方が正面道路になります。

正面と側方の２つの道路に面する宅地の評価方法

正面と側方の２つの道路に面する宅地は、以下の方法で評価します。

> ① 正面の路線価×正面の奥行価格補正率（円未満切捨て）
> ② 側方の路線価×側方の奥行価格補正率×**側方路線影響加算率**
> 　　　B（①＋②（円未満切捨て））×地積＝評価額

【計算例】

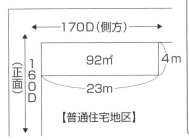

【普通住宅地区】

23mの
奥行価格補正率
① 160,000円 × 1.00 ＝ 160,000円

4mの　　側方路線
奥行価格　　影響
補正率　　加算率
② 170,000円 × 0.92 × 0.02 ＝ 3,128円

163,128円
（①＋②）×92㎡＝15,007,776円

側方路線影響加算率表 P156

側方路線影響加算率は地区区分により異なります

側方路線影響加算率は、《**側方路線影響加算率表**》で確認します。地区区分ごとに定められ、宅地が**角地**と**準角地**のどちらにあるかによって変わります。角地とは、２路線が交差する場所にある場合をいい、準角地とは、折れ曲がる１つの路線の内側にある場合をいいます。

角地　　　　　　　　　角地　　　　　　　　準角地

地区区分	加算率	
	角地の場合	準角地の場合
ビル街	0.07	0.03
高度商業、繁華街	0.10	0.05
普通商業・併用住宅	0.08	0.04
普通住宅、中小工場	0.03	0.02
大工場	0.02	0.01

正面と**裏面**の２つの道路に面する宅地の評価方法

正面と裏面の２つの道路に面する宅地は、以下の方法で評価します。

① 正面の路線価×正面の奥行価格補正率（円未満切捨て）

② 裏面の路線価×裏面の奥行価格補正率×**二方路線影響加算率**

　　B（①＋②（円未満切捨て））×地積＝評価額

【計算例】

8mの
奥行価格補正率
① 170,000円 × 0.97 ＝ 164,900円

8mの　　二方路線
奥行価格　　影響
補正率　　加算率
② 150,000円 × 0.97 × 0.02 ＝ 2,910円

167,810円
（①＋②）×100㎡ ＝ 16,781,000円

【普通住宅地区】

奥行価格補正率表 P149

二方路線影響加算率は地区区分により異なります

　二方路線影響加算率は、《**二方路線影響加算率表**》で確認します。地区区分ごとに定められています。「裏面」が「二方」となっていて、用語が違うので気をつけましょう。

■二方路線影響加算率表

地区区分	加算率
ビル街	0.03
高度商業、繁華街	0.07
普通商業・併用住宅	0.05
普通住宅、中小工場 大工場	0.02

側方や裏面道路の**一部**にしか接していない場合

宅地が側方道路や裏面道路の一部にしか接していない場合は、影響を受けている部分「だけ」を路線価にプラスするため、以下のように分数を掛けて調整します。

【計算例】

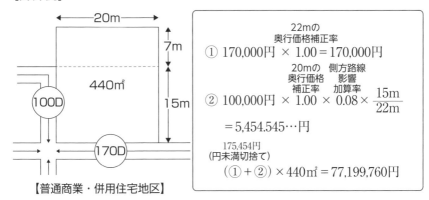

【普通商業・併用住宅地区】

22mの
奥行価格補正率
① 170,000円 × 1.00 = 170,000円

20mの　側方路線
奥行価格　影響
補正率　加算率
② 100,000円 × 1.00 × 0.08 × $\frac{15m}{22m}$

= 5,454.545…円

175,454円
(円未満切捨て)
（① + ②）× 440㎡ = 77,199,760円

【2つの道路（正面道路と側方道路）に面する宅地】

申告書作成 P241

■〈記入例〉土地及び土地の上に存する権利の評価明細書

158

ちょっと発展 〈3つ以上の道路に面する宅地の評価は？〉

　宅地が3つ以上の道路に面する場合も、同じように調整を行います。側方路線影響加算率や二方路線影響加算率を使って求めた金額を順にプラスしていきます。

　正面道路の決め方も、154ページで説明した方法と同じです。

正面道路の決め方 P154

【3つの道路に面する宅地】

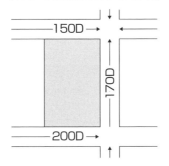

【4つの道路に面する宅地】

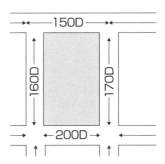

第3章

　土地の評価明細書には、「1 一路線に面する宅地」から「4 四路線に面する宅地」までAからDに記入できます。「正面」→「側方」「側方」「裏面（二方）」の順で加算し、最後に地積を掛けます。

自用地1	1 一路線に面する宅地 　（正面路線価）　　　（奥行価格補正率） 　　　円 ×				（1㎡当たりの価額）円	A
	2 二路線に面する宅地 　（A） 　　　円 ＋	［側方 裏面］路線価	（ 奥行価格） 補正率 円 × .	［側方 二方］路線影響加算率 × × 0.		（1㎡当たりの価額）円	B
	3 三路線に面する宅地 　（B） 　　　円 ＋	［側方 裏面］路線価	（ 奥行価格） 補正率 円 × .	［側方 二方］路線影響加算率 × × 0.		（1㎡当たりの価額）円	C
	4 四路線に面する宅地 　（C） 　　　円 ＋	［側方 裏面］路線価	（ 奥行価格） 補正率 円 × .	［側方 二方］路線影響加算率 × × 0.		（1㎡当たりの価額）円	D

間口の狭い宅地や奥行が長い宅地は使いにくいので、その分路線価を調整します。

間口が狭い宅地の評価方法

間口が狭い宅地は、奥行価格補正率などによる調整を行った後、さらに間口狭小補正率を掛けます（E）。 間口 P148, 162

> 路線価×奥行価格補正率＝A（円未満切捨て）
> A×**間口狭小補正率**＝E（円未満切捨て）
> E×地積＝評価額

奥行が長い宅地の評価方法

間口に対して奥行が長い宅地は、奥行価格補正率などによる調整を行った後、さらに**奥行長大補正率**を掛けます（E）。 奥行 P147

> 路線価×奥行価格補正率＝A（円未満切捨て）
> A×**奥行長大補正率**＝E（円未満切捨て）
> E×地積＝評価額

間口が狭く、奥行が長い宅地の評価方法

両方に同時に該当する場合は、以下のように両方を掛けます（E）。

> 路線価×奥行価格補正率＝A（円未満切捨て）
> A×**間口狭小補正率**×**奥行長大補正率**＝E（円未満切捨て）
> E×地積＝評価額

上記はいずれも、調整した後の1㎡当たりの価額（E）に地積を掛けて、評価額を求めます。

■間口狭小補正率表

間口狭小補正率は、《間口狭小補正率表》で確認します。

地区区分ごとに「間口距離」に応じて決まり、間口が狭いほど補正率は小さくなります。

地区区分 間口距離(m)	ビル街	高度商業	繁華街	普通商業・ 併用住宅	普通住宅	中小工場	大工場
4未満	－	0.85	0.90	0.90	0.90	0.80	0.80
4以上　6未満	－	0.94	1.00	0.97	0.94	0.85	0.85
6 〃　　8 〃	－	0.97		1.00	0.97	0.90	0.90
8 〃　　10 〃	0.95	1.00			1.00	0.95	0.95
10 〃　　16 〃	0.97					1.00	0.97
16 〃　　22 〃	0.98						0.98
22 〃　　28 〃	0.99						0.99
28 〃	1.00						1.00

■奥行長大補正率表

奥行長大補正率は、《奥行長大補正率表》で確認します。

地区区分ごとに「奥行距離／間口距離」に応じて決まり、その値が大きくなるほど（間口に比べて奥行が長いほど）補正率は小さくなります。

地区区分 奥行距離 間口距離	ビル街	高度商業	繁華街	普通商業・ 併用住宅	普通住宅	中小工場	大工場
2以上　3未満	1.00		1.00		0.98	1.00	1.00
3 〃　　4 〃			0.99		0.96	0.99	
4 〃　　5 〃			0.98		0.94	0.98	
5 〃　　6 〃			0.96		0.92	0.96	
6 〃　　7 〃			0.94		0.90	0.94	
7 〃　　8 〃			0.92			0.92	
8 〃			0.90			0.90	

第3章

財産の評価をしよう　**161**

【計算例】

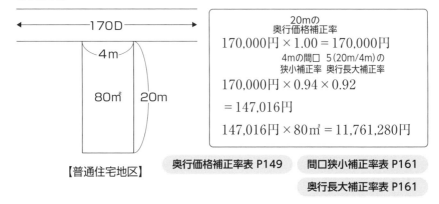

20mの
奥行価格補正率
$170,000円 \times 1.00 = 170,000円$

4mの間口　5(20m/4m)の
狭小補正率　奥行長大補正率
$170,000円 \times 0.94 \times 0.92$

$= 147,016円$

$147,016円 \times 80㎡ = 11,761,280円$

【普通住宅地区】

奥行価格補正率表 P149　　　間口狭小補正率表 P161

奥行長大補正率表 P161

間口の求め方

　間口とは、宅地と道路が接している部分の距離のことです。

　Aの図のように、土地の角を切ったことにより広がった部分は間口に含めません。Bの図は、実際に道路と接するa＋bの部分が間口になります。Cの図の場合は、aまたはbのどちらを間口としても構わないことになっています。

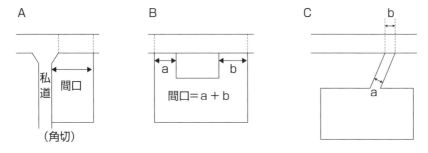

国税庁質疑応答事例「間口距離の求め方」をもとに著者作図

8 不整形地を評価しよう

いびつな形の宅地は全体を有効利用できないため、路線価を補正します。

不整形地の評価方法

正方形や長方形のような整った形ではない宅地のことを、**不整形地**といいます。

不整形地は、奥行価格補正率などによる調整を行った後、さらに、**不整形地補正率**を掛けます（Ｆ）。その後、調整した後の1㎡当たりの価額（Ｆ）に地積を掛けて、評価額を求めます。

> 路線価×奥行価格補正率＝Ａ（円未満切捨て）
> Ａ×**不整形地補正率**＝Ｆ（円未満切捨て）
> Ｆ×地積＝評価額

【具体的な評価方法の手順】

不整形地補正率は、まず**地積区分**を《**地積区分表**》で確認し、その後かげ地割合を求め、《**不整形地補正率表**》で確認します。

地積区分表 P164　　　不整形地補正率表 P165

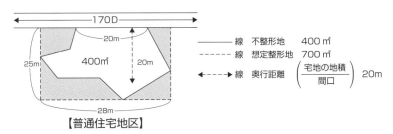

【普通住宅地区】

①評価する宅地の地積が、次ページの《**地積区分表**》の「**地積区分**」のＡ〜Ｃ、いずれに該当するかを確認します。この例では、「普通住宅地区」で地積が「400㎡」なので、Ａ（500㎡未満）になります。

■地積区分表

評価する宅地の「地区区分」と「地積区分」をもとに判断します。

地区区分 ＼ 地積区分	A	B	C
高度商業	1,000㎡未満	1,000㎡以上 1,500㎡未満	1,500㎡以上
繁華街	450㎡未満	450㎡以上 700㎡未満	700㎡以上
普通商業・併用住宅	650㎡未満	650㎡以上 1,000㎡未満	1,000㎡以上
普通住宅	500㎡未満	500㎡以上 750㎡未満	750㎡以上
中小工場	3,500㎡未満	3,500㎡以上 5,000㎡未満	5,000㎡以上

② 次に、評価する宅地全体を囲む想定整形地を作ります。

　想定整形地とは、宅地の正面の道路から垂直に線を引いて作った宅地全体を囲む四角形のことです。例では点線で示しています。

③ ②で作った四角形の間口と奥行を測り、**想定整形地の地積**を求めます。例では、四角形の間口は28m、奥行は25mなので、想定整形地の地積は700㎡になります。

④ **かげ地割合**を求めます。かげ地割合とは、図の網掛け部分の割合のことをいい、以下の算式で計算します。例では42.85…％になります。

$$かげ地割合 = \frac{想定整形地の地積（700㎡）－不整形地の地積（400㎡）}{想定整形地の地積（700㎡）} = 42.85…\%$$

⑤ 「**地区区分**」（例：普通住宅地区）、①で確認した不整形地の「**地積区分**」（例：A）、「**かげ地割合**」（例：42.85％）をもとに、《**不整形地補正率表**》で**不整形地補正率**を確認します。

164

■不整形地補正率表

地区区分 地積 区分 かげ 地割合	高度商業、繁華街、普通商業・併用住宅、中小工場			普通住宅		
	A	B	C	A	B	C
10%以上	0.99	0.99	1.00	0.98	0.99	0.99
15% 〃	0.98	0.99	0.99	0.96	0.98	0.99
20% 〃	0.97	0.98	0.99	0.94	0.97	0.98
25% 〃	0.96	0.98	0.99	0.92	0.95	0.97
30% 〃	0.94	0.97	0.98	0.90	0.93	0.96
35% 〃	0.92	0.95	0.98	0.88	0.91	0.94
40% 〃	0.90	0.93	0.97	0.85	0.88	0.92
45% 〃	0.87	0.91	0.95	0.82	0.85	0.90
50% 〃	0.84	0.89	0.93	0.79	0.82	0.87
55% 〃	0.80	0.87	0.90	0.75	0.78	0.83
60% 〃	0.76	0.84	0.86	0.70	0.73	0.78
65% 〃	0.70	0.75	0.80	0.60	0.65	0.70

　地区区分「普通住宅」、地積区分「A」、かげ地割合「40%以上」が交差する欄を見ると、不整形地補正率は0.85だと確認できます。これを使って不整形地を評価すると、以下のようになります。

> **不整形地補正率**
> 170,000円×0.85＝144,500円
> 144,500円×400㎡＝57,800,000円

国税庁質疑応答事例「不整形地の評価－計算上の奥行距離を基として評価する場合」をもとに著者解説

ちょっと発展　〈間口狭小補正率や奥行長大補正率の適用もある場合〉

以下を不整形地補正率として使えます（下限は0.60）。

・間口狭小補正率の適用がある場合…不整形地補正率×間口狭小補正率
・奥行長大補正率の適用がある場合…間口狭小補正率×奥行長大補正率
（不整形地補正率は使わない）

【不整形地】
■〈記入例〉土地及び土地の上に存する権利の評価明細書

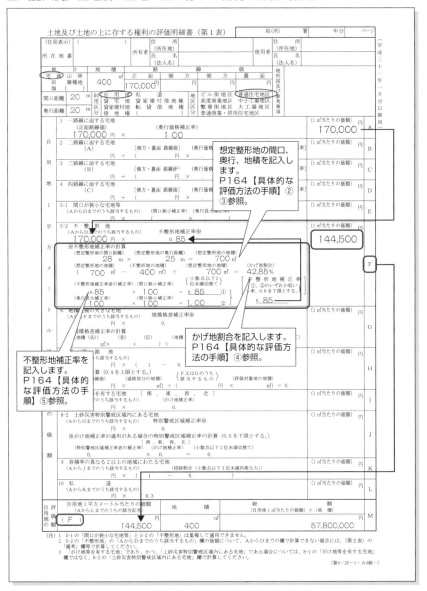

ちょっと発展　〈想定整形地の作り方〉

　不整形地を評価するときの想定整形地の作り方を、以下の図で確認してみましょう。

① 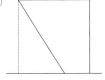　② 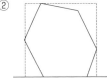　③

④ 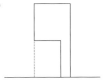　⑤ 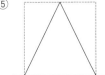　⑥

⑦ 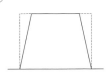　⑧ 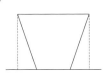　⑨

「令和5年版　財産評価基本通達逐条解説」（大蔵財務協会）参照

ちょっと発展　〈曲がった道路に面する不整形地の間口の求め方〉

　真っすぐな道路に面する、整った形の宅地の間口を測るのは簡単です。では、次のページのような場合は、間口をどう測ったらよいでしょう。

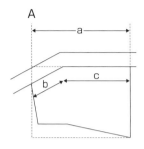

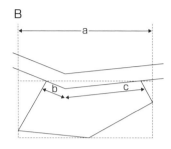

　屈折している道路に面する不整形地の間口は、「その不整形地の想定整形地の間口距離（ａ）」と「屈折した道路に実際に面している距離（ｂ＋ｃ）との**いずれか短い方**になります。つまり、Ａの図はａ（ａ＜ｂ＋ｃ）が、Ｂの図はｂ＋ｃ（ｂ＋ｃ＜ａ）が間口になります。

不整形地 P163

国税庁質疑応答事例「屈折路に面する宅地の間口距離の求め方」参照

ちょっと確認　〈補正率が1.0の場合〉

　分かりやすいように表に色をつけましたが、奥行価格補正率表や間口狭小補正率表、奥行長大補正率表には、「1.0」と書かれている欄があります。**補正率**が1.0とは、それぞれの度合いが「調整するほどではない（ちょうどいい）」ということを表しています。しかし、補正率が1.0なら掛けても掛けなくても結果は変わりませんので、間口狭小補正率や奥行長大補正率が1.0の場合は、評価明細書に記入しなくて構いません。

　一方、**影響加算率**（側方路線影響加算率や二方路線影響加算率）は、側方や裏面に道路が面していれば、程度の差こそあれ利便性は高まるため、計算した数字を土地の評価明細書に記入して下さい。

　補正率と影響加算率の考え方の違いを、理解しておきましょう。

◎**こんな土地がある場合は、税務署か税理士へ相談しよう**

　土地には様々な種類のものがあり、以下のような土地を評価するには、さらに高度で専門的な知識が必要になります。現地調査や役所調査などを行い正確に評価すれば、より評価額が下がることもあります。

- ・1つの道路に2つの路線価がついている土地
- ・路線価が付されていない土地（特定路線価の申請など）
- ・無道路地
- ・がけ地
- ・容積率の異なる地域にまたがる宅地
- ・大規模工業用地
- ・私道
- ・土地区画整理事業施行中の宅地
- ・造成中の宅地
- ・地積規模の大きな宅地
- ・農業用施設用地
- ・セットバックが必要な宅地
- ・都市計画道路予定地の区域内にある宅地
- ・文化財建造物である家屋の敷地である宅地
- ・利用価値の著しく低下している宅地
- ・土壌汚染地
- ・埋蔵文化財包蔵地
- ・区分地上権等の目的となっている貸家建付地
- ・定期借地権等
- ・区分地上権
- ・水路のある土地
- ・農地、山林　　　　　　　　　　　　　　　　　　　　など

該当する方は、税務署や税理士に相談してみましょう。

分譲マンションの1室を評価しよう

土地と建物とに分けて、別々に評価します。

　分譲マンションのように、1棟の建物の中に複数の独立した専有部分があり、その専有部分ごとに登記されている建物を「**区分建物**」といいます。区分建物の所有者は、自分が土地を持っているというイメージはないかもしれませんが、実は「**敷地権**」と「**専有部分の建物**」を持っています。

　そのため相続税申告でも、普通の戸建てと同じように、土地と建物とをそれぞれ別々に評価します。

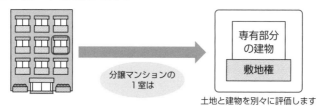

分譲マンションの
1室は

専有部分
の建物

敷地権

土地と建物を別々に評価します

敷地権の評価方法

　まず、マンションが建っている**敷地の全体**を、戸建ての敷地と同じように、路線価方式や倍率方式で評価します。それに**敷地権の割合**を掛け、マンション1室に対応する「敷地権」の評価額を求めます。土地全体を所有者全員で一緒に持っているとイメージすれば、理解しやすいでしょう。

　敷地権の割合は、建物の登記事項証明書に記載されています。

> 敷地権＝マンションの敷地の全体の評価額×敷地権の割合

■専有部分の建物の登記事項証明書

　マンションの1室の登記事項証明書を見てみましょう。通常、区分建物は、土地と建物が一体で登記されています。

専有部分の家屋番号	○−101 ～ ○−113 ○−201 ～ ○−211 ○−301 ～ ○−311		
表 題 部 （一棟の建物の表示）	調製	余白	所在図番号	余白

所　　在	新宿区四谷三栄町　○番地	余白
建物の名称	三栄町レジデンス	余白

① 構 造	② 床 面		
鉄筋コンクリート造陸屋根 地下1階付3階建			1年11月11日〕

マンションの敷地全体の地積です。
念のため地積測量図の地積も確認しましょう

地積測量図 P86

地下1階　　580：49

表 題 部 （敷地権の目的である土地の表示）				
①土地の符号	② 所 在 及 び 地 番	③地 目	④ 地 積 ㎡	登 記 の 日 付
1	新宿区四谷三栄町　○番	宅地	1688：98	平成11年11月11日

マンション全体

表 題 部 （専有部分の建物の表示）		不動産番号	0123456789012
家屋番号	四谷三栄町　○番地の301	余白	
建物の名称	301	余白	

この1室の敷地権の割合です。マンションの敷地全体の2,570/100,000を持っていることになります

① 種 類	② 構 造	原因及びその日付〔登記の日付〕
居宅	鉄筋コンクリート造1階建	平成11年10月10日新築 〔平成11年11月11日〕

表 題 部 （敷地権の表示）			
①土地の符号	②敷地権の種類	③ 敷 地 権 の 割 合	原因及びその日付〔登記の日付〕
1	所有権	10万分の2570	平成11年11月2日敷地権 〔平成11年11月11日〕

所 有 者	新宿区四谷九丁目1番1号	三栄不動産建設株式会社

1室ごとの専有部分

　最初に、マンション**全体**の情報が載っています（「一棟の建物の表示」と「敷地権の目的である土地の表示」）。全体の地積はここを確認します。

　その下に、**1室ごと**の情報が載っています（「専有部分の建物の表示」と「敷地権の表示」）。敷地権の割合はここを確認します。

　たとえば、路線価が40万円で奥行価格補正率が0.91だとすると

奥行価格
補正率
$400,000円 \times 0.91 = 364,000円$

敷地全体の
地積
$364,000円 \times 1,688.98㎡ = 614,788,720円$

敷地権の割合
$614,788,720円 \times 2,570 / 100,000 = 15,800,070円$

が、このマンションの1室の敷地権の評価額になります。

【分譲マンションの1室】

■〈記入例〉土地及び土地の上に存する権利の評価明細書

マンションの敷地全体の地積を記入します

念のためかげ地割合を確認しましたが10%未満なので、不整形地補正率による補正はありません

登記事項証明書を見て「敷地権の割合」を記入します

172

■〈作図例〉

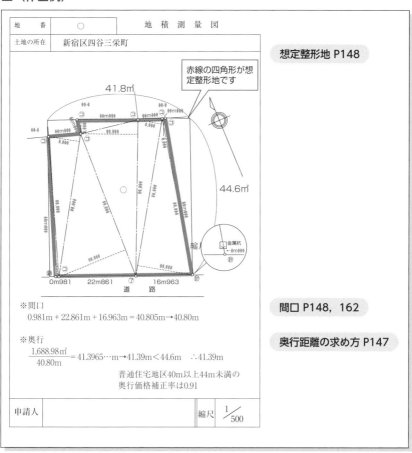

地　番	○	地　積　測　量　図
土地の所在	新宿区四谷三栄町	

想定整形地 P148

赤線の四角形が想定整形地です

41.8㎡

44.6㎡

縮

金属杭

0m981　22m861　⑦　16m963

道　路

※間口
0.981m + 22.861m + 16.963m = 40.805m→40.80m

間口 P148，162

奥行距離の求め方 P147

※奥行
$$\frac{1,688.98㎡}{40.80m} = 41.3965\cdots m→41.39m < 44.6m \quad \therefore 41.39m$$

普通住宅地区40m以上44m未満の
奥行価格補正率は0.91

申請人		縮尺	$\frac{1}{500}$

第3章

専有部分の建物の評価方法

　普通の家屋と同じように、固定資産税評価額がそのまま相続税評価額になります。固定資産税評価額はマンションの1室ごとに付けられているため、固定資産評価証明書の価格欄の金額を、そのまま使います。

家屋の評価 P180　　（参考）土地の固定資産評価証明書 P145

財産の評価をしよう　**173**

借地権や貸宅地、貸家建付地の評価方法を確認しましょう。

自用地

自宅の敷地や青空駐車場などのように、所有者本人が使って便益を得ている土地のことを**自用地**といいます。また、使っていなくても使う権利に制限のない土地、たとえば空き地なども自用地になります。

自用地は、路線価方式や倍率方式で評価した金額が、そのまま評価額になります。

```
        △
      A利用            青空駐車場や空き地
      A所有         ┌───────────────┐
  ┌─────────┐       │    A所有       │
  │  A所有   │       └───────────────┘
  └─────────┘
```

借地権・貸宅地

【借地権】借主側

建物を建てるために宅地を借り、地代を支払っていた場合、その宅地を使う権利のことを**借地権**といい、以下の方法で評価します。

> 自用地としての評価額×借地権割合

【貸宅地】貸主側

借地権の目的となっている宅地のことを**貸宅地**といい、以下の方法で評価します。

> 自用地としての評価額×（1 − 借地権割合）

宅地を借りた人は、その上に建物を建てて使う権利（借地権）を持ちますが、反面、貸した側の所有者は宅地の使用や処分が制限されるため、その分低く評価します。

借地権割合は、路線価方式の場合は、路線価図にＡからＧのアルファベットで表示されています。

路線価図 P143

記号	A	B	C	D	E	F	G
借地権割合	90%	80%	70%	60%	50%	40%	30%

倍率方式の場合は、倍率表に借地権割合が数字で表示されています。

倍率表 P145

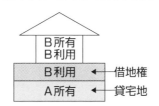

借地権 ← B利用
貸宅地 ← A所有

貸家建付地

宅地の所有者が、貸家や賃貸アパートなどを建てて人に貸し、入居先から家賃を受け取っていた場合、その敷地のことを**貸家建付地**といい、以下の方法で評価します。

【戸建ての貸家の敷地】

> 自用地としての評価額×（１−借地権割合×借家権割合）

借家権とは、借主が家屋に住む権利のことです。人に貸している家屋の敷地は、貸主が自由に利用できないため、その分低く評価します。マンションの１室を貸し付けていた場合の敷地権も同じように評価します。借家権割合は、現在全国一律30％です。

敷地権 P170

ただし、死亡日に入居者がいない場合は、自用地として評価します。

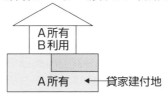

貸家建付地 ← A所有

【賃貸アパートや賃貸マンションの敷地】

> 自用地としての評価額×（1 － 借地権割合×借家権割合×賃貸割合）

　賃貸割合とは、「有償で（お金をもらって）貸している割合」のことです。戸建ての貸家と違い、賃貸アパートなどは1棟の中に入居者のいる部屋と空室とが混在していることがあります。その場合、借家権割合に賃貸割合（賃貸中の独立部分の床面積合計／1棟全体の独立部分の床面積合計）を掛け、入居者がいる部分だけを低く評価します。

【計算例】

　敷地の評価額4,000万円。借地権割合60％。専有面積20㎡のワンルームが10室あり、うち9部屋に入居者がいて1部屋が空室の場合

> $$4,000万円×（1 － 60％×30％×\frac{180㎡}{200㎡}）=3,352万円$$

ちょっと確認　〈自用地以外の宅地の評価は難しい〉

　宅地や家屋を貸していれば、必ず貸宅地や貸家建付地として評価できるかというと、そうとは限りません。

　たとえば、権利金を受け取っているかにより、評価額や評価方法が違ってきます。また、借主が固定資産税を負担していても、それだけでは有償で借りていることにはならない（無償で（タダで）使っている**使用貸借**という扱いになる）といった考え方もあります。さらに、定期借地権という自動的には契約が更新されないタイプの借地権などもあり、その場合にはまったく違う方法で評価しますので、専門家である税理士でも、賃貸借契約書の記載や地代や家賃の支払実態などを細かく検討した上で、評価方法を判断しています。

　そのため、自用地以外の宅地をお持ちの場合は、できれば税務署や税理士へ相談するようにしましょう。

◎土地の評価に必要な小道具たち

　土地の評価にはいろいろな小道具が必要になります。これらは相続税以外の税金の申告作業では使いませんので、税理士である私も最初は少し面食らいました。どのような場面で使うかを確認しておきましょう。

【三角定規】

　想定整形地を作図するのに使います。指先に力を入れて定規をしっかり押さえないと垂直な線が引けないため、慣れるまでは少しコツが要ります。マンションの敷地のような大きな土地を評価するときは、大きめの三角定規の方が楽です。

想定整形地 P148

【三角スケール】

　三角柱の形のスケールです。公図や地積測量図、住宅地図などは1/500、1/600、1/1,500といった縮尺のため、図面上の距離を実際の距離に引き直すのに使います。たとえば、1/500の公図の1cmは実際の距離の5mになります。非常に目盛りが小さく老眼の目には辛いです。

公図 P87　　地積測量図 P86

【カメラ】

　土地の利用状況や周囲の環境などは、税務調査までの間に変わってしまう可能性があります。そのため、現地の状況を様々な角度から撮影し、証拠となる写真を残しておきます。

【メジャーやウォーキングメジャー】

　現地で土地の間口や奥行などを測るのに使います。図面を三角スケールで測った距離は、実際の距離とほぼ一致しますが、図面が古い場合は一致しないことも多いので、現地で距離を測り、記録に残します。

三角定規　　　三角スケール　　　メジャー　　ウォーキング メジャー

駐車場を評価しよう

駐車場にもいろいろあります。評価方法を確認しておきましょう。

　駐車場の地目は「**雑種地**」になり、状況が似ている近隣の土地の1㎡あたりの価額をもとに評価します。ただし、自家用車の駐車場は、自宅と地続きなら自宅の敷地（宅地）として評価します。　**異なる地目 P139**

住宅地にある**貸駐車場**の評価方法

【路線価のついている場合】

　自宅の隣を駐車場として貸している場合、現況地目は自宅が「宅地」、駐車場は「雑種地」のため、2画地に分けて評価します。地続きで筆（地番）が一つでも、両者を一体では評価できません。　**土地の評価区分 P138**

　以下の計算例では、雑種地と状況が似ている近隣の土地は宅地ですから、宅地の1㎡あたりの価額である路線価をもとに評価します。

【計算例】

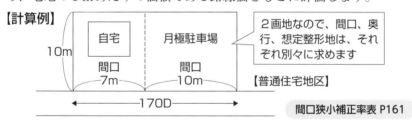

〈自宅（宅地）〉

間口7mの
間口狭小補正率

170,000円 × 0.97 = 164,900円

164,900円 × 70㎡ = 11,543,000円

〈駐車場（雑種地）〉

間口10mの
間口狭小補正率

170,000円 × 1.00 = 170,000円

170,000円 × 100㎡ = 17,000,000円

【路線価のついていない場合】

　路線価のついていない地域で、固定資産税の課税地目が**雑種地**の場合は、**近隣の宅地の1㎡あたりの固定資産税評価額**に倍率表の宅地の倍率（1.1）を掛け、補正率で調整した金額に、地積を掛けて評価します。

名寄帳などを取得するとき、「相続税申告に使うので、近傍宅地の1㎡あたりの固定資産税評価額も教えてもらえますか」と依頼しましょう。

課税地目 P139　　倍率表 P145　　補正率 P144　　名寄帳 P85

コインパーキング業者に土地を貸している場合の評価方法

コインパーキング業者に土地を貸し、業者が駐車場業を営んでいる場合、更地のままの青空駐車場なら、**自用地**として評価します。

実際には、業者が土地にコンクリート舗装をし、駐車場用の設備を設置しているケースが多いでしょう。その場合は業者が土地の**賃借権**という権利を持つことになりますので、その分を自用地としての評価額から差し引けます。計算方法は難しくなりますが、土地の評価額は下がりますので、該当する方は税務署や税理士に相談しましょう。

賃貸アパートに隣接している入居者専用駐車場の評価方法

賃貸アパートは「宅地」、隣接している貸駐車場は「雑種地」であり、地目が異なりますので、原則的には2画地に分けて評価します。ただし、駐車場が**アパートの入居者専用**で、アパートと駐車場の間が公共性のある**道路で分断されていない場合**は、全体を宅地として一体で、**貸家建付地**として評価します。その方が土地の評価額が下がることが多いです。

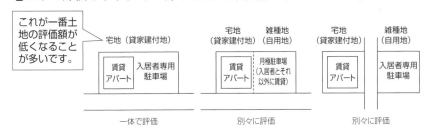

財産の評価をしよう　**179**

12 家屋（建物）の評価をしよう

家屋の評価は土地と比べればシンプルです。

　家屋には、住まいや店舗、事務所など、いろいろな種類のものがありますが、すべて**固定資産税評価額**をもとに評価します。

自用家屋

　自宅など亡くなった方が自分で使っていた家屋、人に無償で（タダで）使わせていた家屋、誰も使っていない空き家などのことを、**自用家屋**といいます。

　自用家屋は、**固定資産税評価額**がそのまま相続税評価額になります。

固定資産税評価額

戸建ての貸家

　戸建ての家屋を人に貸し、家賃を受け取っていた場合は、以下の方法で評価します。**マンションの１室**を貸していた場合も同じです。

固定資産税評価額×（１－借家権割合）
30%

　借家権とは、借主が家屋に住む権利のことです。人に貸している家屋は、貸主が自由に利用できないため、その分低く評価します。借家権割合は現在30％なので、**固定資産税評価額の70％**が貸家の評価額になります。

　ただし、死亡日に入居者がいない場合は、自用家屋として評価します。

180

賃貸アパートや賃貸マンション

賃貸アパートや賃貸マンションの１棟全体を人に貸し、家賃を受け取っていた場合は、以下の方法で評価します。

> 固定資産税評価額×（１－借家権割合×賃貸割合）

賃貸割合とは、「有償で（お金をもらって）貸している割合」のことです。戸建ての貸家と違い、賃貸アパートなどは１棟の中に入居者のいる部屋と空室とが混在していることがあります。その場合、借家権割合に賃貸割合（賃貸中の独立部分の床面積合計／１棟全体の独立部分の床面積合計）を掛け、入居者がいる部分だけを低く評価します。

【計算例】

賃貸アパート１棟の固定資産税評価額2,000万円。専有面積20㎡のワンルームが10室あり、うち９部屋に入居者がいて１部屋が空室の場合

> $$2{,}000万円×（１－30\%×\frac{180㎡}{200㎡}）=1{,}460万円$$

借家

借家に住んでいる方が亡くなった場合、その方は借家権を持っていたことになりますが、特別なケースを除き借家権に相続税はかかりません。

家屋の**附属設備**

①家屋に取り付けられ構造上一体となっているもの

電気設備、ガス設備、衛生設備、給排水設備、昇降設備などは、家屋の固定資産税評価額に含まれるため、別途、評価する必要はありません。

②家屋とは別に評価するもの

・**門や塀**

再建築価額から、建築時から死亡日まで（１年未満切上げ）の定率法

での償却費を差し引いた金額に、100分の70を掛けた金額が相続税評価額になります。

再建築価額とは、死亡日にその財産を**新たに**作る場合にかかる費用（新品の価額）のことですが、実務的には取得したときの価額を使います。

$$（再建築価額－建築時から死亡日までの償却費）\times \frac{70}{100}$$

・庭園設備

庭園と呼ぶほどではない一般家庭の庭は、評価する必要はありません。

庭木、庭石、あずまや、池などのあるような庭園設備は、**調達価額**に100分の70をかけた金額が相続税評価額になります。

調達価額とは、死亡日にその財産を**現況の状態**で取得する場合にかかる費用（中古の価額）のことです。

ちょっと確認　〈新築・増改築のため固定資産税評価額がない家屋は？〉

死亡日時点で**建築中**の家屋は、それまでにかかった費用の**70％**で評価します。また、**完成後まもなく死亡した場合**など、**死亡日にまだ固定資産税評価額が付されていない**家屋は、状況の似ている付近の家屋の固定資産税評価額を参考にするか、**再建築価額から償却費相当額を差し引いた金額の70％**で評価します。ただし、相続税申告までに固定資産税評価額がつけられた場合は、その固定資産税評価額を使います。

また、家屋の**増改築**をした場合は、家屋の価値がアップしている可能性があります。増改築前の家屋の固定資産税評価額に、かかった費用の70％を加算する方法でも評価できますが、一般的には相続税申告の前に市役所に増改築の旨を申し入れ、**固定資産税評価額を改定**してもらった方が評価額が低くなるため、そちらを選択した方がよいでしょう。

13 事業用財産の評価をしよう

事業用に使っていた財産は、財産の種類によって評価方法が異なります。

　亡くなった方が個人で事業を営んでいた場合、事業用の財産も相続税の対象になります。ただし、事業用財産として特別な評価方法が定められている訳ではなく、「棚卸資産」「減価償却資産」「貸付金債権」など、財産の種類や内容に応じた方法で評価します。

棚卸資産

　商品、製品、原材料、半製品や仕掛品などの棚卸資産は、以下の方法で評価します。

> ①**商品・製品**
> 　死亡日の税込販売価額－（利益＋予定経費＋消費税）
> ②**原材料・半製品や仕掛品**
> 　死亡日の税込仕入価額＋引取り運賃その他の経費

　①や②で求めた単価に、棚卸表で確認した在庫の個数を掛けて計算します。

減価償却資産

　機械装置、器具、工具、備品、車両などの減価償却資産は、1個または1組ごとに以下の方法で評価します。

> ・**原則**
> 　売買実例価額や専門家の意見を参考にした価格
> ・**原則での評価額が不明な場合**
> 　死亡日の新品小売価額から、製造時から死亡日まで（1年未満切上げ）の定率法での償却費を差し引いた金額

死亡日に売ったとしたときの価額、それが不明な場合は死亡日の新品の販売価額から価値が下がった分（償却費）を差し引いた金額が評価額になります。生前、所得税の確定申告では定額法で償却費を計算していても、相続税申告では**定率法**で償却し直します。

売掛金や未収入金などの**貸付金債権**

貸付金、売掛金、未収入金などの貸付金債権は、死亡日の元本に、死亡日までの利息のうちまだ受取期限がきていないものを足した金額が、評価額になります。なお、既に受取期限がきている利息で未収のものは、未収入金として別途相続財産に計上します。

未収入金 P209

なお、相手先が、手形交換所の取引停止処分、会社更生手続きの開始決定、民事再生法の再生手続き開始決定、6か月以上の休業などの状況にある場合は、回収できる見込みが低いので、担保のないものは元本に含めなくて構いません。

また、法的手続き以外の協議や契約により、債権の切捨て・棚上げ・年賦償還の決定があった場合は、切り捨てられる債権金額や5年を過ぎてから弁済される債権金額は元本から差し引けます。単に赤字が続いているとか、売上が減少しているといった理由では、認められません。

屋号名の預金口座や事業用の手許現金

屋号名の預金口座や事業用の**手許現金**も、相続税の対象になります。相続人が、これらの存在を知っていたのに「事業用として所得税の確定申告をしていたのだから、相続税はかからない」と勝手に思い込み、後で税務署から申告もれを指摘されるケースもありますので、気をつけましょう。評価方法は、通常の預貯金や現金と同じです。

現金・預貯金の評価 P185

14 現金・預貯金の評価をしよう

外貨建てや定期性のものがある場合は、少し注意が必要です。

現金の評価方法

死亡日の手許残高が評価額になります。お財布だけではなく、自宅の引出しや銀行の貸金庫なども確認し、概算金額のメモを作りましょう。

また、生前に通帳から引き出した金額と、死亡日の現金残高との整合性が取れているかも確認して下さい。生前に亡くなった方の通帳から葬式費用や相続後の当面の生活費として引き出した金額は、死亡日の段階では現金として手許にあったはずですから、相続財産に含めます。

現金についての考え方・現金の把握方法の例 P107

預貯金の評価方法

【普通預金・通常貯金】

死亡日の残高、つまり、残高証明書の金額が評価額になります。

【定期預金・定期郵便貯金・定額郵便貯金】

死亡日の残高と、死亡日に解約した場合の利息（源泉徴収される所得税に相当する金額を差し引いた金額）**との合計額**が評価額になります。金融機関に利息計算書の発行を依頼するか、残高証明書に既経過利息の金額を記入してもらいましょう。

残高証明書の例 P186

外貨預金などの評価方法

亡くなった方が**外貨預金**を保有していた場合、その取引金融機関が公表している死亡日の対顧客直物電信買相場（**TTB**）で円換算した金額が評価額になります。残高証明書にTTBを記入してもらいましょう。

外貨→円への換算方法 P214

第3章

■残高証明書の例

整理番号 0101 -1 ×-011874　　　　　　　　　　　　　　　　　　　　1/1 頁

残 高 証 明 書

令和 5 年 4 月 16 日

渡辺　優子　様

死亡日になっているか確認しましょう。

ご請求のありました令和 4 年 12 月 12 日現在における残高は、下記のとおりであることを証明いたします。

株式会社ゆうちょ銀
東京貯金事務センタ【ゆうちょ銀行之印】

記

【調査対象者】
名義人さま　渡辺　太郎　様

【証明する貯金等の内容】

【貯金】

貯金の種類	記号番号	元金	備考
定額郵便貯金	40110-1×28457	2,000,000 円	令和 4 年 12 月 12 日の解約利子額 11,396 円（税引後）
定額郵便貯金	40190-78450×8	2,000,000 円	令和 4 年 12 月 12 日の解約利子額 12,965 円（税引後）
定額郵便貯金	40130-1486×99	1,000,000 円	令和 4 年 12 月 12 日の解約利子額 6,440 円（税引後）
以上			

定期の場合は既経過利息を記入してもらいます。
これらの合計額が相続税評価額になります。

※　金額が訂正されたものは無効です。
※　この証明書につきまして、ご不明な点がございましたら、次の書類な　　　　　　　　　　の貯金
　　窓口までお持ちのうえ、お問合せいただきますようお願い申し上げます。
　　・　本証明書
　　・　ご本人さまであることを確認できる証明書類（お名前、ご住所、　　　　　　　　　証など、
　　　法人名義の場合は登記簿謄本など、団体名義の場合は規約の写しなどを　　　　　　　　。
※　貯金の場合、残高欄には、証明日現在の残高または元金を記載しております。
※　国債の場合、残高欄には、証明日現在の額面金額、備考欄には、市場価格＋経過利息（個人向け国債の場合は中途換
　　金額）を記載しております。（非営業日の場合、前営業日の市場価格等を記載しております。）
※　調査結果に別名使用の振替口座が含まれている場合、「名義人さま」欄には口座名称または別名を記載しております。
※　独立行政法人郵便貯金簡易生命保険管理・郵便局ネットワーク支援機構が管理する郵便貯金につきましては、同機構
　　から郵便貯金管理業務の委託を受けて証明しております。

株式会社ゆうちょ銀行
　東京貯金事務センター
　貯金諸届課現在高証明担当
　TEL:（○○）○○○○－○○○○（平日　9：00～17：00）

15 有価証券の評価をしよう

上場株式、公社債、投資信託などの評価を行います。

証券会社などに発行してもらった、残高証明書や参考資料の内容をもとに評価しましょう。

上場株式の評価方法

1株あたりの株価に**所有していた株数**を掛けたものが、評価額です。

株価は日々大きく変動するため、1株あたりの株価は、次の①から④までの**最も低いもの**を使ってもよいことになっています。

①課税時期の最終価格

②課税時期の属する月の、毎日の最終価格の月平均額

③課税時期の属する月の前月の、毎日の最終価格の月平均額

④課税時期の属する月の前々月の、毎日の最終価格の月平均額

「課税時期」とは相続開始日（死亡日）のことで、「最終価格」とは終値のことです。上場投資信託（ETF）や上場不動産投資信託（J-REIT）も、同じ方法で評価します。

【最終価格がない場合】

課税時期が、土日祝日や年末年始などの金融商品取引所の休業日で取引自体がない場合は、課税時期**前後**の最終価格のうち、一番近い日の最終価格を使います。一番近い日の最終価格が2つある場合は、2つを足して2で割った平均額を使います。

【毎日の最終価格の月平均額とは】

②③④の「毎日の最終価格の月平均額」とは、**その月のすべての日の終値の平均額**という意味です。①はYahoo!ファイナンス、②③④は日本

取引所グループのホームページの月間相場表で調べることができますが、証券会社に参考資料をもらった方が楽だと思います。

証券会社発行の評価額の参考資料の例 P111

■ （参考）上場株式の評価明細書

証券会社発行の残高証明書を見れば評価額が分かる場合は、申告書にはそれを添付すればよく、この評価証明書は作成しなくても構いません。

上 場 株 式 の 評 価 明 細 書

銘　　　柄	取引所等の名称	課税時期の最終価格		最終価格の月平均額			評価額	増資による権利落等の修正計算その他の参考事項
		月　日	①価額	課税時期の属する月 ② 12月	課税時期の属する月の前月 ③ 11月	課税時期の属する月の前々月 ④ 10月	①の金額又は①から④までのうち最も低い金額	
			円	円	円	円	円	
○○建設株式会社	東P	12・12	3,100	3,000	3,100	3,200	3,000	
○○石油株式会社	東S	12・12	5,500	5,400	5,300	5,000	5,000	
○○産業株式会社	東G	12・12	4,000	4,100	4,600	4,500	4,000	

記載方法等
1　「取引所等の名称」欄には、課税時期の最終価格等について採用した金融商品取引所名及び市場名を記載します（例えば、東京証券取引所のプライム市場の場合は「東P」、名古屋証券取引所のメイン市場の場合は「名M」など）。
2　「課税時期の最終価格」の「月日」欄には、課税時期を記載します。ただし、課税時期に取引がない場合等には、課税時期の最終価格として採用した最終価格についての取引月日を記載します。
3　「最終価格の月平均額」の「②」欄、「③」欄及び「④」欄には、それぞれの月の最終価格の月平均額を記載します。ただし、最終価格の月平均額について増資による権利落等の修正計算を必要とする場合には、修正計算後の最終価格の月平均額を記載するとともに、修正計算前の最終価格の月平均額をかっこ書きします。
4　「評価額」欄には、負担付贈与又は個人間の対価を伴う取引により取得した場合には、「①」欄の金額を、その他の場合には、「①」欄から「④」欄までのうち最も低い金額を記載します。
5　各欄の金額は、各欄の表示単位未満の端数を切り捨てます。

（資４－30－Ａ４標準）

公社債の評価方法

　公社債には、国が発行する**国債**、県や市などが発行する**地方債**、民間企業が発行する**社債**などがあり、最終価格のあるものは**最終価格**、ないものは**発行価額**をもとに評価します。最終価格や発行価額は、券面額100円あたりの価額で公表されることが一般的です。

【利付公社債】

　決められた期日に利息が支払われる公社債のことです。

①上場しているもの

　課税時期の**最終価格**に、源泉所得税相当額控除後の**既経過利息**の額を足したものが、評価額です。

課税時期 P187

> 最終価格＋既経過利息の額

　既経過利息とは、死亡日後に支払われる利息のうち、死亡日直前の利払日から死亡日までの日数に対応する期間の利息のことです。源泉徴収される所得税に相当する金額を差し引きます。

②上場していないもの

　発行価額に、源泉所得税相当額控除後の**既経過利息**の額を足したものが、評価額です。

> 発行価額＋既経過利息の額

【割引発行の公社債】

　事前に利息相当分を割り引いて、満期に償還される金額である券面額を下回る価格で発行される公社債のことです。つまり、券面額と発行価額の差額が利息になります。

①上場しているもの

　課税時期の**最終価格**が、評価額です。

②上場していないもの

　発行価額に、**券面額と発行価額の差額を日数按分**した金額を足したものが、評価額です。

$$\text{発行価額} + \text{券面額と発行価額との差額} \times \frac{\text{発行日から死亡日までの日数}}{\text{発行日から償還期限までの日数}}$$

【個人向け国債】

　死亡日に**中途換金した場合に金融機関から支払いを受けられる金額**で評価します。

$$\text{額面金額} + \text{経過利子相当額} - \text{中途換金調整額}$$

　財務省のホームページにある「中途換金シミュレーション」※を使えば、簡単に計算できます。

※財務省ホームページ「中途換金シミュレーション」
　http://www.mof.go.jp/jgbs/individual/kojinmuke/simu/realization/simur10.php#A01

表示されたシミュレーション結果のページの「**(D) 中途換金時の受取金額**」が、評価額になります。

証券投資信託受益証券の評価方法

証券投資信託とは、投資家から集めたお金を株式や公社債などで運用し、得た利益を分配する制度です。それを購入した権利を表すものが証券投資信託受益証券で、市場で売買したり中途解約したりできます。以下のどれに該当するか分からなければ、証券会社に確認してみましょう。

【日々決算型のもの（MRF、MMF、中期国債ファンドなど）】

死亡日に解約請求などをした場合に、証券会社から支払いを受けられる金額で評価します。

$$
\begin{array}{l}
1口あたりの \\
基準価額
\end{array} \times 口数 + \left(\begin{array}{l} 再投資 \\ されていない \\ 未収分配金(A) \end{array} - \begin{array}{l} (A)につき源泉徴 \\ 収される所得税に \\ 相当する金額 \end{array} - \begin{array}{l} 信託財産留保額 \\ 及び解約手数料 \end{array} \right)
$$

基準価額とは投資信託の時価のことで、1口1円で運用が開始された投資信託は、1万口あたりの基準価額が公表されています。課税時期の基準価額がない場合は、課税時期**前**の最も近い日の基準価額を使いましょう。

分配金は、月末にまとめて1か月分、税金を差し引き自動的に再投資される仕組みのため、月初から死亡日までの**未収分配金**を評価額にプラスします。金額が少なく評価額に影響のないこともありますが、外貨MMFをお持ちの場合は念のため、証券会社に資料をもらった方が安心です。

【金融商品取引所に上場している証券投資信託（ETF、J-REIT）】

上場している証券投資信託は、中途解約し証券会社で換金することができないため、金融商品取引所で売買を行って換金します。そのため、上場株式と同じ方法で評価します。**上場株式の評価 P187**

【金融商品取引所に上場していない証券投資信託】

　死亡日に解約請求などをした場合に、証券会社から支払いを受けられる金額で評価します。

$$\begin{pmatrix} 1口あたりの \\ 基準価額 \end{pmatrix} \times 口数 - \begin{pmatrix} 解約請求などをした場合に \\ 源泉徴収される \\ 所得税に相当する金額 \end{pmatrix} - \begin{pmatrix} 信託財産留保額 \\ 及び解約手数料 \end{pmatrix}$$

　解約するときに差し引かれる税金と、信託財産留保額という解約ペナルティーをマイナスできます。ただし、銘柄ごとに目論見書などを証券会社からもらうかインターネットで調べる必要があるため、実務上、多額の投資信託を保有していない場合は計算しないこともあります。

　`ちょっと確認`　〈配当期待権・未収配当金の評価も忘れずに〉

　株式の配当金は、利息のように期間に応じて受け取るのではなく、一定の**基準日**（たとえば中間期末日や決算期末日）の株主が全額を受け取れます。そのため、基準日の後に配当金を受け取らないまま亡くなった場合でも、**配当金を受け取れる権利は基準日の時点で既に確定している**ため、亡くなった方の相続財産として、相続税の対象になります。

　また、この配当金は、亡くなった日によって財産名が変わります。

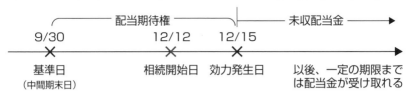

　上記のように、基準日から効力発生日の間に亡くなった場合は「**配当期待権**」と呼び、効力発生日の後に受け取らないまま亡くなった場合は「**未収配当金**」と呼びます。ただし、評価方法や評価額はどちらも同じですから、違いを理解するのが難しければ、財産名は気にしなくても大丈夫です。

配当期待権・未収配当金の評価 P210

16 非上場株式の評価の概要について知ろう

評価方法を大まかに確認し、専門家にアドバイスをもらいましょう。

　非上場株式の評価方法には、原則的評価方式と特例的評価方式の2つがあり、その株式を「誰が相続するか」によって評価方法が変わります。

原則的評価方式と特例的評価方式

　株式を相続した人やその親族が会社のオーナー一族であるなど、会社の支配や経営権の行使が目的である株主の場合は、**原則的評価方式**で評価します。

　一方、従業員や取引先、またはオーナー一族でも保有議決権の少ない株主など、会社の事業への関与度合いが低く配当金をもらう以上の影響力を持たない少数株主の場合は、**特例的評価方式**で評価します。

　つまり、**会社への影響力の大きさ**で、評価方法は変わります。

■原則的評価と特例的評価の区分と判定方法
【同族株主のいる会社】

株式の取得者の区分				評価方式
同族株主	議決権割合が5％以上の株主			原則的評価方式
	議決権割合が5％未満の株主	中心的な同族株主がいない場合		
		中心的な同族株主がいる場合	中心的な同族株主	
			役員である株主又は役員となる株主	
			その他の株主	特例的評価方式
同族株主以外の株主				

【同族株主のいない会社】

株式の取得者の区分				評価方式
議決権割合の合計が15％以上の株主グループに属する株主	議決権割合が５％以上の株主			原則的評価方式
	議決権割合が５％未満の株主	中心的な株主がいない場合		
		中心的な株主がいる場合	役員である株主又は役員となる株主	
			その他の株主	特例的評価方式
議決権割合の合計が15％未満の株主グループに属する株主				特例的評価方式

・同族株主：株主の１人とその親族が保有する議決権割合が、全体の30％以上である場合の、そのグループにいる株主のことをいう。ただし、議決権割合が50％超のグループがいる場合は、その50％超のグループにいる株主のみが同族株主となり、30％以上のグループにいる株主は同族株主にならない。
・中心的な同族株主：同族株主の１人とその配偶者、直系血族、兄弟姉妹及び１親等の姻族が保有する議決権割合が、全体の25％以上である場合の、そのグループにいる株主のことをいう。
・中心的な株主：株主の１人とその親族が保有する議決権割合が、全体の15％以上であるグループがあり、かつ、そのグループの中に単独で全体の10％以上の議決権を保有している株主がいる場合の、その株主のことをいう。

原則的評価方式の場合

従業員数・総資産価額・取引金額の３要素をもとに、会社の規模を大会社・中会社・小会社の３つに分けて評価額を計算します。

会社の規模		評価額
大会社		類似業種比準価額 ※純資産価額の方が低ければ、純資産価額
中会社	大	類似業種比準価額×0.90＋純資産価額×0.10
	中	類似業種比準価額×0.75＋純資産価額×0.25
	小	類似業種比準価額×0.60＋純資産価額×0.40
小会社		①純資産価額 ②類似業種比準価額×0.50＋純資産価額×0.50 ※①と②のいずれか低い方

■原則的評価方式

・類似業種比準価額

業種の類似した上場会社の平均株価と、1株当たりの配当金額、年利益金額、純資産価額などを比較して計算した株式の評価額

$$A \times \frac{\left(\dfrac{\text{Ⓑ}}{B} + \dfrac{\text{Ⓒ}}{C} + \dfrac{\text{Ⓓ}}{D}\right)}{3} \times \begin{array}{l}\text{大会社は}0.7 \\ \text{中会社は}0.6 \\ \text{小会社は}0.5\end{array} \times \frac{1\text{株当たりの資本金等の額}}{50\text{円}}$$

※Aは類似業種の株価、B、C、Dは類似業種の1株当たりの配当、利益、簿価純資産額、Ⓑ、Ⓒ、Ⓓは評価会社の1株当たりの配当、利益、簿価純資産額を表す。

・純資産価額

相続税評価額で評価した資産の額から、負債の額、法人税相当額を控除した金額を発行済株式数で除して計算した株式の評価額

特例的評価方式の場合

会社の規模にかかわらず、直近2年間の配当金額をもとにした**配当還元価額**で評価します。

$$\frac{\text{年配当金額}}{10\%} \times \frac{1\text{株当たりの資本金等の額}}{50\text{円}}$$

※年配当金額は、直前期末以前2年間の平均
※1株当たりの資本金等の額は1株50円換算

(参考) 特定の評価会社とは

土地や株式などの保有割合が高かったり、通常の会社と比べて営業状況や経営成績の状況が芳しくなかったりする非上場会社のことを、**特定の評価会社**といい、**純資産価額**で評価します。ただし、少数零細株主が相続した場合は、**配当還元価額**で評価することができます。

■会社規模の判定方法

会社規模		大会社	中会社			小会社
			大	中	小	
従業員数※		70人以上	35人超 70人未満	20人超 35人以下	5人超 20人以下	5人以下
※総資産価額（帳簿価額）	卸売業		20億円以上	4億円以上	2億円以上	7,000万円以上	7,000万円未満
	サービス業 小売・		15億円以上	5億円以上	2億5,000万円以上	4,000万円以上	4,000万円未満
	上記以外		15億円以上	5億円以上	2億5,000万円以上	5,000万円以上	5,000万円未満
年取引金額	卸売業		30億円以上	7億円以上	3億5,000万円以上	2億円以上	2億円未満
	サービス業 小売・		20億円以上	5億円以上	2億5,000万円以上	6,000万円以上	6,000万円未満
	上記以外		15億円以上	4億円以上	2億円以上	8,000万円以上	8,000万円未満

※従業員数が70人以上の会社は、大会社になります。
※従業員数が70人未満の会社は、従業員数と総資産価額についていずれか下の会社区分を選択した
　上で、さらに年間取引金額とを比較して、いずれか上の会社区分を選択します。

196

17 家庭用財産などの評価をしよう

家庭用財産、自家用車、美術品などの評価方法を確認しましょう。

家庭用財産の評価は概算で構いません

家具や電化製品などの一般的な家財道具のことを家庭用財産といい、1個または1組ごとに、以下の方法で評価します。

【評価方法】

- **原則**

  売買実例価額や専門家の意見を参考にした価格

- **原則での評価額が不明な場合**

  死亡日の新品小売価額から、製造時から死亡日まで（1年未満切上げ）の定率法での償却費を差し引いた金額

死亡日に売ったとしたときの価額、それが不明な場合は死亡日の新品の販売価額から価値が下がった分（償却費）を差し引いた金額が、評価額です。

【実務上の取り扱い】

1個または1組の価額（死亡日の中古品の時価）が**5万円以下**の家庭用財産は、世帯ごとにまとめて価値を見積もり、**一括**で評価します。また、相続開始日が令和3年以後の場合、電話加入権もこの一括評価に含めます。

とはいえ、家財道具のひとつひとつが5万円以下かを確認するのは現実的ではありません。そのため、実務上はさらに大まかに、「家財一式10万円〜30万円」程度の**概算額**で申告することが一般的です。税理士も、お客様の家の中の状況を見渡して、このくらいだろうという概算額を相続人のみなさまに提示し、了承を得て申告する形をとっています。

ただし、高級な家財道具の多い超富裕層のご家庭や、新品やアンティークのものがある場合、特に、購入の事実が亡くなった方の通帳の生前の振込の記録などから明らかな場合は、概算額ではなくきちんと評価した方がよいでしょう。

現金についての考え方 P108

　売却する場合は、**業者の引取金額**を評価額として構いません。

自家用車やオートバイの評価方法

・**原則**
　売買実例価額や専門家の意見を参考にした価格

・**原則での評価額が不明な場合**
　死亡日の新品小売価額から、製造時から死亡日まで（1年未満切上げ）の定率法での償却費を差し引いた金額

　死亡日に売ったとしたときの価額、それが不明な場合は新品の販売価額から価値が下がった分を差し引いた金額が、評価額です。業者に依頼して、中古の買取価格を査定してもらうか、インターネットで車種、年式、走行距離などが類似している他の車の買取価格を調べ、それを参考にしてもよいでしょう。

　なお、中古の時価がまったく分からない場合は、自家用車の耐用年数は6年なので、自動車検査証（車検証）の初度登録年月欄から6年以上経過しているものや、廃車費用のかかるようなものについては、そのことが分かる資料を添付し0円で評価することもあります。

　家族が使っていた車でも、購入資金を出したのが亡くなった方なら、相続税の対象になりますので、気をつけましょう。

船舶の評価方法

・**原則**

　売買実例価額や専門家の意見を参考にした価格

・**原則での評価額が不明な場合**

　死亡日の新品小売価額から、製造時から死亡日まで（１年未満切

　上げ）の定率法での償却費を差し引いた金額

　船舶には、漁船や大型船からマリンスポーツやクルージング用のプレジャーボートまで、様々な船が含まれます。原則として死亡日に売ったとしたときの価額、それが不明な場合は死亡日の新品の販売価額から価値が下がった分を差し引いた金額が、評価額です。

　プレジャーボートは、業者に依頼して中古の買取価格を査定してもらうか、インターネットで年式、型番、アワーメーターなどが類似している他のボートの買取価格を調べ、それを参考にしてもよいでしょう。

書や絵画、骨とうなど美術品の評価方法

　書や絵画、骨とうなどの美術品のうち、希少価値や美術的な価値があるものは、売買実例価額や専門家の意見を参考に評価します。価値の判断できる専門家（画商や骨とう商、各地の美術倶楽部など）に鑑定を依頼しましょう。画像だけで簡易に査定してくれる場合もあります。作品が入っていた箱や保証書があれば、それも準備しておきましょう。

　美術品の価値は保存状態にも大きく左右されるため、**購入価格が数十万円程度の美術品なら、家庭用財産の概算額に含めて構いません。**また、美術年鑑などの冊子には、作家ごとの一号あたりの評価額が記載されています。それを参考に、専門家の鑑定が必要か判断してもよいでしょう。

18 生命保険金等の評価をしよう

相続税申告に含める必要のある生命保険などの範囲は広く、考え方が難しいといえます。

「死亡保険金」の評価方法

亡くなった方が生命保険の**被保険者**で、**受取人**が死亡保険金を受け取った場合は、一括・分割・定期金などの受け取り方に応じて、以下の方法で評価した金額に相続税がかかります。一般的には1の一時金や2の分割で受け取るケースが多く、その場合には受け取った金額そのものが評価額になります。

被保険者・受取人 P117

---

1. 一時金（一括）で受け取る場合

一時金の金額

2. 一時金で受け取れる保険金を、分割で受け取る場合

分割で受け取る金額の総額。利息が付される場合、利息は除く

3. 定期金（年金形式）で受け取る場合※

① 「有期定期金」

10年・15年などのように、受け取れる期間が決まっている保険金

ⓐ〜ⓒのいずれか多い金額

ⓐ解約返戻金の金額

ⓑ定期金で受け取るかわりに一時金で受け取れる場合は、その一時金の金額

ⓒ1年あたりの給付金額の平均額×残存期間に応じた予定利率による複利年金現価率

② 「終身定期金」亡くなるまで受け取れる保険金

ⓐ〜ⓒのいずれか多い金額

ⓐ解約返戻金の金額

ⓑ定期金で受け取るかわりに一時金で受け取れる場合は、
　　　その一時金の金額
　　ⓒ１年あたりの給付金額の平均額×給付目的者の平均余命
　　　に応じた予定利率による複利年金現価率

解約返戻金 P117

※ⓐ〜ⓒのいずれか多い金額は、「解約返戻金の金額、一時金の金額、１年あたりの給付金額の平均額、予定利率、給付が終了する年月日」を保険会社に問い合わせた後、国税庁のホームページ「定期金に関する権利の自動計算」で計算できます。詳しくは「保証期間付定期金に関する権利の計算方法」をご覧下さい。 **保証期間付定期金に関する権利の評価方法 P205**

注意点

・**相続人**が受け取った場合は、「**500万円×法定相続人の数**」までの金額は非課税になり、相続税はかかりません。 **死亡保険金の非課税 P230**

・「**生命保険金などの明細書（第９表）**」には、この死亡保険金だけを記入します。次ページ以降でご説明する「生命保険契約に関する権利」や「保証期間付定期金に関する権利」の金額は記入しません。

生命保険金などの明細書（第９表）P231

生命保険契約に関する権利 P202　　　**保証期間付定期金に関する権利 P205**

・死亡保険金と一緒に支払われる**剰余金、配当金、割戻金、前納保険料**には、非課税枠が使えます。

・民間の医療保険から、死亡保険金と一緒に**入院給付金**が支払われる場合があります。この入院給付金を受け取るべき人は通常「亡くなった方」なので、非課税枠は使えません。遺産として遺産分割協議を行い、受け取る人を決めましょう。

・所定の支払期限（一般的には、書類到着後５営業日以内）より遅れて保険金が支払われた場合、**遅延利息**が支払われることがあります。この遅延利息は死亡保険金の受取人が受け取りますが、非課税枠は使え

財産の評価をしよう　**201**

ません。受取人の雑所得として、所得税の対象になります。

・生前の治療費などに充てるため、死後に受取人が死亡保険金をもらう代わりに、生前に亡くなった方や配偶者などの指定代理請求人が、**高度障害保険金**や**リビング・ニーズ特約に基づく生前給付金**を受け取っていることがあります。これらに所得税はかかりませんが、生前に使いきれず亡くなった場合の残りには、相続税がかかります。死亡保険金ではないため、非課税枠は使えません。

・保険金が**外貨建て**の場合は、受取人の取引金融機関が公表している死亡日の対顧客直物電信買相場（TTB）で円換算した金額で評価します。契約上、円支払の特約があり、円で保険金を受け取った場合、受取金額が評価額になります。 外貨→円の換算方法 P214

・**団体信用生命保険**（通称「団信」）は、住宅ローンの返済中にローンの契約者が死亡した場合、保険会社が保険金を銀行などに支払い、ローンが完済される制度です。死亡保険金も住宅ローンもなかったものと考えるため、どちらも相続税申告に含める必要はありません。

「生命保険契約に関する権利」の評価方法

　亡くなった方が生命保険の被保険者ではなく、今回の相続では死亡保険金が支払われなくても、亡くなった方が**契約者**や**保険料負担者**になっている生命保険契約がある場合は、相続税の対象になる場合があります。

　その契約を解約した場合、解約返戻金が支払われるものは、相続開始時の**解約返戻金相当額**が相続税の対象になります。

　一方、解約しても解約返戻金の支払われないいわゆる掛け捨て型のものは、相続税の対象になりません。 契約者 P117　保険料負担者 P118

注意点

・解約返戻金相当額は、生命保険会社に問い合わせ、確認して下さい。

・死亡保険金ではないため、非課税枠は使えません。

・「生命保険金などの明細書（第9表）」には記入しません。

・解約した場合、**剰余金**、**割戻金**、**前納保険料**が受け取れる場合は、解約返戻金の額に加算します。

・亡くなった方が**契約者**だった場合は、遺産分割協議を行い保険契約を相続する人を決めます。亡くなった方が契約者ではなく**保険料負担者**だった場合、その保険契約は契約者が自動的に引きつぎます。

ちょっと確認 〈名義保険とは？〉

　「名義保険」とは、「契約者」と「保険料負担者」が違う人である保険のことです。家族が契約者である生命保険の保険料を、亡くなった方が支払っていた場合などが該当します。119ページの表の③や⑥です。

生命保険に課される税金の種類 P119

　たとえば⑥は、父が亡くなったとき、父が払った保険料で構成されている生命保険契約（解約返戻金を受け取る権利）は、自動的に契約者である長男が引きつぎます。長男は保険を解約すれば、いつでも解約返戻金を受け取れます。そのため、この権利（生命保険契約に関する権利）を父から長男が相続したとみなし、相続税の対象に含めるのです。

　名義保険かどうか、つまり、契約者自身が保険料を負担していたかどうかは、通常、**誰の名義の預金口座から保険料が引き落とされていたか**で判断します。ただし、たとえ長男名義の口座から保険料が引き落とされていても、その口座自体が**名義預金**の場合は、保険料負担者は父だとみなされます。

名義預金 P105

　保険会社は、保険金を支払った時や死亡に伴う契約者の変更があった時には、支払調書という書類を税務署に提出し、その事実を報告しています。申告もれのないよう、十分気をつけましょう。

第3章

■生命保険権利評価額証明書の例

生 命 保 険 権 利 評 価 額 証 明 書

保険証券（書）記号番号 　　　１２－３４－５６７８９０１号
保険金額（年金額） 　　　　１０，０００，０００円
評価年月日 　　　　　　　　令和４年１２月１２日 ← 死亡日になっているか
　　　　　　　　　　　　　　　　　　　　　　　　確認しましょう。
解約返戻（還付）金額 　　　　７，６５４，３００円
契約者配当金額 　　　　　　　　３８２，７１５円
貸付金額 　　　　　　　　　　　　　　　　０円
貸付利息額 　　　　　　　　　　　　　　　０円
未経過保険料額 　　　　　　　　　５４，４８６円
未払保険料額 　　　　　　　　　　　　　　０円
源泉徴収税額 　　　　　　　　　　　　　　０円
　（再掲）復興特別所得税額 　　　　　　　０円
権利評価額（差引金額） 　　　　８，０９１，５０１円

令和４年１２月１２日現在の権利評価額の算出は、上記のとおりであることを証明します。

令和５年６月６日

日附印

発行者　　四谷郵便局長
証明者　　株式会社かんぽ生命保険

この保険契約を評価年月日（死亡日）に解約すると
　・解約返戻金額　７，６５４，３００円
　・契約者配当金額　３８２，７１５円
　・未経過保険料額　５４，４８６円
を受け取れるため、これらの合計金額8,091,501円
が「生命保険契約に関する権利」の評価額になりま
す。

「保証期間付定期金に関する権利」の評価方法

亡くなった方が、「生前に」年金形式で受け取っていた保険金を、死亡後、遺族などの継続受取人が、引き続き一時金または年金形式で受け取る場合、**死亡保険金と同じ方法で評価した金額**に相続税がかかります。

民間の個人年金保険などの一時金や年金が、これに該当します。

死亡保険金の評価方法 P200

注意点

・死亡保険金ではないため、非課税枠は使えません。

・「生命保険金などの明細書（第9表）」には記入しません。

・継続受取人に指定されている人が引きつぐため、遺産分割協議を行う必要はありません。

■保証期間付定期金に関する権利の計算方法

「解約返戻金の金額、一時金の金額、1年あたりの給付金額の平均額、予定利率、給付が終了する年月日」を保険会社に問い合わせた後、以下の①②の方法で計算します。

①国税庁のホームページ「**定期金に関する権利の自動計算**」※で、「**定期金給付事由が発生しているもの**」の下にある1〜4のいずれか該当するボックスをクリックする。

※国税庁ホームページ「定期金に関する権利の自動計算」
https://www.nta.go.jp/taxes/tetsuzuki/nofu-shomei/teikikin/teikikin_menu.html

②次のページで必要事項を入力し、評価額を求める。以下は「1．有期
定期金」を選択した場合の画面。

ちょっと発展 〈損害保険は相続税の対象になる？〉

・故人が被保険者だった自動車保険

　自動車事故で亡くなると、亡くなった方が加入していた搭乗者傷害保
険、自損事故保険、人身傷害補償保険などから死亡保険金が支払われる
ことがあります。

　搭乗者傷害保険や自損事故保険の死亡保険金と、人身傷害補償保険の
死亡保険金のうち亡くなった方の過失による部分には相続税がかかるた
め、通常の死亡保険金と同じ取扱いをします。

　事故の相手方の保険から受け取った保険金に、相続税はかかりません。

・故人が契約者や保険料負担者だった損害保険

　解約したときに、解約返戻金や前納保険料が支払われる損害保険には、
相続税がかかります。相続開始時の解約返戻金や前納保険料の金額が評
価額になりますので、損害保険会社に確認しましょう。

19 退職手当金等の評価をしよう

退職手当金などの範囲も広いので、生命保険などを参考に評価しましょう。

「死亡退職金」の評価方法

在職中に亡くなり、遺族が死亡退職金を受け取った場合は、一括・分割・定期金などの受け取り方に応じて、**死亡保険金と同じ方法で評価した金額**に相続税がかかります。　死亡保険金の評価方法 P200

勤務先などから「退職手当金等受給者別支払調書」を受け取った場合は、「退職手当金等の給与金額」欄の金額が、評価額です。

■退職手当金等受給者別支払調書

第3章

この欄に相続税評価額が記載されます。

注意点

・**相続人**が受け取った場合は、「**500万円×法定相続人の数**」までの金額は非課税になり、相続税はかかりません。

・**厚生年金基金の死亡一時金**に、相続税はかかりません。

・「退職手当金などの明細書（第10表）」には、この死亡退職金に含まれるものだけを記入します。次にご説明する「契約に基づかない定期金に関する権利」の金額は記入しません。

・死亡退職金は、勤務先の退職給与規程などで定められた人が受け取ります。**相続人間で遺産分割協議を行い、受け取る人を決めることはできません。**受取人が複数いる場合、便宜上、代表者にまとめてお金が振り込まれることがありますが、お金を振り込まれた人＝受取人ではありません。不明な場合は勤務先に問い合わせ、確認しましょう。

「契約に基づかない定期金に関する権利」の評価方法

亡くなった方が「生前に」年金形式で受け取っていた退職金（退職年金）を、死亡後、遺族などの継続受取人が、引き続き一時金または年金形式で受け取る場合、**死亡保険金と同じ方法で評価した金額**に相続税がかかります。確定給付企業年金や確定拠出年金などの企業年金の一時金や年金も、これに該当します。　　　　　　**死亡保険金の評価方法 P200**

注意点

・解約返戻金の金額、一時金の金額、１年あたりの給付金額の平均額、予定利率、給付が終了する年月日は、勤務先などに問い合わせ、確認して下さい。

・死亡退職金ではないため、非課税枠は使えません。

・「退職手当金などの明細書（第10表）」には記入しません。

・死亡退職金そのものを遺族が分割で受け取る場合は、この「契約に基づかない定期金に関する権利」ではなく、「死亡退職金」になります。

・継続受取人に指定されている人が引きつぐため、遺産分割協議を行う必要はありません。

・国民年金・厚生年金の遺族年金や遺族恩給に、相続税はかかりません。

20 その他の財産の評価をしよう

金額的には小さくても、その他の財産をきちんと評価しているという事実が意外に重要だったりします。

電話加入権の評価方法

電話加入権は、相続開始日が令和３年以後の場合は、５万円以下の家庭用財産に含め、一括で評価します。

家庭用財産 P197

未収入金の評価方法

亡くなった方がもらうべきだったお金のことを、まとめて未収入金と呼びます。**死亡日後に遺族が受け取った金額**が、評価額になります。

【未収入金の例】

・故人の勤務先から、死亡後に遺族が受け取った給与や賞与
・健康保険・介護保険・後期高齢者医療保険などの手当金や還付金
・所得税の還付金
・民間の医療保険の入院給付金や手術給付金
・支払期限が過ぎていてまだ受け取っていない地代家賃、など

老人ホームの入居金・保証金・預け金などの評価方法

亡くなった方が老人ホームに入居していた場合、運営会社から入居金や保証金の一部、諸費用に充てるための預け金や月額利用料の精算金などが、死亡日後に遺族に返金されることがあります。

この場合、**遺族に返金された金額**が、評価額になります。

金地金などの評価方法

金地金とは、金の延べ棒（インゴット）のことです。流通性があり、１グラムあたりの市場価格が毎日公表されているため、死亡日の**貴金属業者の買取価格（税込）**に**所有しているグラム数**を掛けて、評価額を計算します。買取価格は、金地金に刻印されている貴金属業者に問い合わせるか、インターネットで貴金属業者のホームページを見て確認します。

通常は小売価格（業者が顧客に売る価格）と買取価格（業者が顧客から買う価格）の両方が公表されていますが、「遺産を死亡日に売ったらいくらになるか」が相続税評価額なので、買取価格の方を使いましょう。

金以外のプラチナなども、同じ方法で評価します。

貸付金の評価方法

貸付金は、売掛金や未収入金などの貸付金債権（事業用財産）と同じ方法で評価します。親族間の貸し借りなど、利息の定めがない場合は、死亡日の元本を評価額として構いません。　**貸付金債権の評価 P184**

配当期待権・未収配当金の評価方法

亡くなった方が株式を所有していて、決算期末や中間期末といった配当の基準日の後、配当金を受け取らないまま亡くなった場合、配当金を受け取る権利は基準日の時点で既に確定しているため、**配当期待権**または**未収配当金**という財産が相続税の対象になります。

配当金の金額から、源泉徴収される所得税に相当する金額を差し引いた手取り額が、評価額になります。　**配当期待権・未収配当金 P192**

ゴルフ会員権やリゾート会員権の評価方法

ゴルフ会員権は、**取引相場のある・なし**で評価方法が**【1】【2】**の２つに分かれ、**【2】**の取引相場のない会員権は、「株主制」「預託金制」

「併用制」のいずれに該当するかで、評価方法が変わります。ゴルフ場の運営会社の会員規約を確認するか、直接問い合わせてみましょう。

なお、単にゴルフのプレーができるだけの会員権に、相続税はかかりません。また、取引相場のある**リゾート会員権**は、ゴルフ会員権の評価方法に準じ、死亡日の取引価格×70％が評価額になります。

【1】取引相場のある会員権

(1)原則

死亡日の取引価格×70％が、評価額になります。取引価格は、インターネットを使いゴルフ会員権取引業者のホームページをいくつか調べ、それぞれの相場の平均値を使用することが一般的です。

> 死亡日の取引価格×70％

(2)取引価格に含まれない預託金がある場合

以下の①または②の方法で評価した金額を、(1)に加算した金額が、評価額になります。

①すぐに預託金の返還を受けられる場合

> 死亡日に返還を受けられる預託金の額

②死亡日から一定期間経過後に預託金の返還を受けられる場合

> 将来、返還を受けられる預託金の額 × 死亡日～返還を受けられる日までの期間（1年未満切上げ）に応じた基準年利率による複利現価率

基準年利率による複利現価率の調べ方 P212

【2】取引相場のない会員権

(1)株主しか会員になれない「株主制」

死亡日に株式として評価した金額が、評価額になります。

非上場株式の評価 P193

⑵**預託金を預け入れた人しか会員になれない「預託金制」**

　【1】⑵①②の方法で評価した預託金の額が、評価額になります。

⑶**株主で預託金を預け入れないと会員になれない「株主・預託金併用制」**

　ゴルフ会員権を「株式」と「預託金」に分け、株式は【2】⑴の方法で、預託金は【1】⑵①②の方法で評価します。その合計額が評価額です。

■ゴルフ会員権の評価方法

取引相場あり	原則	Ａ：死亡日の取引価格×70％
	取引価格に含まれない預託金あり	① すぐに預託金の返還を受けられる場合 Ａ＋（返還額）
		② 一定期間経過後に返還を受けられる場合 Ａ＋（将来の返還額×死亡日～返還可能日までの期間に応じた基準年利率による複利現価率）
取引相場なし	株主制	株式評価額
	預託金制	上記①②カッコ書き部分の預託金の額
	併用制	株式評価額＋上記①②カッコ書き部分の預託金の額
プレー権のみ		評価しない

■「基準年利率による複利現価率」の調べ方（例：令和４年12月死亡）

①国税庁のホームページ「令和４年分の基準年利率について（法令解釈通達）」※を開く。

②令和４年12月に死亡し、預託金1,000万円が10年後に返還されるとする。画面を見ると10年後は「長期・７年以上」の区分に該当し、「令和４年12月」と「長期・７年以上」が交わる欄を見ると、**基準年利率は0.75％**だと分かる。その後、表の下にある死亡日の属する年月の**［参考］複利表**をクリックし、③の画面に進む。

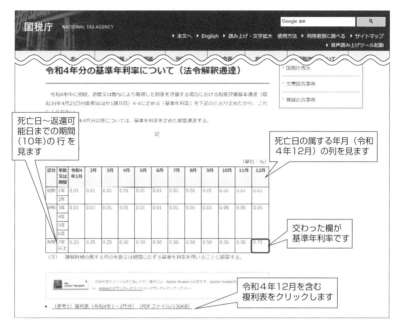

③複利表の「年0.75％の複利現価率」は10年0.928なので、1,000万円×

0.928＝928万円が10年後に返還される預託金の評価額となる。

区分	年数	年0.01％の複利年金現価率	年0.01％の複利現価率	年0.01％の年賦償還率	年1.5％の複利終価率	区分	年数	年0.75％の複利年金現価率	年0.75％の複利現価率
短期	1	1.000	1.000	1.000	1.015		36	31.447	0.764
	2	2.000	1.000	0.500	1.030		37	32.205	0.758
							38	32.958	0.753
区分	年数	年0.05％の複利年金現価率	年0.05％の複利現価率	年0.05％の年賦償還率	年1.5％の複利終価率		39	33.705	0.747
							40	34.447	0.742
中期	3	2.997	0.999	0.334	1.045				
	4	3.995	0.998	0.250	1.061		41	35.183	0.736
	5	4.993	0.998	0.200	1.077		42	35.914	0.731
	6	5.990	0.997	0.167	1.093		43	36.639	0.725
							44	37.359	0.720
区分	年数	年0.75％の複利年金現価率	年0.75％の複利現価率	年0.75％の年賦償還率	年1.5％の複利終価率		45	38.073	0.714
長期	7	6.795	0.949	0.147	1.109		46	38.782	0.709
	8	7.737	0.942	0.129	1.126		47	39.486	0.704
	9	8.672	0.935	0.115	1.143		48	40.185	0.699
	10	9.600	0.928	0.104	1.160		49	40.878	0.693
	11	10.521	0.921	0.095	1.177		50	41.566	0.688

複利表（令和4年12月分）

※　令和4年分の基準年利率について（法令解釈通達）

https://www.nta.go.jp/law/tsutatsu/kobetsu/hyoka/220524/01.htm

これは令和４年12月に死亡した場合の計算例です。実際には、死亡日の属する年月の年数又は期間に応ずる基準年利率を用います。

また、これらに関する資料は最寄りの税務署にもあります。

ちょっと発展　〈海外にある財産や外貨の財産はどう評価する？〉

【海外にある財産の評価方法】

亡くなった方が日本に住んでいた場合、海外にある財産も日本の相続税の対象になり、原則的には、それらも日本にある財産と同じ方法で評価します。しかし、海外の不動産には、路線価や固定資産税評価額がつけられていません。このように、同じ方法で評価できない場合は、市場での売買価格や専門家の意見を参考に時価で評価します。現地の不動産会社に査定をお願いしましょう。

また、その財産の取得価額（過去に買った値段）や譲渡価額（死亡日後に売った値段）が適正なら、市場の価格水準の変動を考慮した上で、その値段をもとに評価しても構いません。

【外貨→円への換算方法】

海外の財産はドルやユーロなどの外貨建てなので、外貨から円へ換算替えをする必要があります。この場合、相続人などの取引金融機関が公表している死亡日の対顧客直物電信買相場（TTB）で円換算した金額を使います。日本の金融機関で外貨預金や外貨建て生命保険を持っているという方も、同じ方法で円換算して下さい。１万ドルの外貨預金を持っていて、死亡日のTTBが１ドル130円なら、両者を掛けた130万円が評価額になります。

外貨建ての債務がある場合は、対顧客直物電信売相場（TTS）で円換算します。

第4章

特例を使えれば自分で相続税申告をしやすくなります

相続税が安くなる特例を知ろう

～前提知識の確認 その2～

この章では、相続税が安くなる特例について説明します。

特例といっても相続税申告を行う方の大半が使います。また、特例の適用を受けられれば相続税の負担もかなり軽くなりますので、ぜひ正しく理解しておきましょう。

とはいえ、難しい内容になりますから、まずは「どんなきまりなのか」「どんな目的で作られているのか」など、大まかに全体のイメージをつかみながら読み進め、その後、計算書や明細書を実際に作成してみましょう。

1 配偶者の税額軽減って何?

配偶者の相続した財産にかかる相続税の負担が、軽くなる特例です。

亡くなった方の**戸籍上の配偶者**は、亡くなった方の財産を相続しても、**1億6,000万円か法定相続分のどちらか多い財産額**までは相続税がかかりません。この特例を**配偶者の税額軽減**といいます。

つまり、夫の遺産の総額が1億6,000万円以下なら、全財産を妻が相続すれば相続税は1円もかかりません。また、遺産の総額が1億6,000万円を超えていても、妻の引きついだ財産のうち法定相続分に達するまでの財産額には、相続税がかからないことになります。

法定相続分は民法で決められています

配偶者の法定相続分は、配偶者がどの順位の人と一緒に相続人になるか(共に相続をするか)によって変わります。

相続人 P46

※配偶者がいない場合は、同じ順位の人で等分します。

①配偶者と子が相続人の場合

配偶者:2分の1　残り2分の1を子たちで等分

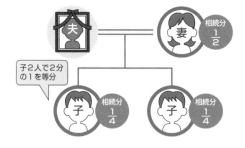

夫が死亡し、妻と子がいる場合、妻と第一順位の子が相続人になり、法定相続分は、妻が2分の1、残り2分の1を子が等分します。

②配偶者と直系尊属(両親や祖父母など)が相続人の場合

配偶者:3分の2　残り3分の1を親たちで等分

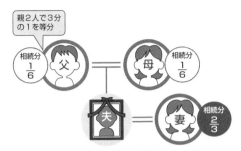

夫が死亡し、子のない妻と夫の父母がいる場合、妻と第二順位の父母が相続人になり、法定相続分は、妻が3分の2、残り3分の1を父母が等分します。

③配偶者と兄弟姉妹が相続人の場合

配偶者：4分の3　残り4分の1を兄弟たちで等分

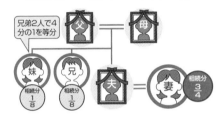

夫が死亡し、夫に子と両親などはなく、妻と兄弟姉妹がいる場合、妻と第三順位の兄弟姉妹が相続人になり、法定相続分は、妻が4分の3、残り4分の1を兄弟姉妹が等分します。

税務署に相続税の申告書を提出する必要があります

　戸籍上の配偶者なら自動的に特例を使えるわけではないことだけは、必ず知っておきましょう。まず、この特例は**相続税申告をしないと使えません**。さらに、税務署に申告書を提出するまでに、**配偶者が「何を」「いくら」相続するのかが決まっている**（少なくとも配偶者の取り分については遺産分割協議が済んでいる）**必要があり**、遺産分割でもめている状態では適用を受けられません。10か月以内にまとまらなかったら？ P259

　また、配偶者名義の金融資産の実質的な所有者が故人でないか（いわゆる「名義預金」ではないか）も、必ず確認して下さい。相続税では、財産の所有者を名義では判断しません。配偶者が意図的に自分名義の財産を隠すなど、偽って不正に相続税を逃れようとした場合、その部分にはこの特例の適用が制限され、重加算税が課されますので、気をつけましょう。名義預金 P105　　重加算税 P52

配偶者の税額軽減額の計算書

被相続人　渡辺 太郎

第5表（平成21年4月分以降用）

私は、相続税法第19条の2第1項の規定による配偶者の税額軽減の適用を受けます。

1　一般の場合　この表は、①被相続人から相続、遺贈や相続時精算課税に係る贈与によって財産を取得した人のうちに農業相続人がいない場合又は②配偶者が農業相続人である場合に記入します。

(1) 課税価格の合計額のうち配偶者の法定相続分相当額	（第1表の④の金額）　〔配偶者の法定相続分〕 90,457,000円 × 1/2 ＝ 45,228,500円 上記の金額が16,000万円に満たない場合には、16,000万円	※ (2) 160,000,000 円

配偶者の税額軽減額を計算する場合の課税価格	① 分割財産の価額（第11表の配偶者の①の金額）	分割財産の価額から控除する債務及び葬式費用の金額			⑤ 純資産価額に加算される暦年課税分の贈与財産価額（第1表の配偶者の⑤の金額）	⑥（①－④＋⑤）の金額より小さいときは⑤の金額（1,000円未満切捨て）
		② 債務及び葬式費用の金額（第1表の配偶者の③の金額）	③ 未分割財産の価額（第11表の配偶者の②の金額）	④（②－③）の金額（③の金額が②の金額より大きいときは0）		
	(3) 49,703,290 円	2,221,900 円	円	2,221,900 円	円	47,481,000 円

⑦ 相続税の総額（第1表の⑦の金額）	⑧ ⑥の金額と⑥の金額のうちいずれか少ない方の金額	⑨ 課税価格の合計額（第1表の④の金額）	⑩ 配偶者の税額軽減の基となる金額（⑦×⑧÷⑨）
(4) 4,057,0 00 円	47,481,000 円	90,457,000 円	2,129,524 円

配偶者の税額軽減の限度額	（第1表の配偶者の⑨又は⑩の金額）（第1表の配偶者の⑫の金額）		
	(5) 2,150,210 円 － 円		2,150,210 円

配偶者の税額軽減額	（⑩の金額と⑪の金額のうちいずれか少ない方の金額）	(6) 2,129,524 円

（注）⑥の金額を第1表の配偶者の「配偶者の税額軽減額⑬」欄に転記します。

2　配偶者以外の人が農業相続人である場合　この表は、被相続人から相続、遺贈や相続時精算課税に係る贈与によって財産を取得した人のうちに農業相続人がいる場合で、かつ、その農業相続人が配偶者以外の場合に記入します。

課税価格の合計額のうち配偶者の法定相続分相当額	（第3表の④の金額）　〔配偶者の法定相続分〕 ,000円 × ＝ 円 上記の金額が16,000万円に満たない場合には、16,000万円	○※ 円

配偶者の税額軽減額を計算する場合の課税価格	⑪ 分割財産の価額（第11表の配偶者の①の金額）	分割財産の価額から控除する債務及び葬式費用の金額			⑮ 純資産価額に加算される暦年課税分の贈与財産価額（第1表の配偶者の⑤の金額）	⑯（⑪－⑭＋⑮）の金額より小さいときは⑬の金額（1,000円未満切捨て）
		⑫ 債務及び葬式費用の金額（第1表の配偶者の③の金額）	⑭ 未分割財産の価額（第11表の配偶者の②の金額）	⑭（⑫－⑬）の金額（③の金額が②の金額より大きいときは0）		
	円	円	円	円	円	,000 円

⑰ 相続税の総額（第3表の⑦の金額）	⑱ ○の金額と⑯の金額のうちいずれか少ない方の金額	⑲ 課税価格の合計額（第3表の④の金額）	⑳ 配偶者の税額軽減の基となる金額（⑰×⑱÷⑲）
円 00	円	,000 円	円

配偶者の税額軽減の限度額	（第1表の配偶者の⑩の金額）（第1表の配偶者の⑫の金額）		
	円 － 円		○ 円

配偶者の税額軽減額	（⑳の金額と○の金額のうちいずれか少ない方の金額）	○ 円

（注）○の金額を第1表の配偶者の「配偶者の税額軽減額⑬」欄に転記します。

通常は使いません。

※　相続税法第19条の2第5項（隠蔽又は仮装があった場合の配偶者の相続税額の軽減の不適用）の規定の適用があるときには、「課税価格の合計額のうち配偶者の法定相続分相当額」の（第1表の④の金額）、⑥、⑦、⑨、「課税価格の合計額のうち配偶者の法定相続分相当額」の（第3表の④の金額）、⑱、⑲及び⑲の各欄は、第5表の付表で計算した金額を転記します。

■第5表　配偶者の税額軽減額の計算書（記入方法）

(1) 「第1表のⒶの金額」を転記し、「配偶者の法定相続分」を記入します。両者を掛けます。　第1表 P256

(2) ㋑欄に「(1)で求めた金額（課税価格の合計額のうち配偶者の法定相続分相当額）と1億6,000万円のどちらか多い金額」を記入します。

(3) 「第11表」の最下段の合計表の部分を見て、「配偶者の①の金額」を、第5表の①欄に転記します。②欄には「第1表の配偶者の③の金額」を転記し、すべての財産の遺産分割協議が調っている場合※は、④欄に②欄と同じ金額を記入します。⑥欄に「①−④の金額」を記入し、千円未満を切り捨てます。　第11表 P243

(4) ⑦欄に「第1表の⑦の金額」を転記し、⑧欄に「㋑の金額と⑥の金額のうちいずれか少ない方の金額」を記入し、⑨欄に「第1表のⒶの金額」を転記します。⑩欄に「⑦×⑧÷⑨」を計算し記入します。

(5) 「第1表の配偶者の⑨の金額」を転記し、㋺欄に同じ金額を記入します。

(6) ㋩欄に「⑩の金額と㋺の金額のうちいずれか少ない方の金額」を記入します。

※一部の財産の遺産分割協議が調っていない場合や、亡くなった方から配偶者へ暦年課税による生前贈与があった場合は、記載方法が異なります。

P218・219とP224・225は第5章で申告書を作成する時に、もう1度確認して下さいね

第11・11の2表の付表1 P224

第4章

2 小規模宅地等の特例って何?

残された親族の暮らしに必要な土地への相続税の負担が、軽くなる特例です。

相続税は現金一括払いが原則ですが、土地は他の財産と比べて換金しにくく、さらに、換金するときには所得税と住民税もかかります。

そのため、一定の要件に該当する場合、亡くなった方の**居住用**または**事業用**だった土地の課税価格を80%または50%減額し相続税を計算できる、**小規模宅地等の特例**というものがあります。

対象になる土地の区分と上限面積・減額割合は3タイプ

1. 特定居住用

故人の自宅の敷地のうち、**330㎡**までを**80%**減額できます。たとえば、相続税評価額が1,000万円の土地なら、80%の800万円を減額でき、200万円として相続税を計算できます。

2. 特定事業用

故人が貸付事業用以外の個人事業や商売に使っていたお店や工場などの敷地のうち、**400㎡**までを**80%**減額できます。

3. 貸付事業用

貸家や賃貸マンション、貸駐車場の敷地など、故人が有償で貸していた土地のうち、**200㎡**までを**50%**減額できます。

区分	故人の用途	上限面積	減額割合
1. 特定居住用	自宅の敷地	330㎡	▲80%
2. 特定事業用	商売用の土地	400㎡	▲80%
3. 貸付事業用	賃貸業の土地	200㎡	▲50%

対象になる**取得者**は、要件を満たした**親族**だけ

上記３タイプの土地を、次の表に掲げた要件を満たす**親族**が引きつげば、特例が使えます。親族とは、**配偶者・６親等内の血族・３親等内の姻族**のことです。相続人以外の親族に遺言で財産をのこした場合でも、以下の要件さえ満たせば特例を使えます。

区分	引きついだ人	要件
1. 特定居住用	①配偶者	なし
	②同居親族	申告期限までその土地を持ち続け、家屋に住み続けること
	③別居親族 ※①②に該当する法定相続人（相続放棄した人を含む）がいない場合に限る	申告期限までその土地を持ち続けること。ただしその別居親族が、相続開始時に住んでいた家屋を過去に所有していたことがある場合や、相続開始前３年以内に日本国内にある自分・配偶者・３親等内の親族・特別の関係のある法人の所有する家に住んでいた場合を除く。
2. 特定事業用	親族	申告期限までその土地を持ち続け、事業を続けること。ただし、その他一定の要件あり。
3. 貸付事業用		

申告書の提出期限 P50

特例対象の土地を取得した人全員の同意が必要です

特例の適用を受けられる土地が複数ある場合、どの土地に特例を使うかは、納税者が自由に決められます。

ただし、この特例を使うには、**「特例の適用を受けられる土地を取得した人全員」の同意が必要**で、その証明として、申告書の第11・11の２表の付表１（ P224 (1)）に全員の名前を記載します。そのため「遺

産分割でもめている」「遺言はあるけれど特例適用の同意が得られない」といった場合は、特例を使えません。また、いったん申告したら、後から別の土地には変更できませんので、全員でよく相談して決めましょう。

その他の細かな注意点

・この特例は、**相続税申告をしないと使えません。**

・税務署に申告書を提出するまでに、**特例の適用を受ける土地の取得者が決まっている**（遺産分割協議が済んでいる）**必要があります。**

10か月以内にまとまらなかったら？ P259

・故人の居住用や事業用だったかは、**相続開始直前**の利用状況で判断するため、「元」自宅の敷地は対象外になります。

・申告期限を過ぎれば、特例の適用を受けた土地を売っても、そこから引っ越しても、事業をやめても構いません。申告期限の前に土地を売る**契約**を結んだ場合も、**引渡し**が申告期限後なら、特例を使えます。

・**分譲マンションの敷地権**にも、特例を使えます。　**敷地権 P170**

・建物や構築物がない土地（**更地**）には特例を使えません。そのため、駐車場として使っている土地は、コンクリート舗装をしていれば構築物があるので特例を使えますが、青空駐車場の場合は使えません。

・土地が**共有**の場合、全体の面積に持分を掛けた面積が対象になります。

（例）　夫婦の自宅敷地　400㎡

　　　所有者　：夫（被相続人）持分 $\dfrac{3}{4}$

　　　　　　　妻（相続人）　持分 $\dfrac{1}{4}$

　　　特例の適用面積　$400㎡ \times \dfrac{3}{4} = 300㎡ \leqq 330㎡$

　　　　　　∴300㎡（夫の持分のすべてが特例の対象になる）

・借地権も、要件に該当する場合は特例を使えます。　**借地権 P174**

・外国にある土地も、一定の要件に該当する場合は特例を使えます。

特定居住用を使うときの注意点

・**自宅**とは、「実際に生活の本拠としていた場所のこと」をいいます。これは、形式ではなく**実態**で判断するため、**住民票がある＝自宅とは考えません**。また、自宅は１人１か所だと考えます。

・自家用車の駐車場は、自宅の敷地と地続きなら80％減額できます。

・故人の自宅が**二世帯住宅**で、故人が１階、長男家族が２階というように別々に住んでいても、１階と２階を**区分所有**という形で**登記**していなければ、２階に住む長男は故人の同居親族になります。

・入院中に病院で亡くなっても、自宅を他の用途には使わず、故人が退院したら住める状態のままにしていた場合は、自宅として扱います。

・相続開始直前に要介護や要支援認定、障害者支援区分の認定などを受けていた故人が**老人ホーム**で亡くなった場合は、入所前に住んでいた「元」自宅を自宅として扱います。ただし、**ホームに入所した後、故人と生計を一にしていた親族以外の人が、有償・無償を問わず新たにその自宅へ移り住んだ場合を除きます。** 生計一親族 P227

・１の特定居住用と２の特定事業用は、別枠でそれぞれの上限面積まで、最大合計730㎡まで80％減額できます。ただし、３の貸付事業用を１や２と組み合わせて適用するときは、以下の算式で全体として200㎡以下になるよう調整計算を行います。

$$(2.\,特定事業用 \times \frac{200}{400}) + (1.\,特定居住用 \times \frac{200}{330}) + (3.\,貸付事業用) \leqq 200㎡$$

第4章

400㎡・80％

330㎡・80％

200㎡・50％

小規模宅地等についての課税価格の計算明細書

`FD3549`

被相続人　渡辺 太郎

○この申告書は機械で読み取りますので、黒ボールペンで記入してください。

この表は、小規模宅地等の特例（相続税特別措置法第69条の4第1項）の適用を受ける場合に記入します。
なお、被相続人から、相続、遺贈又は相続時精算課税に係る贈与により取得した財産のうちに、「特定計画山林の特例」の対象となり得る財産又は「個人の事業用資産についての相続税の納税猶予及び免除」の対象となり得る財産がある場合には、第11・11の2表の付表2を、「特定事業用資産の特例」の対象となり得る財産がある場合には、第11・11の2表の付表2の2を作成します（第11・11の2表の付表2又は付表2の2を作成する場合には、この表の「1 特例の適用にあたっての同意」欄の記入を要しません。）。
また、この表の1又は2の各欄に記入しきれない場合には、第11・11の2表の付表1（続）を使用します。

1 特例の適用にあたっての同意

この欄は、小規模宅地等の特例の対象となり得る宅地等を取得した全ての人が次の内容に同意する場合に、その宅地等を取得した全ての人の氏名を記入します。

私（私たち）は、「2 小規模宅地等の明細」の①欄の取得者が、小規模宅地等の特例の適用を受けるものとして選択した宅地等又はその一部（「2 小規模宅地等の明細」の⑤欄で選択した宅地等）の全てが限度面積要件を満たすものであることを確認の上、その取得者が小規模宅地等の特例の適用を受けることに同意します。

氏名
(1)　渡辺 優子

（注）　小規模宅地等の特例の対象となり得る宅地等を取得した全ての人の同意がなければ、この特例の適用を受けることはできません。

2 小規模宅地等の明細

この欄は、小規模宅地等の特例の対象となり得る宅地等を取得した人のうち、その特例の適用を受ける人が選択した小規模宅地等の明細等を記載し、相続税の課税価格に算入する価額を計算します。

「小規模宅地等の種類」欄は、選択した小規模宅地等に応じて次の1～4の番号を記入します。
小規模宅地等の種類：1 特定居住用宅地等、2 特定事業用宅地等、3 特定同族会社事業用宅地等、4 貸付事業用宅地等

選択した小規模宅地等

小規模宅地等の種類（1～4の番号を記入します。）	① 特例の適用を受ける取得者の氏名　〔事業内容〕 ② 所在地番 ③ 取得者の持分に応ずる宅地等の面積 ④ 取得者の持分に応ずる宅地等の価額	⑤ ③のうち小規模宅地等（「限度面積要件」を満たす宅地等）の面積 ⑥ ⑤のうち小規模宅地等（④×⑤／③）の価額 ⑦ 課税価格の計算に当たって減額される金額（⑥×⑨） ⑧ 課税価格に算入する価額（④－⑦）
(3)　1	①　渡辺 優子　〔　　　〕 ②　東京都新宿区四谷三栄町24番 ③　　　　　1 0 0 .　　　㎡ ④　　　7 2 6 2 6 4 0 0　円	⑤ (4)　1 0 0 .　　　㎡ ⑥　　　7 2 6 2 6 4 0 0　円 ⑦ (5)　5 8 1 0 1 2 0　円 ⑧　　1 4 5 2 5 2 8 0　円
	①　　　　　　〔　　　〕 ② ③　　　　　　　　　㎡ ④　　　　　　　　　円	⑤　　　　　　　　㎡ ⑥　　　　　　　　円 ⑦　　　　　　　　円 ⑧　　　　　　　　円
	①　　　　　　〔　　　〕 ② ③　　　　　　　　　㎡ ④　　　　　　　　　円	⑤　　　　　　　　㎡ ⑥　　　　　　　　円 ⑦　　　　　　　　円 ⑧　　　　　　　　円

（注）1 ①欄の「〔　〕」は、選択した小規模宅地等が被相続人等の事業用宅地等（2、3又は4）である場合に、相続開始の直前にその宅地等の上で行われていた被相続人等の事業について、例えば、飲食サービス業、法律事務所、貸家などのように具体的に記入します。
　　　2 小規模宅地等を選択する一の宅地等が共有である場合又は一の宅地等が貸家建付地である場合において、その評価額の計算上「賃貸割合」が1でないときには、第11・11の2表の付表1（別表1）を作成します。
　　　3 小規模宅地等を選択する宅地等が、配偶者居住権に基づく敷地利用権又は配偶者居住権の目的となっている建物の敷地の用に供される宅地等である場合には、第11・11の2表の付表1（別表1の2）を作成します。
　　　4 ⑧欄の金額を第11表の「財産の明細」の「価額」欄に転記します。

○「限度面積要件」の判定

上記「2 小規模宅地等の明細」の⑤欄で選択した宅地等の全てが限度面積要件を満たすものであることを、この表の各欄を記入することにより判定します。

※この項目は記入する必要がありません。

小規模宅地等の区分	被相続人等の居住用宅地等	被相続人等の事業用宅地等		
小規模宅地等の種類	1 特定居住用宅地等	2 特定事業用宅地等	3 特定同族会社事業用宅地等	4 貸付事業用宅地等
⑨ 減額割合	80／100	80／100	80／100	50／100
⑩ ⑤の小規模宅地等の面積の合計	(6)　1 0 0　㎡	㎡	㎡	㎡
⑪ 限度面積 イ 4の小規模宅地等のうちに4貸付事業用宅地等がない場合	[1]の⑩の面積　1 0 0　≦330㎡	[2]の⑩及び[3]の⑩の面積の合計　㎡ ≦ 400㎡		
⑪ 限度面積 ロ 4の小規模宅地等のうちに4貸付事業用宅地等がある場合	[1]の⑩の面積　㎡×200／330 ＋	[2]の⑩及び[3]の⑩の面積の合計　㎡×200／400 ＋		[4]の⑩の面積　㎡ ≦ 200㎡

（注）　限度面積は、小規模宅地等の種類（「4 貸付事業用宅地等」の選択の有無）に応じて、⑪欄（イ又はロ）により判定を行います。「限度面積要件」を満たす場合に限り、この特例の適用を受けることができます。

※ 税務署整理欄	年分		名簿番号		申告年月日		一連番号		グループ番号		補完	

第11・11の2表の付表1（令4.7）

（資4-20-12-3-1-A4統一）

申告書作成 P241

224

■第11・11の2表の付表1　小規模宅地等についての課税価格の計算明細書（記入方法）

(1) 特例の適用を受けるには、特例の対象となり得る宅地等を取得したすべての人の同意が必要です。この欄に全員の氏名を記入し、同意があることの意思表示を行います。

(2) 「小規模宅地等の種類」によって、1から4までの番号を記入します。記入例では、自宅の敷地が1の特定居住用宅地等にあたるため、「1」と記入しています。

(3) ①欄に「宅地等を取得した人の氏名」、②欄に「所在地番」、③欄に「面積」、④欄に「価額」を記入します。②③④欄は、通常「土地及び土地の上に存する権利の評価明細書」の「所在地番」「地積」「総額」を転記します。ただし、宅地の全体ではなく持分に適用を受ける場合、③欄は「土地及び土地の上に存する権利の評価明細書」の「地積」に持分を掛けた数字を記入します。　**土地の評価明細書 P158**

(4) ⑤欄に特例の適用を受ける面積を記入します。限度面積以下の場合は③欄の面積をそのまま転記し、限度面積を超える場合は限度面積を記入します。

(5) ⑥⑦⑧欄の説明文の算式に従って計算し記入します。⑥欄は減額前の土地の価額、⑦欄は減額される金額、⑧欄は減額後の価額になります。

$$⑥ = ④ \times \frac{③}{⑤} \quad \rightarrow \quad 72{,}626{,}400円 \times \frac{100㎡}{100㎡} = 72{,}626{,}400円$$

$$⑦ = ⑥ \times ⑨ \quad \rightarrow \quad 72{,}626{,}400円 \times \frac{80}{100} = 58{,}101{,}120円$$

$$⑧ = ④ - ⑦ \quad \rightarrow \quad 72{,}626{,}400円 - 58{,}101{,}120円 = 14{,}525{,}280円$$

(6) ⑤欄の面積を転記し、限度面積を超えていないか確認します。

■小規模宅地等　可否〇×表

例	可否・減額割合
夫が亡くなり、自宅を妻が相続	○ 80%
母が亡くなり、自宅を母と同居していた子が相続	○ 80%
父の死後、一人暮らしだった母が亡くなり、3年超、他人所有の賃貸マンション暮らしの子が自宅を相続	○ 80%^{※1}
父の死後、一人暮らしだった母が亡くなり、自宅を自分・配偶者・3親等内の親族、いずれかの名義の家屋に住む子が相続	×
老人ホームに入っていた母が亡くなり、元自宅（母と同居していた子がそのまま居住中）をその同居の子が相続	○ 80%
父の死後、一人暮らしだった母が老人ホームに入った後亡くなり、元自宅（ずっと空き家）を3年超、他人所有の賃貸マンション暮らしの子が相続	○ 80%^{※1}
父の死後、一人暮らしだった母が老人ホームに入った後亡くなり、元自宅（ホーム入所後、別居していた子が新たに居住）をその子が相続	×
二世帯住宅（区分所有登記をしていない）の1階に一人で住む母が亡くなり、2階に住む子が相続	○ 80%
二世帯住宅（区分所有登記をしている）の1階に一人で住む母が亡くなり、2階に住む子が相続	×
父が営んでいたお店を妻（子）が相続し、そのままお店を続けた場合	○ 80%^{※2}
父所有の賃貸物件を妻（子）が相続し、貸し続けた場合	○ 50%^{※2}
父自身がコインパーキング業を行っていた土地を妻（子）が相続し、駐車場業を続けた場合	○ 50%^{※2}
父がコインパーキング業を行う会社に貸していた土地を妻（子）が相続し、その会社に貸し続けた場合	○ 50%^{※2}

※1　子の居住家屋は、自分が過去に所有していたものではない前提とする。

※2　父は3年超、事業または事業的規模での不動産貸付を行っていたとする。

226

◎生計一親族の自宅敷地に特例が使えることも

　亡くなった方ではなく、その方と**生計を一**にしていた**親族**の居住用や事業用の土地にも、小規模宅地等の特例を使えます。

　たとえば、父名義の土地に、父の生計一親族である長男の自宅が建っている状態で父が亡くなったとします。父と長男の間で地代や家賃の支払いはありません。

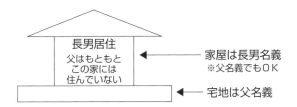

　この土地は「亡くなった父」の自宅敷地ではありませんが、「父の生計一親族である息子」の自宅敷地であるため、この土地を長男が相続しそのまま住み続ければ、特例を使えます。

　生計一親族とはどのような関係かというと、イメージとしては**お財布を一緒にしている関係**です。同居や別居といった**物理的側面**だけではなく、日常生活の**経済的側面**で判断します。

　同居の場合は、通常、生計を一にしていると考えますが、必ずしも同居している必要はありません。学校や仕事、病気の都合で別居していても、どちらかに独立して生活していけるだけの収入や資産がなく、学費や生活費、療養費に見合う程度の送金が行われ、休みには一緒にすごしているような場合は、生計を一にしていると考えます。

　ただし、生計一親族の自宅敷地に特定居住用の特例を使えるケースは、この宅地を故人の配偶者かその生計一親族が引きついだ場合に限ります。

◎自宅の建替え中に相続が起きた場合

　自宅の建替え中に相続が起きた場合は、①亡くなった方の相続開始直前の準備状況から判断して、または、②要件を満たす親族が申告期限までに居住用として使い始めれば、特例を使えます。

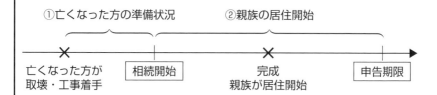

　また、相続開始から申告期限までの間に自宅を建て替えた場合は、③要件を満たす親族が居住用として使い始める予定なら、特例を使えます。

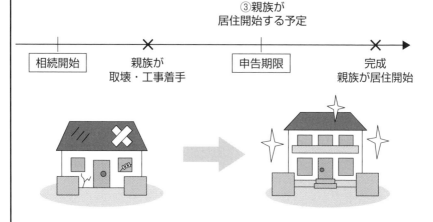

◎故人が自分の土地を自分の会社に貸していたら？（特定同族会社事業用）

　たとえば、亡くなった方が**個人**で八百屋を営んでいた場合、その八百屋の土地を親族が相続し八百屋を続ければ、２の特定事業用として400㎡までを80％減額できます。

特定事業用　P220

228

では、たとえば亡くなった方が生前その八百屋を**会社**組織のスーパーにし、自分は社長になり、社長の個人名義の土地をその会社に貸して事業を営んでいた場合はどうでしょう。社長が亡くなったとき、スーパーが社長から借りていた土地は、小規模宅地等の特例の対象になるでしょうか。

　該当する方が少ないため本書では説明を省きましたが、亡くなった方とその親族等が**株式の過半数を持つ会社の事業用**（不動産貸付業を除く）に使われていた土地も、小規模宅地等の特例の対象となり、400㎡までの部分を80％減額できます（**特定同族会社事業用宅地等**）。

　この土地を、相続税の申告期限の時点でその会社の役員である親族が取得し持ち続け、そのまま会社に貸し続ければ、特例を使えます。

◎**判断に迷ったら、税務署や税理士に相談を！**

　小規模宅地等の特例を使えれば、相続税の負担が大幅に軽くなりますが、要件や計算方法には本当に細かな注意点が多く複雑で、専門家でも慎重に検討し、適用できるかどうかを判断しています。**そのため、少しでも判断に迷ったら、税務署や税理士に相談するようにして下さい。**

3 死亡保険金の非課税・死亡退職金の非課税って何?

相続人が受け取った保険金や退職金が、非課税になる特例です。

死亡保険金は「500万円×法定相続人の数」まで非課税

　亡くなった方が保険料を払っていた生命保険や損害保険の保険金を、故人の死亡により**相続人**が受け取ったとき、合計で「**500万円×法定相続人の数**」までの金額は相続税が非課税になります。

【注意点】　　　　　　　　　　　　　相続人 P46　　法定相続人の数 P48

①相続人以外の人が受け取った保険金は、非課税の対象になりません。

②保険金を受け取った相続人が複数いるときは、全員が受け取った保険金の合計額が非課税枠以下ならその全額が非課税になりますが、非課税枠を超えていたときは、以下のように各自が受け取った保険金額に応じ、非課税枠を按分します。

【計算例】法定相続人3人（A・B・C）／非課税枠500万円×3人=1,500万円

受取人	保険金額	非課税枠	相続税の対象
相続人A	2,000万円	500万円	1,500万円
相続人B	4,000万円	1,000万円	3,000万円
D	1,000万円	0円	1,000万円

③**非課税枠は、相続税申告をしなくても使えます。**つまり、非課税枠を使えば課税価格の合計額が相続税の基礎控除額以下になるときは、相続税申告の必要はありません。

死亡退職金は「500万円×法定相続人の数」まで非課税

　亡くなった方が勤務していた会社などから支払われた死亡退職金を**相続人**が受け取ったとき、合計で「**500万円×法定相続人の数**」までの金額には、相続税がかかりません。注意点は、死亡保険金と同じです。

230

■第9表　生命保険金などの明細書（記入例・記入方法）

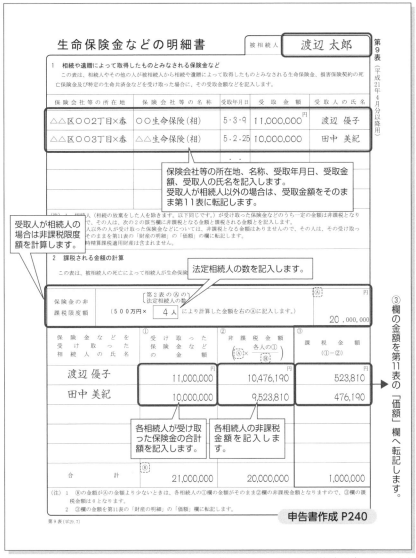

生命保険金などの明細書　　被相続人　渡辺 太郎

1　相続や遺贈によって取得したものとみなされる保険金など

この表は、相続人やその他の人が被相続人から相続や遺贈によって取得したものとみなされる生命保険金、損害保険契約の死亡保険金及び特定の生命共済金などを受け取った場合に、その受取金額などを記入します。

保険会社等の所在地	保険会社等の名称	受取年月日	受取金額	受取人の氏名
△△区○○2丁目×番	○○生命保険（相）	5・3・9	11,000,000	渡辺 優子
△△区○○3丁目×番	△△生命保険（相）	5・2・25	10,000,000	田中 美紀

保険会社等の所在地、名称、受取年月日、受取金額、受取人の氏名を記入します。
受取人が相続人以外の場合は、受取金額をそのまま第11表に転記します。

受取人が相続人の場合は非課税限度額を計算します。

（注）1　相続人（相続の放棄をした人を除きます。以下同じです。）が受け取った生命保険金などのうち一定の金額は非課税となりますので、その人は、次の2の該当欄に非課税となる金額と課税される金額とを記入します。
　　　2　相続人以外の人が受け取った生命保険金などについては、非課税となる金額はありませんので、その人は、その受け取った金額をそのままで第11表の「財産の明細」の「価額」の欄に転記します。
　　　3　相続時精算課税適用財産は含まれません。

2　課税される金額の計算

この表は、被相続人の死亡によって相続人が生命保険金を受け取った場合に、その相続人ごとに記入します。

法定相続人の数を記入します。

保険金の非課税限度額	［第2表の④の法定相続人の数］（500万円× 4 人　により計算した金額を右の④に記入します。）	④ 20,000,000 円

④欄の金額を第11表の「価額」欄へ転記します。

保険金などを受け取った相続人の氏名	① 受け取った保険金などの金額	② 非課税金額（④× 各人の① ／ ⑧）	③ 課税金額（①−②）
渡辺 優子	11,000,000 円	10,476,190	523,810 円
田中 美紀	10,000,000	9,523,810	476,190

各相続人が受け取った保険金の合計額を記入します。

各相続人の非課税金額を記入します。

合　　　計	⑧ 21,000,000	20,000,000	1,000,000

（注）1　⑧の金額が④の金額より少ないときは、各相続人の①欄の金額がそのまま②欄の非課税金額となりますので、③欄の課税金額は0となります。
　　　2　③欄の金額を第11表の「財産の明細」の「価額」欄に転記します。

第9表（平29.7）

申告書作成 P240

第9表（平成21年4月分以降用）

第4章

※保険契約の数が多い場合は、2枚以上になっても構いません。または、明細を別途エクセルなどで作り、第9表1には「別紙参照」などと記載し、2①に合計額を記入してもよいでしょう。

4 遺産を寄付したら?

遺産を寄付した場合には、相続税が非課税になる特例です。

相続財産からの寄付（相続人などからの寄付）

亡くなった方から引きついだ財産を、相続税の申告期限までに、

・国や地方公共団体

・既存の公益社団法人や公益財団法人その他公益事業を行う法人

に寄付し、公益目的に使ってもらう場合、その財産には相続税が課税されません。団体名に「公益」と入っていなくても、学校法人、社会福祉法人、認定NPO法人など、公益事業を行う法人はたくさんあります。希望する目的や使途に財産を使ってもらえる寄付先を探してもよいでしょう。この特例を使うには、証明書類を添付した**申告書を税務署に提出する必要があります**。

遺産を寄付しても非課税にならない場合

新たに特定の公益法人を設立するための寄付や、葬儀や通夜の参列者に対する香典返しの代わりに寄付する場合には、この特例の適用はありません。また、財産をそのまま寄付する場合に限られるため、売却して得た金銭を寄付しても、相続税は非課税になりません。

遺言による寄付（亡くなった方の意思による寄付）

亡くなった方が生前に遺言を作成し、上記のような寄付先に遺産をのこすと指定していることがあります。

相続税は原則として、「個人」が財産を引きついだときにかかる税金です。そのため、個人以外が財産を引きついだときに相続税は課税されず、通常は法人税がかかります。ただし、公益目的事業は法人税が非課税なので、寄付を受けた団体に何らかの税金がかかる心配はありません。

■第14表　特定の公益法人などに寄附した相続財産(略)の明細書(記入例・記入方法)

純資産価額に加算される暦年課税分の
贈与財産価額及び特定贈与財産価額
出資持分の定めのない法人などに遺贈した財産
特定の公益法人などに寄附した相続財産・
特定公益信託のために支出した相続財産　　　　　の明細書

被相続人　渡辺　太郎

第14表 (令和2年4月分以降用)

この欄は別の項目(相続開始前3年以内の生前贈与加算)で使います。

1　純資産価額に加算される暦年課税分の贈与財産価額及び特定贈与財産価額の明細

この表は、相続、遺贈や相続時精算課税に係る贈与によって財産を取得した人(注)が、その相続開始前3年以内に被相続人から暦年課税に係る贈与によって取得した財産がある場合に記入します。

(注)　被相続人から相続特別措置法第70条の2の2(直系尊属から教育資金の一括贈与を受けた場合の贈与税の非課税)第12項第2号に規定する管理残額及び同法第70条の2の3(直系尊属から結婚・子育て資金の一括贈与を受けた場合の贈与税の非課税)第12項第2号に規定する管理残額以外の財産を取得しなかった人(その人が被相続人から相続時精算課税に係る贈与によって財産を取得している場合を除きます。)は除きます。

番号	贈与を受けた人の氏名	贈与年月日	相続開始前3年以内に暦年課税に係る贈与を受けた財産の明細				①価額	②①の価額のうち特定贈与財産の価額	③相続税の課税価格に加算される価額(①-②)
			種類	細目	所在場所等	数量			
1	渡辺 大輔	4・1・3	現金預貯金等		東京都新宿区四谷三栄町7番7号		1,000,000 円	円	1,000,000 円
2	田中 美紀	4・1・3	現金預貯金等		東京都新宿区四谷三栄町7番7号		1,000,000		1,000,000
3	渡辺 拓真	4・1・3	現金預貯金等		東京都新宿区四谷三栄町7番7号		1,000,000		1,000,000
4	渡辺 拓真	2・7・1	現金預貯金等		東京都新宿区四谷三栄町7番7号		3,000,000		3,000,000

贈与を受けた人ごとの③欄の合計額	氏名	(各人の合計)	渡辺 大輔	田中 美紀	渡辺 拓真	
	④金額	6,000,000 円	1,000,000	1,000,000	4,000,000	円

上記「②」欄において、相続開始の年に被相続人から贈与によって取得した居住用不動産や金銭の全部又は一部を特定贈与財産としている場合には、次の事項について、「(受贈配偶者)」及び「(受贈財産の番号)」の欄に所定の記入をすることにより確認します。

(受贈配偶者)　　　　　　　　　　　(受贈財産の番号)

私(　　　　　　)は、相続開始の年に被相続人から贈与によって取得した上記(　　)の特定贈与財産の価額については贈与税の課税価格に算入します。

なお、私は、相続開始の年の前年以前に被相続人からの贈与について相続税法第21条の6第1項の規定の適用を受けていません。

(注)　④欄の金額を第1表のその人の「純資産価額に加算される暦年課税分の贈与財産価額⑤」欄及び第15表の㉗欄にそれぞれ転記します。

2　出資持分の定めのない法人などに遺贈した財産の明細

この表は、被相続人が出資持分の定めのない社団又は財団や学校法人、社会福祉法人、宗教法人などの出資持分の定めのない法人に遺贈した財産のうち、相続税がかからないものの明細を記入します。

遺贈した財産の明細					出資持分の定めのない法人などの所在地、名称
種類	細目	所在場所等	数量	価額	
				円	
合計					

> 適用を受ける特例の番号に○を付けます。

第4章

特定の公益法人などに寄附した相続財産又は特定公益信託のために支出した相続財産の明細

私は、下記に掲げる相続財産を、相続税の申告期限までに、

(1)　国、地方公共団体又は租税特別措置法施行令第40条の3に規定する法人に対して寄附をしましたので、租税特別措置法第70条の適用を受けます。

(2)　租税特別措置法施行令第40条の4第3項の要件に該当する特定公益信託の信託財産とするために支出しましたので、租税特別措置法第70条の適用を受けます。

(3)　特定非営利活動促進法第2条第3項に規定する認定特定非営利活動法人に対して寄附をしましたので、租税特別措置法第70条の適用を受けます。

寄附(支出)年月日	寄附(支出)した財産の明細					公益法人等の所在地・名称(公益信託の受託者及び名称)	寄附(支出)をした相続人等の氏名
	種類	細目	所在場所等	数量	価額		
5・6・3	現金預貯金等	現 金	東京都新宿区四谷三栄町7番7号		500,000	日本赤十字社	渡辺 優子
・ ・							
合計					500,000		

> 寄付の内容を記入します。ここに記入した財産は相続財産から除きますので、第11表に記載する必要はありません。

(注)　この特例の適用を受ける場合には、期限内申告書に一定の受領書、証明書類等の添付が必要です。

第14表(令4.7)

申告書作成 P250

相続税が安くなる特例を知ろう　233

ちょっと休憩

◎やっぱり難しそう……。もし税理士に頼むなら？

　相続税申告にチャレンジし始めたけれど、「土地の評価が難しい」「小規模宅地等の特例の要件を満たしているか不安」など、やはり税理士を頼らないと難しいと感じる方も、中にはいらっしゃるかもしれません。

　税理士を探すには、「相続を経験した知人や友人に尋ねてみる」「金融機関や不動産業者からの紹介を受ける」「インターネットで検索する」など、いろいろな方法が考えられます。日本税理士会連合会という税理士法に基づき税理士の指導等を行っている団体は、すべての税理士と税理士法人の情報が掲載されている「税理士情報検索サイト」※を運営しています。

　最近は医者や弁護士と同じように税理士も専門分野ごとに分かれていますので、できれば相続の専門知識や相続税申告の経験が豊富な税理士に依頼した方が安心です。ただし、税理士を選ぶとき、専門知識の有無や経験の多寡を重視するのは当たり前なのですが、それと同じくらい税理士の人柄や自分との相性も重要です。相続税申告は家族や財産というプライベートな問題に他人である税理士が関与することになりますので、「この先生は信頼できそう」「なんとなく合わなそう」といった波長や感覚もできれば大切にした方がよいと思います。

　いずれにしても、相手が「先生」だからと気を遣う必要はまったくなく、お店で商品を買ったりサービスを受けたりするときと同じように、分からないことはどんどん質問し、なるべく不安や心配は残さないようにして下さい。税理士は全国に約8万人もいますので、回答や対応に不満があれば、複数の税理士に会って比較検討してみても大丈夫です。

　なお、税理士報酬に決まりはなく、税理士ごとに自由に決めてよいことになっています。一般的には遺産の金額や相続人の数、土地の数や非上場株の有無に応じて決まり、遺産総額の0.5%〜1％程度が目安になります。　※税理士情報検索サイト　https://www.zeirishikensaku.jp

第**5**章

いよいよ申告書を作成します

相続税の申告書を作成しよう
〜作成から完了まで〜

　相続税申告の準備がととのいました。いよいよ申告書を完成させていきましょう。

　第１表から順に作成しませんし、あちこちの表に飛びながら完成させていくので、少し分かりにくいかもしれません。まず、第９表から第15表に財産や債務の金額を記入します。その後、第１表から第８表を使い、相続税額を計算していきます。事例を作成順に並べましたので、それらも参考にして下さい。

　相続税の納税が必要な方は、納付書の作成も必要になります。

申告書の作成手順を確認しましょう

まずは全体図を見ながら、作成手順を確認しましょう。

■相続税の申告書の全体図と作成手順

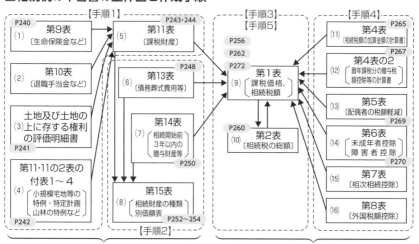

【手順1】相続税がかかる財産の集計　　記入方法・記入例 P240〜247

　最初に、相続税がかかる財産の明細を第11表に書き込みます。

　ただし、「生命保険金や退職手当金」「路線価方式で評価する土地」「小規模宅地等の特例の適用を受ける土地」がある場合は、先に明細書を作成し、**非課税限度額や特例適用額を差し引いた残りの金額を第11表へ転記します。**

(1)	第9表	生命保険金などの明細書	P240 (P231)
(2)	第10表	退職手当金などの明細書	
(3)	土地及び土地の上に存する権利の評価明細書	第1表（自用地）	P241
		第2表（貸宅地、貸家建付地、借地権他）	

236

(4)	第11・11の2表の付表1	小規模宅地等についての課税価格の計算明細書	P242 (P224)
(5)	第11表	相続税がかかる財産の明細書	P243・P244

【手順2】財産にプラスマイナスする項目の集計 記入方法・記入例 P248～255

次に、財産にプラスマイナスする項目を、第13表と第14表で集計します。その後、【手順1】と【手順2】の内容を第15表に書き込み、課税価格を計算します。

(6)	第13表	債務及び葬式費用の明細書	P248
(7)	第14表	純資産価額に加算される暦年課税分の贈与財産価額（略）の明細書	P250
(8)	第15表	相続財産の種類別価額表	P252～254

【手順3】相続税の計算 記入方法・記入例 P256～264

第1表の上半分（①～⑨欄）と第2表を使い、相続税を計算します。課税価格から基礎控除額を引き、税率を掛けて相続税の総額を計算してから、それを各人に按分します。第1表の下半分（⑪～㉘欄）は、【手順4】の後、最後に記入します（【手順5】 記入方法・記入例 P272～275 ）。

(9)	第1表	相続税の申告書	P256・257 P262・263 P272～274
(10)	第2表	相続税の総額の計算書	P260

【手順4】各人が納める相続税額の計算 記入方法・記入例 P265～271

各人の事情に応じた加算や控除を行い、納める相続税額を確定します。

(11)	第4表	相続税額の加算金額の計算書	P265
(12)	第4表の2	暦年課税分の贈与税額控除額の計算書	P267
(13)	第5表	配偶者の税額軽減額の計算書	P269 (P218)
(14)	第6表	未成年者控除額・障害者控除額の計算書	P270
(15)	第7表	相次相続控除額の計算書	
(16)	第8表	外国税額控除額・農地等納税猶予税額の計算書	

相続税の申告書を作成しよう　**237**

2 申告書の書き方を事例で確認しましょう

申告書の書き方を、作成する順番で解説していきます。

■事例

- ・被相続人 渡辺太郎は、令和4年12月12日に死亡しました。
- ・相続人は、渡辺優子（妻）、渡辺大輔（長男）、田中美紀（長女）、渡辺拓真（養子）の4人です。法定相続人の数も4人です。
- ・令和5年9月15日に、すべての遺産の分割協議が成立しています。
- ・遺産などの内容は、以下の表のとおりです。

【親族図】

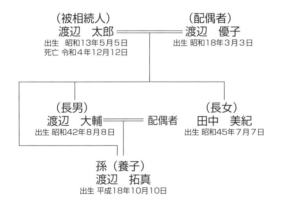

```
          （被相続人）                    （配偶者）
          渡辺 太郎 ══════════════ 渡辺 優子
          出生 昭和13年5月5日              出生 昭和18年3月3日
          死亡 令和4年12月12日

          （長男）                         （長女）
          渡辺 大輔 ════ 配偶者          田中 美紀
          出生 昭和42年8月8日              出生 昭和45年7月7日

                  孫（養子）
                  渡辺 拓真
                  出生 平成18年10月10日
```

【財産】

種類	明細・利用状況	所在場所等	価額（円）	取得者
土地	自宅	東京都新宿区四谷三栄町7番7号	72,626,400※1	渡辺優子
家屋			8,000,000	
有価証券	○○建設㈱	△△証券／○○支店	3,000,000	渡辺優子
	○○石油㈱		1,000,000	渡辺大輔
	○○産業㈱		1,000,000	田中美紀

種類	明細・利用状況	所在場所等	価額（円）	取得者
有価証券	10年利付国債第×回	△△証券／○○支店	3,158,700	渡辺優子
	一般事業債第×回第×号		3,433,500	渡辺優子
	○○投資○○ファンド		1,662,000	渡辺優子
現金 預貯金等	現金		1,000,000※2	渡辺優子
	普通預金	○○銀行／○○支店	3,000,000	渡辺優子
	定期預金		11,700,000	渡辺優子
	定期預金		11,525,000	田中美紀
	定期預金		6,075,000	渡辺大輔
	定期預金	〃（渡辺拓真名義）	10,000,000	渡辺拓真
家庭用財産	家財一式		200,000	渡辺優子
その他の 財産	生命保険金等	○○生命保険（相）	11,000,000※1	渡辺優子
	生命保険金等	△△生命保険（相）	10,000,000※1	田中美紀
	生命保険契約に関する権利		4,500,000	田中美紀
	ゴルフ会員権		2,400,000	渡辺大輔

※1　小規模宅地等の特例と死亡保険金の非課税を適用する前の価額です。

※2　渡辺優子は現金1,000,000円のうち500,000円を日本赤十字社に寄付しています。

【生前贈与】

受贈者名	贈与年月日	種類	価額（円）	贈与税額 （円）
渡辺大輔	令和4年1月3日	現金預貯金等	1,000,000	－
田中美紀	令和4年1月3日		1,000,000	－
渡辺拓真	令和4年1月3日		1,000,000	－
	令和2年7月1日		3,000,000	190,000

【債務・葬式費用】

種類	明細・債権者・支払先	価額（円）	負担者
公租公課	4年度分固定資産税／新宿都税事務所	345,900	渡辺優子
	4年度分住民税／新宿区役所	376,000	
葬儀費用	○○葬儀社	1,500,000	

第5章

生命保険金などの明細書

被相続人　渡辺 太郎

第9表（平成21年4月分以降用）

1 相続や遺贈によって取得したものとみなされる保険金など

この表は、相続人やその他の人が被相続人から相続や遺贈によって取得したものとみなされる生命保険金、損害保険契約の死亡保険金及び特定の生命共済金などを受け取った場合に、その受取金額などを記入します。

保険会社等の所在地	保険会社等の名称	受取年月日	受 取 金 額	受 取 人 の 氏 名
△△区○○2丁目×番	○○生命保険(相)	5・3・9	11,000,000 円	渡辺 優子
△△区○○3丁目×番	△△生命保険(相)	5・2・25	10,000,000	田中 美紀
		・ ・		
		・ ・		
		・ ・		

(注)　1　相続人（相続の放棄をした人を除きます。以下同じです。）が受け取った保険金などのうち一定の金額は非課税となりますので、その人は、次の2の該当欄に非課税となる金額と課税される金額とを記入します。
　　　2　相続人以外の人が受け取った保険金などについては、非課税となる金額はありませんので、その人は、その受け取った金額そのままを第11表の「財産の明細」の「価額」の欄に転記します。
　　　3　相続時精算課税適用財産は含まれません。

2 課税される金額の計算

この表は、被相続人の死亡によって相続人が生命保険金などを受け取った場合に、記入します。

保険金の非課税限度額	[第2表の Ⓐ の法定相続人の数]（500万円× 4 人 により計算した金額を右のⒶに記入します。）	Ⓐ 20,000,000 円

保険金などを受け取った相続人の氏名	① 受け取った保険金などの金額	② 非課税金額 $\left(Ⓐ \times \dfrac{各人の①}{Ⓑ} \right)$	③ 課 税 金 額 （①−②）
渡辺 優子	11,000,000 円	10,476,190 円	523,810 円
田中 美紀	10,000,000	9,523,810	476,190
合　　計	Ⓑ 21,000,000	20,000,000	1,000,000

③欄の金額を第11表の「価額」欄へ転記します。

(注)　1　Ⓑの金額がⒶの金額より少ないときは、各相続人の①欄の金額がそのまま②欄の非課税金額となりますので、③欄の課税金額は0となります。
　　　2　③欄の金額を第11表の「財産の明細」の「価額」の欄に転記します。

第9表(平29.7)　　　　　　　　　　　　　　　　　　　　　（資4−20−10−A4統一）

第11表 P244

■土地及び土地の上に存する権利の評価明細書（第1表）（記入例）

土地及び土地の上に存する権利の評価明細書（第1表）　東京国税 局(所) 四谷 署　4 年分 21026ページ

(住居表示)	(東京都新宿区四谷三栄町 7番7号)	所有者	住　所 (所在地)	東京都新宿区四谷三栄町 7番7号	使用者	住　所 (所在地)	東京都新宿区四谷三栄町 24番
所在地番	東京都新宿区四谷三栄町 24番		氏　名 (法人名)	渡辺 太郎		氏　名 (法人名)	渡辺 太郎

地 目	宅地 山林 畑 雑種地	地　積	路　　線　　価				地 形 図 及 び 参 考 事 項
		100 ㎡	正面 680,000	側方 670,000	側方 円	裏面 円	

間口距離	10 m	利 用 区 分	自用地 私道 貸宅地 貸家建付借地権 貸家建付地 転貸借地権 借地権	地区区分	ビル街地区　普通住宅地区 高度商業地区　中小工場地区 繁華街地区　大工場地区 普通商業・併用住宅地区
奥行距離	10 m				

				(1㎡当たりの価額) 円	
自 用 地 1 平 方 メ ー ト ル 当 た り の 価 額	1 一路線に面する宅地 (正面路線価) （奥行価格補正率） 680,000 円 × 0.99			673,200	A
	2 二路線に面する宅地 (A) （側方　裏面 路線価）（奥行価格補正率）（側方・二方 路線影響加算率） 673,200 円 ＋ 670,000 円 × 0.99 × 0.08			726,264	B
	3 三路線に面する宅地 (B) [側方・裏面 路線価]（奥行価格補正率）[側方・二方 路線影響加算率] 円 ＋ 円 × ×			円	C
	4 四路線に面する宅地 (C) [側方・裏面 路線価]（奥行価格補正率）[側方・二方 路線影響加算率] 円 ＋ 円 × ×			円	D
	5-1 間口が狭小な宅地等 (AからDまでのうち該当するもの)　(間口狭小補正率)　(奥行長大補正率) 円 × (×)			円	E
	5-2 不 整 形 地 (AからDまでのうち該当するもの)　　不整形地補正率※ 円 × ※不整形地補正率の計算 (想定整形地の間口距離) (想定整形地の奥行距離) (想定整形地の地積) m × m = ㎡ (想定整形地の地積) (不整形地の地積) (想定整形地の地積) (かげ地割合) (㎡ － ㎡) ÷ ㎡ ＝ ％ (不整形地補正率表の補正率) (間口狭小補正率) （小数点以下2 位未満切捨て) 不整形地補正率 0. × ＝ 0. ① ①、②のいずれか低い (奥行長大補正率) (間口狭小補正率) 率、0.6 を下限とする。 × ＝ 0. ②			円	F
	6 地積規模の大きな宅地 (AからFまでのうち該当するもの)　規模格差補正率※ 円 × ※規模格差補正率の計算 (地積㋐)　(Ⓑ)　(Ⓒ)　(地積㋐)　(小数点以下2位未満切捨て) (㎡ × ＋) ÷ ㎡ × 0.8 ＝			円	G
	7 無 道 路 地 (F又はGのうち該当するもの)　　　(※) 円 × (1 － 0.) ※割合の計算 (0.4 を上限とする。) (F又はGのうち (正面路線価)　(通路部分の地積)　該当するもの)　(評価対象地の地積) (円 × ㎡) ÷ (円 × ㎡) ＝ 0.			円	H
	8-1 がけ地等を有する宅地 [南、東、西、北] (AからHまでのうち該当するもの)　がけ地補正率 円 × 0.			円	I
	8-2 土砂災害特別警戒区域内にある宅地 (AからHまでのうち該当するもの)　特別警戒区域補正率※ 円 × 0. ※がけ地補正率の適用がある場合の特別警戒区域補正率の計算 (0.5 を下限とする。) [南、東、西、北] (特別警戒区域補正率表の補正率) (がけ地補正率)　(小数点以下2 位未満切捨て) 0. × 0. ＝ 0.			円	J
	9 容積率の異なる2 以上の地域にわたる宅地 (Aからまでのうち該当するもの)　(控除割合 (小数点以下3 位未満四捨五入)) 円 × (1 － 0.)			円	K
	10 私　　道 (AからKまでのうち該当するもの) 円 × 0.3			円	L

自用地 の 評 価 額	自用地1平方メートル当たりの価額 (AからLまでのうちの該当記号) (B) 726,264 円	地　積 100 ㎡	総　　　　　額 (自用地1㎡当たりの価額) × (地 積) 72,626,400 円	M

(注) 1　5-1 の「間口が狭小な宅地等」と5-2 の「不整形地」は重複して適用できません。
　　 2　5-2 の「不整形地」の「AからDまでのうち該当するもの」欄の価額について、AからDまでの欄で計算できない場合には、(第2表)の「備考」欄等で計算してください。
　　 3　「がけ地等を有する宅地」であり、かつ、「土砂災害特別警戒区域内にある宅地」である場合については、8-1 の「がけ地等を有する宅地」欄ではなく、8-2 の「土砂災害特別警戒区域内にある宅地」欄で計算してください。

第11・11の2表の付表1の④欄へ転記します。

第11・11の2表の付表1 P242

第5章

■第11・11の２表の付表１ 小規模宅地等についての課税価格の計算明細書（記入例）

小規模宅地等についての課税価格の計算明細書

〔 F D 3 5 4 9 〕

被相続人 渡辺 太郎

この表は、小規模宅地等の特例（租税特別措置法第69条の４第１項）の適用を受ける場合に記入します。
なお、被相続人から、相続、遺贈又は相続時精算課税に係る贈与により取得した財産のうちに、「特定計画山林の特例」の対象となり得る財産又は「個人の事業用資産についての相続税の納税猶予及び免除」の対象となり得る宅地等その他一定の財産がある場合には、第11・11の２表の付表２を、「特定事業用資産の特例」の対象となり得る財産がある場合には、第11・11の２表の付表２の２を作成します（第11・11の２表の付表２又は付表２の２を作成する場合には、この表の「１ 特例の適用にあたっての同意」欄の記入を要しません。）。
(注) この表の１又は２の各欄に記入しきれない場合には、第11・11の２表の付表１(続)を使用します。

1 特例の適用にあたっての同意

この欄は、小規模宅地等の特例の対象となり得る宅地等を取得した全ての人の内容に同意する場合に、その宅地等を取得した全ての人の氏名を記入します。

私（私たち）は、「２ 小規模宅地等の明細」の①欄の取得者が、小規模宅地等の特例の適用を受けるものとして選択した宅地等又はその一部（「２ 小規模宅地等の明細」の⑤欄で選択した宅地等）の全てが限度面積要件を満たすものであることを確認の上、その取得者が小規模宅地等の特例の適用を受けることに同意します。

氏名 渡辺 優子

(注) 小規模宅地等の特例の対象となり得る宅地等を取得した全ての人の同意がなければ、この特例の適用を受けることはできません。

2 小規模宅地等の明細

この欄は、小規模宅地等の特例の対象となり得る宅地等を取得した人のうち、その特例の適用を受ける人が選択した小規模宅地等の明細等を記載し、相続税の課税価格に算入する価額を計算します。

「小規模宅地等の種類」欄は、選択した小規模宅地等の種類に応じて次の１～４の番号を記入します。
小規模宅地等の種類：1 特定居住用宅地等、2 特定事業用宅地等、3 特定同族会社事業用宅地等、4 貸付事業用宅地等

小規模宅地等の種類	① 特例の適用を受ける取得者の氏名 〔 事業内容 〕	⑤ ③のうち小規模宅地等（「限度面積要件」を満たす宅地等）の面積
	② 所在地番	⑥ ④のうち小規模宅地等（④×⑤／③）の価額
	③ 取得者の持分に応ずる宅地等の面積	⑦ 課税価格の計算に当たって減額される金額（⑥×⑨）
	④ 取得者の持分に応ずる宅地等の価額	⑧ 課税価格に算入する価額（④－⑦）
1	① 渡辺 優子 〔 〕	⑤ 100 ㎡
	② 東京都新宿区三栄町24番	⑥ 72626400 円
	③ 100 ㎡	⑦ 58101120 円
	④ 72626400 円	⑧ 14525280 円
	①	⑤ ㎡
	②	⑥ 円
	③ ㎡	⑦ 円
	④ 円	⑧ 円
	①	⑤ ㎡
	②	⑥ 円
	③ ㎡	⑦ 円
	④ 円	⑧ 円

(注) 1 ①欄の「〔 〕」は、選択した小規模宅地等が被相続人等の事業用宅地等（2、3 又は4）である場合に、相続開始の直前にその宅地等の上で行われていた被相続人等の事業について、例えば、飲食サービス業又は一の宅地等が貸家建付地である場合など、具体的に記入します。
2 小規模宅地等を選択する一の宅地等が共有である場合又は一の宅地等が貸家建付地である場合において、その評価額の計算上「賃貸割合」が１でないときには、第11・11の２表の付表１(別表)を作成します。
3 小規模宅地等を選択する宅地等が、配偶者居住権に基づく敷地利用権又は配偶者居住権の目的となっている建物の敷地の用に供される宅地等である場合には、第11・11の２表の付表１(別表１)を作成します。
4 ⑧欄の金額を第11表の「財産の明細」の「価額」欄に転記します。

○ **「限度面積要件」の判定**

上記「２ 小規模宅地等の明細」の⑤欄で選択した宅地等の全てが限度面積要件を満たすものであることを、この表の各欄を記入することにより判定します。

小規模宅地等の区分	被相続人等の居住用宅地等	被相続人等の事業用宅地等		
	1 特定居住用宅地等	2 特定事業用宅地等	3 特定同族会社事業用宅地等	4 貸付事業用宅地等
⑨ 減額割合	80/100	80/100	80/100	50/100
⑩ ⑤の小規模宅地等の面積の合計	100 ㎡	㎡	㎡	㎡
⑪ 限度面積 イ 小規模宅地等のうちに4貸付事業用宅地等がない場合	[1]の⑩の面積 100 ㎡ ≦330㎡	[2]の⑩及び[3]の⑩の面積の合計 ㎡ ≦400㎡		
ロ 小規模宅地等のうちに4貸付事業用宅地等がある場合	[1]の⑩の面積 ㎡×200/330 +	[2]の⑩及び[3]の⑩の面積の合計 ㎡×200/400 +		[4]の⑩の面積 ㎡ ≦200㎡

第11表 P243

(注) 限度面積は、小規模宅地等の種類（「4 貸付事業用宅地等」の選択の有無）に応じて、⑪イ又はロにより判定を行います。「限度面積要件」を満たす場合に限り、この特例の適用を受けることができます。

※ 税務署整理欄	年分	名簿番号	申告年月日	一連番号	グループ番号	補完

第11・11の２表の付表１(令4.7) 　　　　(資4−20−12−3−1−A4統一)

242

相続税がかかる財産の明細書
（相続時精算課税適用財産を除きます。）

	被相続人	渡辺 太郎

第11表（令和2年4月分以降用）

○相続時精算課税適用財産の明細については、この表によらず第11の2表に記載します。

この表は、相続や遺贈によって取得した財産及び相続や遺贈によって取得したものとみなされる財産のうち、相続税のかかるものについての明細を記入します。

遺産の分割状況	区　分	① 全 部 分 割	2 一 部 分 割	3 全 部 未 分 割
	分 割 の 日	① 5 ・ 9 ・ 15	・ ・	・ ・

財　産　の　明　細					分割が確定した財産		
(2)種類	細目	利用区分、銘柄等	所在場所等	数量 固定資産税評価額	単価 倍数	(3)価額	取得した人の氏名	取得財産の価額

種類	細目	利用区分、銘柄等	所在場所等	数量	単価 倍数	(3)価額	取得した人の氏名	取得財産の価額
土地	宅地	自用地（居住用）	東京都新宿区四谷三栄町24番	100㎡ (11-11の2表の付表1のとおり)	726,264	14,525,280 円	渡辺 優子	14,525,280 円
	（小計）					(14,525,280)		
〔計〕						(14,525,280)		
家屋等	家屋等	自用家屋（木造・居宅）	東京都新宿区四谷三栄町24番地	93㎡ 8,000,000	1.0	8,000,000	渡辺 優子	8,000,000
〔計〕						(8,000,000)		
有価証券	上記以外の株式	○○建設（株）	△△証券／○○支店	1,000株	3,000	3,000,000	渡辺 優子	3,000,000
有価証券	上記以外の株式	○○石油（株）	△△証券／○○支店	200株	5,000	1,000,000	渡辺 大輔	1,000,000
有価証券	上記以外の株式	○○産業（株）	△△証券／○○支店	250株	4,000	1,000,000	田中 美紀	1,000,000
	（小計）					(5,000,000)		
有価証券	公債	10年利付国債第××回	△△証券／○○支店			3,158,700	渡辺 優子	3,158,700
有価証券	社債	一般事業債第×回第×号	△△証券／○○支店			3,433,500	渡辺 優子	3,433,500
	（小計）					(6,592,200)		
有価証券	証券投資信託の受益証券	○○投資○○ファンド	△△証券／○○支店	200口	8,310	1,662,000	渡辺 優子	1,662,000
	（小計）					(1,662,000)		
〔計〕						(13,254,200)		

合計表	財産を取得した人の氏名	(各人の合計)	渡辺 優子	渡辺 大輔	田中 美紀	渡辺 拓真	
	分割財産の価額 ①	(5) 86,679,480 円	49,703,290 円	9,475,000 円	17,501,190 円	10,000,00 円	円
	未分割財産の価額 ②						
	各人の取得財産の価額（①＋②）	86,679,480	49,703,290	9,475,000	17,501,190	10,000,000	

（注）1　「合計表」の各人の③欄の金額を第1表のその人の「取得財産の価額①」欄に転記します。
　　　2　「財産の明細」の「価額」欄は、財産の細目、種類ごとに小計及び計を付し、最後に合計を付け①から㉚までの該当欄に転記します。

各人の③欄の金額を第1表のその人の①欄へ転記します。

第1表 P256 ～ 257

第11表（令4.7）　　　　　　　　　　　　　　　　　　　（資4−20−12−1−A4統一）

第5章

■第11表　相続税がかかる財産の明細書（記入例・2枚目以降）

1枚に入りきらない場合は、2枚以上になっても構いません

相続税がかかる財産の明細書
（相続時精算課税適用財産を除きます。）

被相続人	渡辺 太郎

○この表は、相続や遺贈によって取得した財産及び相続や遺贈によって取得したものとみなされる財産のうち、相続税のかかるものについての明細を記入します。

遺産の分割状況	区　　分	1　全部分割	2　一部分割	3　全部未分割
	分割の日	・　・	・　・	・　・

財　産　の　明　細						分割が確定した財産	
種類	細目	利用区分、銘柄等	所在場所等	数量／固定資産税評価額／倍数	単価／価額／数	価額	取得した人の氏名／取得財産の価額
現金預貯金等	現金預貯金等	現金	東京都新宿区四谷三栄町7番7号	円	円	円 500,000	渡辺 優子 ／ 500,000
現金預貯金等	現金預貯金等	普通預金	○○銀行○○支店			3,000,000	渡辺 優子 ／ 3,000,000
現金預貯金等	現金預貯金等	定期預金	○○銀行○○支店			11,700,000	渡辺 優子 ／ 11,700,000
現金預貯金等	現金預貯金等	定期預金	○○銀行○○支店			11,525,000	田中 美紀 ／ 11,525,000
現金預貯金等	現金預貯金等	定期預金	○○銀行○○支店			6,075,000	渡辺 大輔 ／ 6,075,000
現金預貯金等	現金預貯金等	定期預金（渡辺拓真名義）	○○銀行○○支店			10,000,000	渡辺 拓真 ／ 10,000,000
〔計〕						(42,800,000)	
家庭用財産	家庭用財産	家財一式	東京都新宿区四谷三栄町7番7号			200,000	渡辺 優子 ／ 200,000
〔計〕						(200,000)	
その他の財産	生命保険金等					(4) 523,810	渡辺 優子 ／ 523,810
その他の財産	生命保険金等					476,190	田中 美紀 ／ 476,190
（小計）						(1,000,000)	
その他の財産	その他	生命保険契約に関する権利	△△生命保険（相）			4,500,000	田中 美紀 ／ 4,500,000
その他の財産	その他	ゴルフ会員権 ○○カントリークラブ	○市○町×番			2,400,000	渡辺 大輔 ／ 2,400,000
（小計）						(6,900,000)	

○相続時精算課税適用財産の明細については、この表によらず第11の2表に記載します。

財　産　の　明　細						分割が確定した財産	
種類	細目	利用区分、銘柄等	所在場所等	数量／固定資産税評価額／倍数	単価／価額／数	価額	取得した人の氏名／取得財産の価額
〔計〕						円 (7,900,000)	円
〔合計〕						(86,679,480)	

○非課税適用財産の明細について

244

■第11表　相続税がかかる財産の明細書（記入方法）

⑴　遺産分割の状況に応じて、該当する数字に○をします。遺産の全部または一部の分割協議がととのっている場合は、分割の日を記入します。

⑵　246ページの記載要領を参考に、取得した財産の「種類」「細目」「利用区分、銘柄等」を記入します。また、財産の「種類」ごとに合計金額を〔計〕と記入し、さらに「細目」ごとに合計金額を（小計）と記入します。後ほど【手順２】の最後で、「細目」ごとの（小計）を第15表に転記します。　　　　　　記載要領 P246　　　第15表 P252～254

　「所在場所等」の欄は、記載方法に明確な決まりはありません。財産に関する詳しい情報を記載するために使って下さい。

⑶　「小規模宅地等の特例」の適用を受けた土地は、減額「後」の価額を記入します。「価額」欄に（11・11の２表の付表１のとおり）と記入し、「第11・11の２表の付表１の⑧の金額」を転記します。

第11・11の２表の付表１ P242

⑷　「死亡保険金の非課税」や「死亡退職金の非課税」の適用を受けた場合は、非課税金額を差し引いた後の金額を記入します。「第９表の③の金額」や「第10表③の金額」を転記します。　　第９表 P240

⑸　最下段の「合計表」の箇所に、各人が取得した財産の合計額を記入します。記入例のように遺産の全部の分割協議がととのっている場合は、「①分割財産の価額」欄と「③各人の取得財産の価額（①＋②）」欄に合計額を記入します。

　財産の数が多い場合は第11表が２枚以上になることがありますが、合計額はすべての分をまとめて１枚に記入します。

■第11表　取得した財産の種類、細目、利用区分、銘柄等の記載要領

種類	細目		利用区分・銘柄等
土地 （土地の上に存する権利を含みます。）	田		自用地、貸付地、賃借権（耕作権）、永小作権の別
	畑		
	宅　　　　　地		自用地（事業用、居住用、その他）、宅地、貸家建付地、借地権（事業用、居住用、その他）、配偶者居住権に基づく敷地利用権（事業用、居住用、その他）、居住建物（注1）の敷地の用に供される土地（事業用、居住用、貸付用、その他）などの別
	山　　　　　林		普通山林、保安林の別（これらの山林の地上権又は賃借権であるときは、その旨）
	そ　の　他　の　土　地		原野、牧場、池沼、鉱泉地、雑種地の別（これらの土地の地上権、賃借権、温泉権又は引湯権であるときは、その旨）
家　　　　　　屋　　　　　　等			家屋については自用家屋、貸家、居住建物（注1）（自用、貸付用）の別、その構造と用途、構築物については駐車場、養魚池、広告塔などの別、配偶者居住権などの家屋の上に存する権利についてはその名称
事業（農業）用財産	機械、器具、農機具、その他の減価償却資産		機械、器具、農機具、自動車、船舶などについてはその名称と年式、牛馬等についてはその用途と年齢、果樹についてはその樹種と樹齢、営業権についてはその事業の種目と商号など
	商品、製品、半製品、原材料、農産物等		商品、製品、半製品、原材料、農産物等の別に、その合計額を「価額」欄に記入し、それらの明細は、適宜の用紙に記載して添付してください。
	売　　　掛　　　金		
	そ　の　他　の　財　産		電話加入権、受取手形、その他その財産の名称。
有　価　証　券	特定同族会社（注2）の株式、出資	配当還元方式によったもの	そ　の　銘　柄
		その他の方式によったもの	
	上記以外の株式、出資		
	公　　債　、　社　　債		
	証　券　投　資　信　託、貸　付　信　託　の　受　益　証　券		
現　　金　、　　預　　貯　　金　　等			現金、普通預金、当座預金、定期預金、通常貯金、定額貯金、定期積金、金銭信託などの別
家　　庭　　用　　財　　産			その名称と銘柄
その他の財産（利　　益）	生　命　保　険　金　等		
	退　職　手　当　金　等		
	立　　　　　　　木		その樹種と樹齢（保安林であるときは、その旨）
	そ　　の　　他		1　事業に関係のない自動車、特許権、著作権、貸付金、未収配当金、未収家賃、書画・骨とうなどの別 2　自動車についてはその名称と年式、書画・骨とうなどについてはその名称と作者名など 3　相続や遺贈によって取得したものとみなされる財産（生命保険金等及び退職手当金等を除きます。）については、その財産（利益）の内容

（注）　1　「居住建物」とは、配偶者居住権の目的となっている建物をいいます。
　　　　2　特定同族会社とは、相続や遺贈によって財産を取得した人及びその親族その他の特別関係者（相続税法施行令第31条第1項に掲げる者をいいます。）の有する株式の数又は出資の金額が、その会社の発行済株式の総数又は出資の総額の50%超を占めている非上場会社をいいます。

国税庁ホームページ「相続税の申告のしかた（令和4年分用）」107ページより

246

ちょっと発展

◎代償分割がある場合の第11表の記載方法

　自宅が遺産の大半を占めているなど、遺産そのものだけで公平に遺産分割するのが難しい場合は、遺産の現物を取得した相続人が他の相続人に、多く相続した分を金銭（代償金）で支払う「代償分割」という方法をとることがあります。その場合の第11表と第15表の記載方法を確認しておきましょう。

■第11表

第11表 P243・244

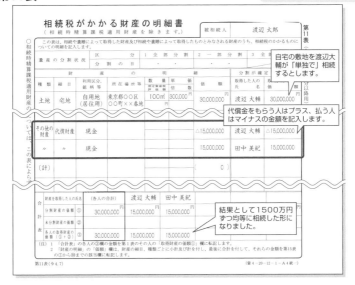

自宅の敷地を渡辺大輔が「単独で」相続するとします。

代償金をもらう人はプラス、払う人はマイナスの金額を記入します。

結果として1500万円ずつ均等に相続した形になりました。

■第15表

第15表 P252〜254

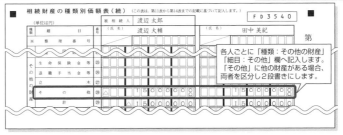

各人ごとに「種類：その他の財産」「細目：その他」欄へ記入します。「その他」に他財産がある場合、両者を区分し2段書きにします。

相続税の申告書を作成しよう　**247**

■第13表　債務及び葬式費用の明細書（記入例）

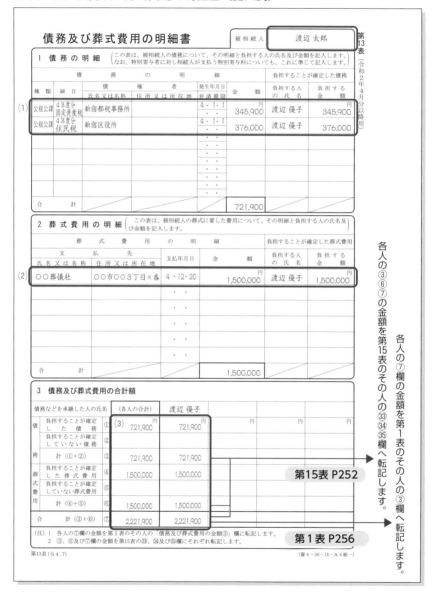

■第13表　債務及び葬式費用の明細書（記入方法）

　相続人や包括受遺者が負担した、債務や葬式費用がある場合に作成します。上段の１に「債務」、中段の２に「葬式費用」、下段の３に両方の「合計額」を記入します。

(1)　「債務の明細」「負担する人の氏名」「負担する金額」を記入します。
　　「債務の明細」部分の「種類」と「細目」は、以下の表を参考に区分して記入します。

種類	細目
公租公課	税金の種類とその年度を記入します。 （例）所得税及び復興特別所得税、市町村民税（住民税）、固定資産税、など
銀行借入金	（例）当座借越、証書借入れ、手形借入れ、など
未払金	発生原因を記入します。 （例）医療費、電気代、携帯電話代、クレジットカード代金、など
買掛金	（記入する必要はありません）
その他の債務	債務の内容を記入します。

　　公租公課は、税務署名や市町村名などを「氏名又は名称」欄に記入すれば、「住所又は所在地」欄は空欄で構いません。

　　また、債務は死亡日に現に存在するもので確実と認められるものに限ります。「発生年月日」欄に記入する際、要件を満たすかもう一度確認しましょう。　　　　　　　　　　**債務に含まれるもの P127**

(2)　「葬式費用の明細」「負担する人の氏名」「負担する金額」を記入します。　　　　　　　　　　　　　　　**葬式費用に含まれるもの P128**

(3)　負担する人ごとの債務の金額を①③欄に、葬式費用の金額を④⑥欄に、両方の合計金額を⑦欄に記入します。その後、（各人の合計）の列に全員の合計金額を記入します。

　　負担する人が確定していないものは控除できないため、債務は②欄に、葬式費用は⑤欄に記入し、計算から除外します。

第5章

純資産価額に加算される暦年課税分の
贈与財産価額及び特定贈与財産価額
出資持分の定めのない法人などに遺贈した財産・
特定の公益法人などに寄附した相続財産・
特定公益信託のために支出した相続財産 の明細書

被相続人　渡辺 太郎　第14表

1 純資産価額に加算される暦年課税分の贈与財産価額及び特定贈与財産価額の明細

　この表は、相続、遺贈や相続時精算課税に係る贈与によって財産を取得した人（注）が、その被相続人から暦年課税に係る贈与によって取得した財産がある場合に記入します。

（注）被相続人から租税特別措置法第70条の2の2（直系尊属から教育資金の一括贈与を受けた場合の贈与税の非課税）第12項第2号に規定する管理残額及び同法第70条の2の3（直系尊属から結婚・子育て資金の一括贈与を受けた場合の贈与税の非課税）第12項第2号に規定する管理残額以外の財産を取得しなかった人（その人が被相続人から相続時精算課税に係る贈与によって財産を取得している場合を除きます。）は除きます。

第1表 P256〜257
第15表 P252〜254

令4年4月分以降用

番号	贈与を受けた人の氏名	贈与年月日	相続開始前3年以内に暦年課税に係る贈与を受けた財産の明細				① 価額	②の価額のうち特定贈与財産の価額	相続税の課税価格に加算される価額（①−②）
			種類	細目	所在場所等	数量			
1	渡辺 大輔	4・1・3	現金預貯金等		東京都新宿区四谷三栄町7番7号		1,000,000	(3)	1,000,000
2	田中 美紀	4・1・3	現金預貯金等		東京都新宿区四谷三栄町7番7号		1,000,000		1,000,000
3	渡辺 拓真	4・1・3	現金預貯金等		東京都新宿区四谷三栄町7番7号		1,000,000		1,000,000
4	渡辺 拓真	2・7・1	現金預貯金等		東京都新宿区四谷三栄町7番7号		3,000,000		3,000,000

贈与を受けた人ごとの④欄の合計額	氏名	（各人の合計）	渡辺 大輔	田中 美紀	渡辺 拓真	
	④金額	(2) 6,000,000 円	1,000,000 円	1,000,000 円	4,000,000 円	円

(4) 上記「②」欄において、相続開始の年に被相続人から贈与によって取得した居住用不動産や金銭の全部又は一部を特定贈与財産としている場合には、次の事項について、「（受贈配偶者）」及び「（受贈財産の番号）」の欄に所定の記入をすることにより確認します。

（受贈配偶者）　　　　　　　　　　　　　　（受贈財産の番号）

私　　　　　　　　は、相続開始の年に被相続人から贈与によって取得した上記　　の特定贈与財産の価額については贈与税の課税価格に算入します。

なお、私は、相続開始の年の前年以前に被相続人からの贈与について相続税法第21条の6第1項の規定の適用を受けていません。

（注）④欄の金額を第1表のその人の「純資産価額に加算される暦年課税分の贈与財産価額⑤」欄及び第15表の㉗欄にそれぞれ転記します。

2 出資持分の定めのない法人などに遺贈した財産の明細

　この表は、被相続人が人のない社団又は財団や学校法人、社会福祉法人、宗教法人などの出資持分の定めのない法人に遺贈した財産のうち、相続税がかからないものの明細を記入します。

遺贈した財産の明細					出資持分の定めのない法人などの所在地、名称
種類	細目	所在した場所等	数量	価額	
				円	
	合計				

3 特定の公益法人などに寄附した相続財産又は特定公益信託のために支出した相続財産の明細

　私は、下記に掲げる相続財産を、相続税の申告期限までに、

(1) 国、地方公共団体又は租税特別措置法施行令第40条の3に規定する法人に対して寄附をしましたので、租税特別措置法第70条第1項の規定の適用を受け

(2) 租税特別措置法施行令第40条の4第3項の要件に該当する特定公益信託の信託財産とするために支出しましたので、租税特別措置法第70条第3項の規定の適用を受けます。

(3) 特定非営利活動促進法第2条第3項に規定する認定特定非営利活動法人に対して寄附をしましたので、租税特別措置法第70条第10項の規定の適用を受けます。

寄附（支出）年月日	寄附（支出）した財産の明細					公益法人等の所在地・名称（公益信託の受託者及び名称）	寄附（支出）をした相続人等の氏名
	種類	細目	所在した場所等	数量	価額		
5・6・3	現金預貯金等	現金	東京都新宿区四谷三栄町7番7号		500,000 円	日本赤十字社	渡辺 優子
・・							
		合計			500,000		

記入方法 P233

（注）この特例の適用を受ける場合には、期限内申告書に一定の受領書、証明書類等の添付が必要です。

各人の④欄の金額を第1表のその人の⑤欄と第15表のその人の㉗欄に転記します。
この欄は別の項目（遺産を寄付した場合）で使います。

■第14表　純資産価額に加算される暦年課税分の贈与財産価額（略）の明細書（記入方法）

被相続人から相続開始前３年以内に暦年課税で贈与を受けていた場合に、第14表を作成し、上段の１に記入します（遺産を寄付した場合は、下段の３に記入します）。　　　　　　　　　　　　　　　　**遺産の寄付 P232**

(1)　「贈与を受けた人の氏名」「贈与年月日」「贈与財産の明細」を記入します。「種類」「細目」は第11表の記載要領を参考にして下さい。現金の贈与を受けた場合は、「所在場所等」欄に贈与者（亡くなった方）の住所を記入します。　　　　　　**第11表の記載要領 P246**

(2)　④欄に、贈与を受けた人ごとの贈与財産の合計金額を記入します。その後、（各人の合計）欄に全員の合計金額を記入します。

(3)(4)　以下の〈特定贈与財産とは〉を参考にして下さい。

ちょっと発展　〈特定贈与財産とは〉　　**贈与税の配偶者控除 P131**

相続税だけではなく、贈与税にも**配偶者控除**という特例があります。

これは、婚姻期間20年以上の夫婦間で、居住用不動産やその購入資金の贈与をした場合、翌年３月15日までに贈与税の申告書を税務署に提出すれば、暦年課税の基礎控除額110万円に加え、上限2,000万円までを贈与税の対象から差し引けるという特例です。

この特例の適用を受けた部分は、相続開始前３年以内でも相続税申告に含めなくて構いません。そのため、これを**特定贈与財産**と呼び、相続税申告書の第14表（上記(1)で説明した部分）に贈与の事実は記載するものの、(3)で示した部分でマイナスし、相続税の対象から外すのです。

また、この特例を使うつもりで贈与をした後、その年内に贈与した人が亡くなってしまった場合は、過去に同じ配偶者からこの特例による贈与を受けていなければ、特定贈与財産として扱え、相続税の対象から外せます。その場合は、(4)で示した部分へ記入し、亡くなった年の翌年３月15日までに、贈与税の申告を行います。

第5章

■　**相続財産の種類別価額表**　（この表は、第11表から第14表までの記載に基づいて記入します。）

FD3539

被相続人　渡辺 太郎

種類	細　目　番号	(8) 各人の合計	(1) 渡辺 優子
土地（土地の上に存する権利を含みます。）	田 ①		(2)
	畑 ②		
	宅　地 ③	14525280	14525280
	山　林 ④		
	その他の土地 ⑤		
	計 ⑥	14525280	14525280
	⑥のうち配偶者居住権に基づく敷地利用権 ⑦		
	⑥のうち特例農地等 通常価額 ⑧		
	農業投資価格による価額 ⑨		
家　屋　等 ⑩		8000000	(2) 8000000
	⑩のうち配偶者居住権 ⑪		
事業（農業）用財産	機械、器具、農耕具、その他の減価償却資産 ⑫		
	商品、製品、半製品、原材料、農産物等 ⑬		
	売　掛　金 ⑭		
	その他の財産 ⑮		
	計 ⑯		
有価証券	特定同族会社の株式及び出資 配当還元方式によったもの ⑰		
	その他の方式によったもの ⑱		
	⑰及び⑱以外の株式及び出資 ⑲	5000000	3000000
	公債及び社債 ⑳	6592200	6592200
	証券投資信託、貸付信託の受益証券 ㉑	1662000	1662000
	計 ㉒	13254200	11254200
現金、預貯金等 ㉓		4280000	1520000
家庭用財産 ㉔		200000	200000
その他の財産	生命保険金等 ㉕	1000000	523810
	退職手当金等 ㉖		
	立　木 ㉗		
	その他 ㉘		
	計 ㉙	7900000	523810
合計（⑥ + ⑩ + ⑯ + ㉒ + ㉓ + ㉔ + ㉙） ㉚		86679480	49703290
相続時精算課税適用財産の価額 ㉛			
不動産等の価額（⑥ + ⑩ + ⑬ + ⑰ + ⑱ + ㉗） ㉜		22525280	(3) 22525280
債務等	債　務 ㉝	721900	(4) 721900
	葬　式　費　用 ㉞	1500000	1500000
	合計（㉝ + ㉞） ㉟	2221900	2221900
差引純資産価額（㉚ + ㉛ − ㉟）（赤字のときは0） ㊱		84457580	(5) 47481390
純資産価額に加算される暦年課税分の贈与財産価額 ㊲		6000000	(6)
課税価格（㊱ + ㊲）（1,000円未満切捨て） ㊳		90457000	(7) 47481000

（単位は円）

第15表（令4.7）

（資4-20-16-1-A4統一）

○この申告書は機械で読み取りますので、黒ボールペンで記入してください。

※の項目は記入する必要がありません。

■ 相続財産の種類別価額表（続） （この表は、第11表から第14表までの記載に基づいて記入します。）

（単位は円）　被相続人　渡辺 太郎　　FD3540

〇この申告書は機械で読み取りますので、黒ボールペンで記入してください。

種類	細目			渡辺 大輔 (1)	田中 美紀 (1)
土地（土地の上に存する権利を含みます）	田	①			
	畑	②			
	宅地	③			
	山林	④			
	その他の土地	⑤			
	計	⑥			
	③のうち配偶者居住権に基づく敷地利用権	⑦			
	⑥のうち特例農地等 通常価額	⑧			
	農業投資価格による価額	⑨			
家屋等		⑩			
	⑩のうち配偶者居住権	⑪			
事業（農業）用財産	機械、器具、農耕具、その他の減価償却資産	⑫			
	商品、製品、半製品、原材料、農産物等	⑬			
	売掛金	⑭			
	その他の財産	⑮			
	計	⑯			
有価証券	特定同族会社の株式及び出資 配当還元方式によったもの	⑰			
	その他の方式によったもの	⑱			
	⑰及び⑱以外の株式及び出資	⑲		1 000 000	1 000 000
	公債及び社債	⑳			
	証券投資信託、貸付信託の受益証券	㉑			
	計	㉒		1 000 000	1 000 000
現金、預貯金等		㉓		6 075 000	11 525 000
家庭用財産		㉔			
その他の財産	生命保険金等	㉕			476 190
	退職手当金等	㉖			
	立木	㉗			
	その他	㉘		2 400 000	4 500 000
	計	㉙		2 400 000	4 976 190
合計 （⑥＋⑩＋⑯＋㉒＋㉓＋㉔＋㉙）		㉚		9 475 000	17 501 190
相続時精算課税適用財産の価額		㉛			
不動産等の価額 （⑥＋⑩＋⑫＋⑰＋⑱＋⑳）		㉜	(3)		
債務等	債務	㉝	(4)		
	葬式費用	㉞			
	合計 （㉝＋㉞）	㉟			
差引純資産価額 （㉚＋㉛－㉟） （赤字のときは0）		㊱	(5)	9 475 000	17 501 190
純資産価額に加算される暦年課税分の贈与財産価額		㊲	(6)	1 000 000	1 000 000
課税価格 （㊱＋㊲） （1,000円未満切捨て）		㊳	(7)	10 475 000	18 501 000

※の項目は記入する必要がありません。

※税務署整理欄	申告区分	年分	名簿番号	申告年月日	グループ番号

第15表（続）（令4.7）　　　　（資4-20-16-2-A4続一）

相続税の申告書を作成しよう　**253**

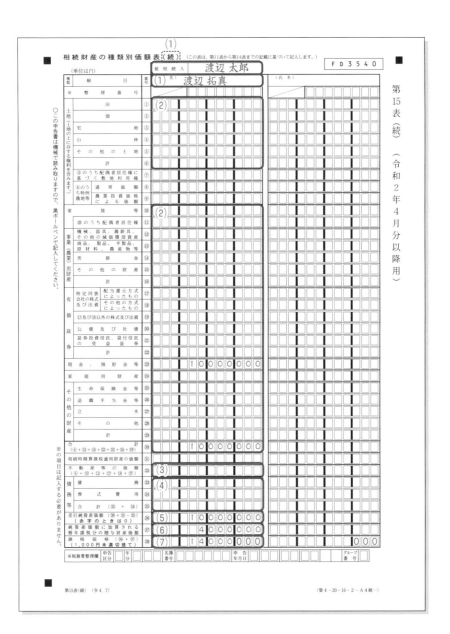

254

■第15表　相続財産の種類別価額表（記入方法）

⑴　財産を取得した人の氏名を記入します。2人以上いる場合、2人目からは「第15表　相続財産の種類別価額表（続）」を使います。

⑵　①〜⑥欄、⑩〜㉚欄は第11表を参考に、各人ごとに取得した財産の「価額」を「細目」別に合計し、記入します。第15表㉚欄の金額が、第11表の⑸「合計表」の③欄の金額と一致しているか確認して下さい。

第11表 P243

⑶　不動産等の価額の合計額「⑥＋⑩＋⑫＋⑰＋⑱＋㉗」を計算し、㉜欄に記入します。不動産等といっても土地や家屋以外も含みますので、気をつけましょう。

⑷　第13表の各人の③⑥⑦欄の金額を、第15表のその人の㉝㉞㉟欄に転記します。

第13表 P248

⑸　差引純資産価額「㉚＋㉛－㉟」を計算し、㊱欄に記入します。計算結果が赤字になる場合は、マイナスではなく「0」と記入します。

⑹　第14表の各人の④欄の金額を、第15表のその人の㊲欄に転記します。

第14表 P250

⑺　課税価格「㊱＋㊲」を計算し、㊳欄に記入します。

⑻　「各人の合計」の列は、財産を取得した人それぞれについて各欄の記入や計算を行った後に、記入して下さい。

【手順3】相続税の計算
■第1表　相続税の申告書（記入例）

相続税の申告書(続)(1)　　FD3562

第1表（続）（平成31年1月分以降用）

■第1表　相続税の申告書（記入方法）

ここでは「⑥課税価格」欄までの記入方法を確認します。

(1) 財産を取得した人が2人以上いる場合、2人目からは「第1表（続）相続税の申告書（続)」を使います。

(2) 申告書の提出先税務署名(被相続人の死亡時の住所地の所轄税務署)と申告書の提出年月日（申告期限ではなく実際に提出した日）を記入します。

(3) 相続開始年月日（亡くなった日）を記入します。

(4) 被相続人のフリガナ、氏名、生年月日、死亡日の年齢、住所、職業を記入します。住民票がある＝住所とは考えませんので、亡くなったときに実際に生活の本拠としていた場所を記入して下さい。被相続人の個人番号（マイナンバー）は不要です。

相続税の申告書を作成しよう　257

(5) 財産を取得した人のフリガナ、氏名、個人番号（マイナンバー）、生年月日、年齢、住所、電話番号、被相続人との続柄、職業を記入します。年齢は、申告書の提出時ではなく死亡日の年齢を記入します。住所は、申告書を提出した日現在の住所を記入します。住所の考え方は(4)を参考にして下さい。

(6) 該当するものに○を付けます。相続人が相続や遺言により財産を引きつぐ場合は「相続」、相続人以外が遺言により引きつぐ場合は「遺贈」に○をします。それに加え、生前に被相続人から相続時精算課税による贈与を受けていた場合は「相続時精算課税に係る贈与」にも○をします。

相続時精算課税 P131

(7) 各人ごとに以下の通りに記入します。

・「①取得財産の価額」欄には、「第11表合計表の③」欄の金額を転記します。

第11表 P243

・「③債務及び葬式費用の金額」欄には、「第13表３⑦」欄の金額を転記します。

第13表 P248

・「①＋②－③」を計算し、「④純資産価額」欄に記入します。計算結果が赤字になる場合は、マイナスではなく「０」と記入します。

・「⑤純資産価額に加算される暦年課税分の贈与財産価額」欄には、「第14表１④」欄の金額を転記します。

第14表 P250

・「④＋⑤」を計算し、「⑥課税価格」欄に記入します。

(8) (7)で財産を取得した人ごとの記入が終わったら、(8)に各人の合計額を計算し、記入します。

※(8)までで、財産と債務の記載は終わりです。続いて相続税の総額の計算を行うため、先に第２表を作成します。第１表のⒷと⑦欄より下はその後に記入しますので、ここでは空欄のままにしておいて下さい。

第１表Ⓑと⑦欄以下 P262〜264・P272〜275

申告や提出や納税 P50

◎遺産分割協議が10か月以内にまとまらなかったら？

亡くなった日の翌日から10か月以内に遺産分割協議がまとまらない状態を**未分割**と呼びますが、相続税については、いつまでにどんな手続きを行えばよいのか、念のため確認しておきましょう。

①10か月以内…申告納税・「申告期限後３年以内の分割見込書」の提出

相続人が法定相続分で相続したとして、いったん申告と納税を行います。この時点では配偶者の税額軽減や小規模宅地等の特例などの適用は受けられません。ただし、申告書と一緒に「３年以内の分割見込書」を提出しておくと、②までに分割協議をまとめ手続きを行えば、特例の適用を受けられます。

３年以内の分割見込書 P281

②３年10か月以内…更正の請求（還付）・修正申告（納付）

分割協議がまとまったら、その内容に沿って相続税を計算し直します。要件を満たしていれば特例の適用も受けられますので、相続税を納めすぎている場合は**分割の日の翌日から４か月以内に更正の請求**を、不足している場合は修正申告を行えます。

小規模宅地等の特例の要件 P 220〜

③４年以内 …「遺産が未分割であることについてやむを得ない事由がある旨の承認申請書」の提出

万が一、裁判などのやむを得ない事情があり②までに分割協議がまとまらない場合は、「承認申請書」を③までに提出し税務署に承認してもらえると、③以後でも要件を満たし手続きを行えば、特例の適用を受けられます。

亡くなった日	①10か月	②3年10か月	③4年
10か月以内	３年以内	２か月以内	
未分割での申告納税 ＋ 「３年以内の分割見込書」提出	更正の請求 または 修正申告	「承認申請書」提出	

第5章

■第2表　相続税の総額の計算書（記入例）

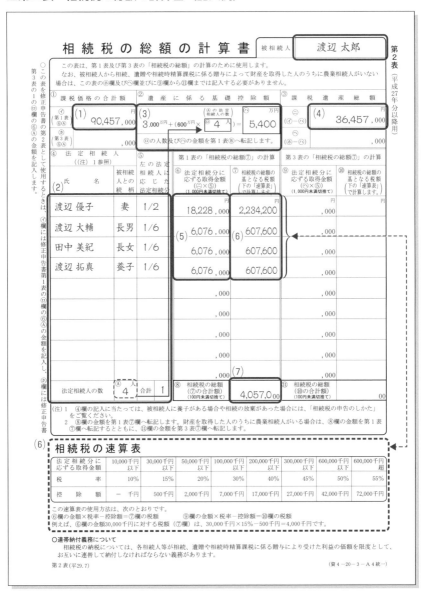

■第2表　相続税の総額の計算書（記入方法）

(1) 「①課税価格の合計額の④」欄に、「第1表⑥欄Ⓐ」の金額を転記します。

第1表 P256

(2) 法定相続人の氏名、続柄、法定相続分、法定相続人の数を記入します。相続放棄や養子縁組をしている場合は、法定相続人の数が相続人の人数と一致しないことがありますので、気をつけましょう。

法定相続人の数 P48

(3) Ⓐ欄の法定相続人の数を「②遺産に係る基礎控除額の回」欄に転記し、基礎控除額を計算し、ⓗに記入します。

(4) 「④－ⓗ」を計算し、「③課税遺産総額の⊜」欄に記入します。

(5) 「⊜×⑤」を計算し、「⑥法定相続分に応ずる取得金額」欄に記入します。

(6) (5)で求めた「⑥法定相続分に応ずる取得金額」を、第2表の一番下にある「相続税の速算表」にそれぞれあてはめ、「⑦相続税の総額の元となる税額」を計算します。

　・渡辺 優子　18,228,000円×15％－500,000円＝2,234,200円

　・渡辺 大輔　6,076,000×10％＝607,600円

　・田中 美紀　6,076,000×10％＝607,600円

　・渡辺 拓真　6,076,000×10％＝607,600円

(7) 全員分を合計し、「⑧相続税の総額」欄に記入します。

第5章

相続税の申告書を作成しよう　**261**

相続税の申告書　FD3561

四谷　税務署長
5 年10月 1日提出

相続開始年月日　4 年12月12日

※申告期限延長日　年　月　日

○フリガナは、必ず記入してください。

	各 人 の 合 計	財産を取得した人
フリガナ	（被相続人）ワタ ナベ　タ ロウ	ワタ ナベ　ユウ コ
氏　　　名	渡辺 太郎	渡辺 優子　（参考）
個人番号又は法人番号		××××××××××××
生 年 月 日	昭和13年 5 月 5 日（年齢 84 歳）	昭和18年 3 月 3 日（年齢 79 歳）
住　　　所（電 話 番 号）	東京都新宿区四谷三栄町7番7号	〒160-0008 東京都新宿区四谷三栄町7番7号（03 - 3359 - 4451）
被相続人との続柄　職業	無職	妻　無職
取 得 原 因	該当する取得原因を○で囲みます。	（相続）遺贈・相続時精算課税に係る贈与
※ 整 理 番 号		
取得財産の価額（第11表③）①	8 6 6 7 0 4 4 8 0	4 9 7 0 3 2 9 0
相続時精算課税適用財産の価額（第11の2表1⑦）②		
債務及び葬式費用の金額（第13表3⑦）③	2 2 2 1 0 0 4 8	2 2 2 1 0 0
純資産価額（①+②-③）④	8 6 4 4 9 3 4 3 2	4 7 4 8 1 1 9 0
純資産価額に加算される暦年課税分の贈与財産価額（第14表1④）⑤	6 0 0 0 0 0 0	
課税価格（④+⑤）（1,000円未満切捨て）⑥	8 7 0 4 9 3 0 0 0	4 7 4 8 1 0 0 0
法定相続人の数　遺産に係る基礎控除額⑦	(9) 4 人　5 4 0 0 0 0 0 0	
相続税の総額⑧	1 . 0 0	0 . 5 3 (10)
一般の場合（⑧の場合を除く）⑨	(12) 4 0 5 0 0 0 0	(11) 2 1 5 0 2 1 0

相続税の申告書（続）　FD3562

※申告期限延長日　年　月　日

○フリガナは、必ず記入してください。

	財産を取得した人	財産を取得した人
フリガナ	ワタ ナベ　ダイスケ	タ ナカ　ミ キ
氏　　　名	渡辺 大輔　（参考）	田中 美紀　（参考）
個人番号又は法人番号	××××××××××××	××××××××××××
生 年 月 日	昭和42年 8 月 8 日（年齢 55 歳）	昭和45年 7 月 7 日（年齢 52 歳）
住　　　所（電 話 番 号）	〒158-0094 東京都世田谷区玉川2丁目1番1号（03 - 3700 - 4131）	〒176-0006 東京都練馬区栄町23番7号（03 - 3993 - 3111）
被相続人との続柄　職業	長男　会社員	長女　会社員
取 得 原 因	（相続）遺贈・相続時精算課税に係る贈与	（相続）遺贈・相続時精算課税に係る贈与
※ 整 理 番 号		
取得財産の価額（第11表③）①	9 4 7 5 0 0 0	1 7 5 0 1 1 9 0
相続時精算課税適用財産の価額（第11の2表1⑦）②		
債務及び葬式費用の金額（第13表3⑦）③		
純資産価額（①+②-③）④	9 4 7 5 0 0 0	1 7 5 0 1 1 9 0
純資産価額に加算される暦年課税分の贈与財産価額（第14表1④）⑤	1 0 0 0 0 0 0	
課税価格（④+⑤）（1,000円未満切捨て）⑥	1 0 4 7 5 0 0 0	1 7 5 0 1 0 0 0
法定相続人の数　遺産に係る基礎控除額⑦		
相続税の総額⑧	0 . 1 2 (10)	0 . 2 0 (10)
一般の場合（⑨の場合を除く）⑨	(11) 4 8 6 8 4 0	(11) 8 1 1 4 0 0

相続税の申告書（続）　FD3562

	財産を取得した人	参考として記載している場合	財産を取得した人	参考として記載している場合

〇フリガナは、必ず記入してください。

※申告期限延長日　　年　月　日　　　　※申告期限延長日　　年　月　日

フリガナ　ワタ ナベ　タク マ

氏　名　渡辺 拓真　（参考）

個人番号又は法人番号　☒☒☒☒☒☒☒☒☒☒☒☒

生 年 月 日　平成18年 10月 10日（年齢 16歳）

住　所　〒158-0094 東京都世田谷区玉川2丁目1番7号

（電話番号）　（ 03 - 3700 - 4131 ）

被相続人との続柄　職業　養子　学生

取 得 原 因　（相続）遺贈・相続時精算課税に係る贈与

① 取得財産の価額（第11表③）　1 0 0 0 0 0 0 0
② 相続時精算課税適用財産の価額（第11の2表1⑦）
③ 債務及び葬式費用の金額（第13表3⑦）
④ 純資産価額（①+②-③）（赤字のときは0）
⑤ 純資産価額に加算される暦年課税分の贈与財産価額（第14表1④）　4 0 0 0 0 0 0
⑥ 課税価格（④+⑤）（1,000円未満切捨て）　1 4 0 0 0 0 0 0　0 0 0

相続税の総額

⑧ 一般の場合（⑩の場合を除く）　あん分割合（各人の⑥）　0 . 1 5　⑩
⑨ 算出税額　（⑪）　6 0 8 5 5 0

■第1表　相続税の申告書（記入方法・P258の続き）

　ここでは「法定相続人の数・遺産に係る基礎控除額Ⓑ」欄から「⑨算出税額」欄までの記入方法を確認します。

⑼　第1表の「法定相続人の数」「遺産に係る基礎控除額Ⓑ」「⑦相続税の総額」欄に、第2表の「②ロ法定相続人の数」「②ハ遺産に係る基礎控除額」「⑧相続税の総額」欄の数字を転記します。

第2表 P260

⑽　「⑦相続税の総額」を、実際の遺産相続割合で各人に割り振る計算を行います。財産を取得した人ごとの「あん分割合」を以下の算式で計算し、⑧欄に記入します。

$$あん分割合 = \frac{各人の⑥欄の金額（各人の課税価格）}{Ⓐ（課税価格）}$$

第5章

- ・渡辺 優子　47,481,000円／90,457,000円＝0.524901…　→　0.53
- ・渡辺 大輔　10,475,000円／90,457,000円＝0.115800…　→　0.12
- ・田中 美紀　18,501,000円／90,457,000円＝0.204528…　→　0.20
- ・渡辺 拓真　14,000,000円／90,457,000円＝0.154769…　→　0.15

⑾　「⑦相続税の総額」に各人の「⑧あん分割合」をそれぞれ掛けて、各人の「⑨算出税額」欄に記入します。

⑿　各人の「⑨算出税額」欄を合計し、「各人の合計」の列の⑨欄に記入します。

ちょっと発展　〈あん分割合の端数処理〉

あん分割合の算式は「分数」ですが、第１表⑧欄には「小数（小数点以下10位まで）」で記入します。そのため、分数が割り切れないときは端数を調整する必要があります。　**第１表の⑧欄 P262・263**

この場合、あん分割合の合計値が「１」になっていれば、小数点２位未満については納税者が自由に選択できることになっています。切上げ、切捨て、四捨五入などの決まりも特にありません。

- ・渡辺 優子　0.524901…　→　0.53（切上）
- ・渡辺 大輔　0.115800…　→　0.12（切上）
- ・田中 美紀　0.204528…　→　0.20（切捨）
- ・渡辺 拓真　0.154769…　→　0.15（切捨）

税理士は、特別な理由のない限り、納める相続税の総額が最も安くなるように計算するため、事例でもそのように検討し、小数点２位で端数処理を行いました。【手順４】でご説明しますが、被相続人の養子である孫の渡辺拓真は相続税額の２割加算の対象になります。２割加算対象者のあん分割合は小さい方が、相続税の総額が安くなるからです。

相続税額の２割加算 P266

【手順4】各人が納める相続税額の計算
■第4表　相続税額の加算金額の計算書（記入例）

相 続 税 額 の 加 算 金 額 の 計 算 書　　被相続人　渡辺 太郎　第4表（令和3年4月分以降用）

この表は、相続、遺贈や相続時精算課税に係る贈与によって財産を取得した人のうちに、被相続人の一親等の血族（代襲して相続人となった直系卑属を含みます。）及び配偶者以外の人がいる場合に記入します。
　なお、相続や遺贈により取得した財産のうちに、次の管理残額がある人は、第4表の付表を作成します。
イ　租税特別措置法第70条の2の2（直系尊属から教育資金の一括贈与を受けた場合の贈与税の非課税）第12項第2号に規定する管理残額のうち、平成31年4月1日から令和3年3月31日までの間であって、被相続人の相続開始前3年以内に被相続人から取得した信託受益権又は金銭等に係る部分
ロ　租税特別措置法第70条の2の3（直系尊属から結婚・子育て資金の一括贈与を受けた場合の贈与税の非課税）第12項第2号に規定する管理残額のうち、令和3年3月31日までに被相続人から取得した信託受益権又は金銭等に係る部分
（注）一親等の血族であっても相続税額の加算の対象となる場合があります。詳しくは「相続税の申告のしかた」をご覧ください。

加算の対象となる人の氏名 (1)	渡辺 拓真	円	円	円
各人の税額控除前の相続税額（第1表⑨又は第1表⑩の金額） ①	608,550			
相続等の開始前に被相続人から相続時精算課税に係る贈与によって取得した財産の価額 ②	円	円	円	円
被相続人から相続、遺贈や相続時精算課税に係る贈与によって取得した財産などで相続税の課税価格に算入された財産の価額（第1表①＋第1表②＋第1表③） ③	円	円	円	円
加算の対象とならない相続税額（①×②÷③） ④	円	円	円	円
措置法第70条の2の2第12項第2号に規定する管理残額がある場合の加算の対象とならない相続税額（第4表の付表⑦） ⑤	円	円	円	円
措置法第70条の2の2第12項第2号に規定する管理残額がある場合の加算の対象とならない相続税額（第4表の付表⑭） ⑥	円	円	円	円
相続税額の加算金額（①×0.2）ただし、上記④～⑥の金額がある場合には（（①－④－⑤－⑥）×0.2）となります。 ⑦	(2) 121,710	円	円	円

（注）1　相続時精算課税適用者である孫が相続開始の時までに被相続人の養子となった場合は、「相続時精算課税に係る贈与を受けている人で、かつ、相続開始の時までに被相続人との続柄に変更があった場合」には含まれませんので②欄から④欄までの記入は不要です。
　　　2　各人の⑦欄の金額を第1表のその人の「相続税額の2割加算が行われる場合の加算金額⑪」欄に転記します。

⑦欄の金額を第1表のその人の⑪欄へ転記します。

第1表 P274

第5章

第4表（令4.7）　　　　　　　　　　　　　　　　　　　　（資4－20－5－1－A4統一）

相続税の申告書を作成しよう　265

■第4表　相続税額の加算金額の計算書（記入方法）

■第4表　相続税額の加算金額の計算書（記入方法）

　被相続人の**一親等の血族**と**配偶者**以外の人が、相続や遺言で財産を取得した場合、その人の納める相続税は2割増しになるという決まりがあり、該当する人がいるときは第4表を作成します。

　また、孫は、立場によって下のように取り扱いが異なります。

孫の立場	2割加算
遺言により財産を取得	対象
被相続人の養子となり、相続人として財産を相続	対象
子が被相続人より先に死亡し、子の代襲相続人として財産を相続	対象外

【2割加算の対象者になる人・ならない人】

配偶者・1親等の血族⇒2割加算の対象外

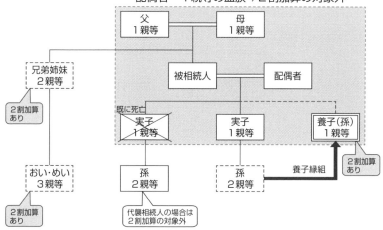

⑴　加算の対象となる人の氏名を記入し、①欄にその人の「第1表⑨」欄の金額を転記します。

第1表 P263

⑵　「①×0.2」を計算し⑦欄に記入した後、その人の「第1表⑪」欄に転記します。

第1表 P274

※相続時精算課税の適用を受けた場合や、直系尊属から教育資金や結婚・子育て資金の一括贈与を受けた場合の贈与税の非課税による管理残高がある場合は、記載方法が異なります。

暦年課税分の贈与税額控除額の計算書

被相続人　渡辺 太郎

第４表の２（平成31年1月分以降用）

この表は、第14表の「1 純資産価額に加算される暦年課税分の贈与財産価額及び特定贈与財産価額の明細」欄に記入した財産のうち相続税の課税価格に加算されるものについて、贈与税が課税されている場合に記入します。

控除を受ける人の氏名　(1)　渡辺 拓真

			贈与税の申告書の提出先		税務署		税務署	

相続開始の年の前年分（令和３年分）(3)

被相続人から暦年課税に係る贈与によって租税特別措置法第70条の2の5第1項の規定の適用を受ける財産（特例贈与財産）を取得した場合

① 相続開始の年の前年中に暦年課税に係る贈与によって取得した特例贈与財産の価額の合計額　円

② ①のうち被相続人から暦年課税に係る贈与によって取得した特例贈与財産の価額の合計額（贈与税額の計算の基礎となった価額）

③ その年分の暦年課税分の贈与税額（裏面の「2」参照）

④ 控除を受ける贈与税額（特例贈与財産分）（③×②÷①）

被相続人から暦年課税に係る贈与によって租税特別措置法第70条の2の5第1項の規定の適用を受けない財産（一般贈与財産）を取得した場合

⑤ 相続開始の年の前年中に暦年課税に係る贈与によって取得した一般贈与財産の価額の合計額（贈与税の配偶者控除後の金額）　円

⑥ ⑤のうち被相続人から暦年課税に係る贈与によって取得した一般贈与財産の価額の合計額（贈与税額の計算の基礎となった価額）

⑦ その年分の暦年課税分の贈与税額（裏面の「3」参照）

⑧ 控除を受ける贈与税額（一般贈与財産分）（⑦×⑥÷⑤）

			贈与税の申告書の提出先		税務署		税務署	

(4)　玉川　税務署

相続開始の年の前々年分（令和２年分）(3)

(5) 特例贈与

被相続人から暦年課税に係る贈与によって租税特別措置法第70条の2の5第1項の規定の適用を受ける財産（特例贈与財産）を取得した場合

⑨ 相続開始の年の前々年中に暦年課税に係る贈与によって取得した特例贈与財産の価額の合計額　円

⑩ ⑨のうち被相続人から暦年課税に係る贈与によって取得した特例贈与財産の価額の合計額（贈与税額の計算の基礎となった価額）

⑪ その年分の暦年課税分の贈与税額（裏面の「2」参照）

⑫ 控除を受ける贈与税額（特例贈与財産分）（⑪×⑩÷⑨）

(5) 一般贈与

被相続人から暦年課税に係る贈与によって租税特別措置法第70条の2の5第1項の規定の適用を受けない財産（一般贈与財産）を取得した場合

⑬ 相続開始の年の前々年中に暦年課税に係る贈与によって取得した一般贈与財産の価額の合計額（贈与税の配偶者控除後の金額）　(6) 3,000,000　円

⑭ ⑬のうち被相続人から暦年課税に係る贈与によって取得した一般贈与財産の価額の合計額（贈与税額の計算の基礎となった価額）　3,000,000

⑮ その年分の暦年課税分の贈与税額（裏面の「3」参照）　(7) 190,000

⑯ 控除を受ける贈与税額（一般贈与財産分）（⑮×⑭÷⑬）　190,000

			贈与税の申告書の提出先		税務署		税務署	

相続開始の年の前々年分（令和元年分）(3)

被相続人から暦年課税に係る贈与によって租税特別措置法第70条の2の5第1項の規定の適用を受ける財産（特例贈与財産）を取得した場合

⑰ 相続開始の年の前々年中に暦年課税に係る贈与によって取得した特例贈与財産の価額の合計額　円

⑱ ⑰のうち相続開始の日から遡って3年前の日以後に被相続人から暦年課税に係る贈与によって取得した特例贈与財産の価額の合計額（贈与税額の計算の基礎となった価額）

⑲ その年分の暦年課税分の贈与税額（裏面の「2」参照）

⑳ 控除を受ける贈与税額（特例贈与財産分）（⑲×⑱÷⑰）

被相続人から暦年課税に係る贈与によって租税特別措置法第70条の2の5第1項の規定の適用を受けない財産（一般贈与財産）を取得した場合

㉑ 相続開始の年の前々年中に暦年課税に係る贈与によって取得した一般贈与財産の価額の合計額（贈与税の配偶者控除後の金額）　円

㉒ ㉑のうち相続開始の日から遡って3年前の日以後に被相続人から暦年課税に係る贈与によって取得した一般贈与財産の価額の合計額（贈与税額の計算の基礎となった価額）

㉓ その年分の暦年課税分の贈与税額（裏面の「3」参照）

㉔ 控除を受ける贈与税額（一般贈与財産分）（㉓×㉒÷㉑）

㉕ 暦年課税分の贈与税額控除額計（④+⑧+⑫+⑯+⑳+㉔）　(8) 190,000　円

㉕欄の金額を第１表のその人の⑫欄へ転記します。

(注) 各人の㉕欄の金額を第１表のその人の「暦年課税分の贈与税額控除額⑫」欄に転記します。

第１表 P274

第４表の2（令4.7）　(資4-20-5-3-A4 統一)

第５章

■第4表の2　暦年課税分の贈与税額控除額の計算書（記入方法）

　被相続人から相続開始前３年以内に暦年課税で贈与を受けていた場合、その際に納めた贈与税は相続税から差し引けるため、第４表の２を作成します。つまり、贈与税が課税されていない年間110万円以下の贈与や亡くなった年の贈与については、第14表は作成しますが第４表の２を作成する必要はありません。

第14表 P250

(1)　贈与を受けた人（控除を受ける人）の氏名を記入します。人ごとに異なる列を使います。

(2)　相続開始年（亡くなった日の属する年）に応じた書式を使います。事例は令和４年に対応する「平成31年１月分以降用」の書式です。

(3)　贈与を受けた年により記入場所が異なります。相続開始年に近い順に上から下へ記入します。事例では、上段に令和３年分、中段に令和２年分、下段に令和元年分の贈与を記入します。

(4)　贈与税の申告書を提出した税務署名を記入します。

(5)　贈与が「特例贈与（祖父母や両親などの直系尊属から18歳以上の子や孫への贈与）」か「一般贈与（それ以外の贈与）」かにより記入場所が異なります。事例は渡辺拓真が18歳未満であり一般贈与のため、下の一般贈与財産分の欄へ記入します。

(6)　((6)(7)はこの事例について説明します。) ⑬欄に「相続開始年の前々年（令和２年）中に贈与を受けた全財産の価額」、⑭欄に「その年に被相続人から贈与を受けた財産の価額」を記入します。

(7)　⑮欄に「その年分の贈与税額」を記入し、「⑮×⑭÷⑬」を計算し、⑯欄に記入します。

(8)　「④＋⑧＋⑫＋⑯＋⑳＋㉔」を計算し、㉕欄に記入した後、その人の「第１表⑫」欄に転記します。

第1表 P274

※同じ年中に特例贈与と一般贈与の両方がある場合や、同じ年中に亡くなった方以外の方からも贈与を受けていた場合は、記載方法が異なります。

268

配偶者の税額軽減額の計算書

被相続人　渡辺 太郎

第5表（平成21年4月分以降用）

私は、相続税法第19条の2第1項の規定による配偶者の税額軽減の適用を受けます。

1　一般の場合　この表は、①被相続人から相続、遺贈や相続時精算課税に係る贈与によって財産を取得した人のうちに農業相続人がいない場合又は②配偶者が農業相続人である場合に記入します。

課税価格の合計額のうち配偶者の法定相続分相当額	（第1表の®の金額） 90,457,000円 × 配偶者の法定相続分 1/2 = 45,228,500円 上記の金額が16,000万円に満たない場合には、16,000万円	®※ 160,000,000 円

配偶者の税額軽減額を計算する場合の課税価格	①分割財産の価額（第11表の配偶者の①の金額）	分割財産の価額から控除する債務及び葬式費用の金額		④（②−③）の金額（③の金額が②の金額より大きいときは0）	⑤純資産価額に加算される暦年課税分の贈与財産の価額第1表の配偶者の⑤の金額	⑥（①−④＋⑤）の金額（⑤の金額より小さいときは⑤の金額）（1,000円未満切捨て）
		②債務及び葬式費用の金額（第1表の配偶者の③の金額）	③未分割財産の価額（第11表の配偶者の②の金額）			
	円 49,703,290	円 2,221,900	円	円 2,221,900	円	円 47,481,000

⑦相続税の総額（第1表の⑦の金額）	⑧®の金額と⑥の金額のうちいずれか少ない方の金額	⑨課税価格の合計額（第1表の®の金額）	⑩配偶者の税額軽減の基となる金額（⑦×⑧÷⑨）
円 4,057,000	円 47,481,000	円 90,457,000	円 2,129,524

配偶者の税額軽減の限度額	（第1表の配偶者の⑨又は⑩の金額）（第1表の配偶者の⑫の金額） （　2,150,210 円 − 　　　　円）	⑪ 2,150,210 円

配偶者の税額軽減額	（⑩の金額と⑪の金額のうちいずれか少ない方の金額）	⑫ 2,129,524 円

（注）⑫の金額を第1表の配偶者の「配偶者の税額軽減額⑬」欄に転記します。

2　配偶者以外の人が農業相続人である場合　この表は、被相続人から相続、遺贈や相続時精算課税に係る贈与によって財産を取得した人のうちに農業相続人がいる場合で、かつ、その農業相続人が配偶者以外の場合に記入します。

課税価格の合計額のうち配偶者の法定相続分相当額	（第3表の®の金額） 　　　　,000円 × 配偶者の法定相続分 ＝ 上記の金額が16,000万円に満たない場合には、16,000万円	®※ 円

配偶者の税額軽減額を計算する場合の課税価格	⑬分割財産の価額（第11表の配偶者の①の金額）	分割財産の価額から控除する債務及び葬式費用の金額		⑯（⑭−⑮）の金額（⑮の金額が⑭の金額より大きいときは0）	⑰純資産価額に加算される暦年課税分の贈与財産の価額第1表の配偶者の⑤の金額	⑱（⑬−⑯＋⑰）の金額（⑮の金額より小さいときは⑮の金額）（1,000円未満切捨て）
		⑭債務及び葬式費用の金額（第1表の配偶者の③の金額）	⑮未分割財産の価額（第11表の配偶者の②の金額）			
	円	円	円	円	円	円 ,000

⑲相続税の総額（第3表の⑦の金額）	⑳®の金額と⑱の金額のうちいずれか少ない方の金額	㉑課税価格の合計額（第3表の®の金額）	㉒配偶者の税額軽減の基となる金額（⑲×⑳÷㉑）
円	円 ,000	円	円

配偶者の税額軽減の限度額	（第1表の配偶者の⑨の金額）（第1表の配偶者の⑫の金額） （　　　　円 − 　　　　円）	㉓ 円

配偶者の税額軽減額	（㉒の金額と㉓の金額のうちいずれか少ない方の金額）	㉔ 円

（注）⑭の金額を第1表の配偶者の「配偶者の税額軽減額⑪」欄に転記します。

※　相続税法第19条の2第5項（隠蔽又は仮装があった場合の配偶者の相続税額の軽減の不適用）の規定の適用があるときには、「課税価格の合計額のうち配偶者の法定相続分相当額」の（第1表の®の金額）、⑥、⑦、⑨、「課税価格の合計額のうち配偶者の法定相続分相当額」の（第3表の®の金額）、⑯、⑲及び㉑の各欄は、第5表の付表で計算した金額を転記します。

第5表（平27.7）

（資4−20−6−1−A4統一）

第1表 P272

⑫欄の金額を第1表の配偶者の⑬欄へ転記します。通常は使いません。

第5章

■第6表　未成年者控除額・障害者控除額の計算書（記入例）

未 成 年 者 控 除 額
障 害 者 控 除 額 の 計 算 書

被相続人　渡辺 太郎

第6表（令和4年4月分以降）

1　未成年者控除

この表は、相続、遺贈や相続時精算課税に係る贈与によって財産を取得した法定相続人のうちに、満18歳※にならない人がいる場合に記入します。

未 成 年 者 の 氏 名	渡辺 拓真 (1)				計
年　齢 （1年未満切捨て）①	16歳	歳	歳	歳	
未成年者控除額②	10万円×(18歳-16歳) =20 0,000円 (2)	10万円×(18歳-___歳) =0,000円	10万円×(18歳-___歳) =0,000円	10万円×(18歳-___歳) =0,000円	20 0,000
未成年者の第1表の（⑨+⑪-⑫-⑬）又は（⑩+⑪-⑫-⑬）の相続税額③	540,260 (3)	円	円	円	540,260

(4) ②と③のいずれか少ない方の金額

(注)　1　令和4年3月31日以前は、「20歳」となります。
　　　2　過去に未成年者控除の適用を受けた人は、②欄の控除額に制限がありますので、「相続税の申告のしかた」をご覧ください。
　　　3　②欄の金額と③欄の金額のいずれか少ない方の金額を、第1表のその未成年者の「未成年者控除額⑭」欄に転記します。
　　　4　②欄の金額が③欄の金額を超える人は、その超える金額（②-③の金額）を次の④欄に記入します。

(3)
⑨　608,550
+⑪　121,710
△⑫　190,000
　　540,260

控除しきれない金額 （②-③）④	(5)				計 Ⓐ

（扶養義務者の相続税額から控除する未成年者控除額）
Ⓐ欄の金額は、未成年者の扶養義務者の相続税額から控除することができますから、その金額を扶養義務者間で協議の上、適宜配分し、次の⑥欄に記入します。

扶 養 義 務 者 の 氏 名	(6)				計
扶養義務者の第1表の（⑨+⑪-⑫-⑬）又は（⑩+⑪-⑫-⑬）の相続税額⑤	円	円	円	円	円
未成年者控除額⑥					

(注)　各人の⑥欄の金額を未成年者控除を受ける扶養義務者の第1表の「未成年者控除額⑭」欄に転記します。

②と③のいずれか少ない方の金額を第1表のその未成年者の⑭欄へ転記します。

2　障害者控除

この表は、相続、遺贈や相続時精算課税に係る贈与によって財産を取得した法定相続人のうちに、一般障害者又は特別障害者がいる場合に記入します。

障 害 者 の 氏 名	一 般 障 害 者		特 別 障 害 者		計
年　齢 （1年未満切捨て）①	歳	歳	歳	歳	
障 害 者 控 除 額②	10万円×(85歳-___歳) =0,000円	10万円×(85歳-___歳) =0,000円	20万円×(85歳-___歳) =0,000円	20万円×(85歳-___歳) =0,000円	円 0,000
障害者の第1表の（⑨+⑪-⑫-⑬-⑭）又は（⑩+⑪-⑫-⑬-⑭）の相続税額③					

(注)　1　過去に障害者控除の適用を受けた人の控除額は、②欄により計算した金額とは異なりますので税務署にお尋ねください。
　　　2　②欄の金額と③欄の金額のいずれか少ない方の金額を、第1表のその障害者の「障害者控除額⑮」欄に転記します。
　　　3　②欄の金額が③欄の金額を超える人は、その超える金額（②-③の金額）を次の④欄に記入します。

控除しきれない金額 （②-③）④	円	円	円	円	計 円 Ⓐ

（扶養義務者の相続税額から控除する障害者控除額）
Ⓐ欄の金額は、障害者の扶養義務者の相続税額から控除することができますから、その金額を扶養義務者間で協議の上、適宜配分し、次の⑥欄に記入します。

扶 養 義 務 者 の 氏 名					計
扶養義務者の第1表の（⑨+⑪-⑫-⑬-⑮）又は（⑩+⑪-⑫-⑬-⑮）の相続税額⑤	円	円	円	円	円
障 害 者 控 除 額⑥					

(注)　各人の⑥欄の金額を障害者控除を受ける扶養義務者の第1表の「障害者控除額⑮」欄に転記します。

第1表 P274

第6表（令4.7）

（資4-20-7-A4統）

■第6表　未成年者控除額・障害者控除額の計算書（記入方法）

　法定相続人の中に、18歳（令和4年3月31日以前は20歳。以下同じ）未満の人や障害者がいる場合は、年齢に応じた控除が受けられるため、第6表を作成します。

【未成年者控除】上段の1に記入します。

⑴　未成年者の氏名と年齢（申告書の提出時ではなく死亡日の年齢）を記入します。1年未満は切り捨てます。

⑵　「10万円×(18歳−①欄の年齢)」を計算し、②欄に記入します。

⑶　その未成年者の「第1表の（⑨+⑪−⑫−⑬）」を、③欄に記入します。各人の②欄と③欄の合計を、「計」の列に記入します。　　第1表 P274

⑷　②欄と③欄のいずれか少ない方の金額を、未成年者控除額としてその未成年者の「第1表⑭」欄に転記します。

⑸　②欄が③欄の金額を超える（未成年者の相続税額から控除しきれない）場合は、その金額（②−③）を④欄に記入します。

⑹　④欄の金額は未成年者の扶養義務者から控除できます。協議の上氏名と⑤⑥欄を記入し、扶養義務者の「第1表⑭」欄に転記します。

【障害者控除】下段の2に記入します。

　記入方法は未成年者控除とほぼ同じです。一般障害者とは障害者手帳の3級から6級までの方、特別障害者とは1級・2級の方や成年被後見人が該当し、その他介護や障害の程度により該当する場合があります。

※過去に未成年者控除や障害者控除の適用を受けた方は、控除額に制限があるため、記載方法が異なります。

ちょっと発展　〈国外に住所がある方の未成年者控除と障害者控除〉

　未成年者控除は、亡くなった方の死亡時の住所が国内なら、法定相続人が国内に住んでいなくても適用を受けられます。しかし、障害者控除は、法定相続人も国内に住んでいないと適用を受けられません。

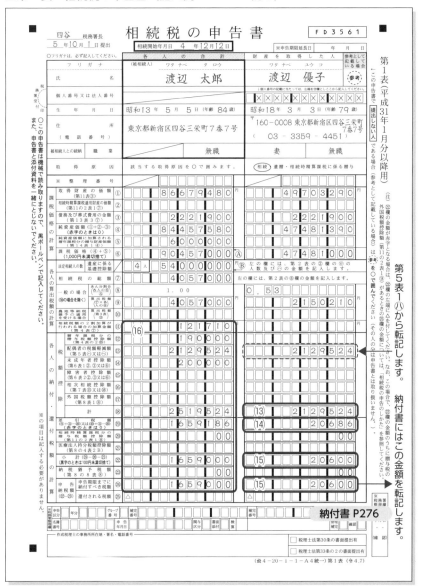

相続税の申告書(続)

FD3562

第1表(続)(平成31年1月分以降用)

この申告書は機械で読み取りますので、黒ボールペンで記入してください。

○この申告書は機械で読み取りますので、黒ボールペンで記入してください。

	財産を取得した人	参考として記載している場合	財産を取得した人	参考として記載している場合
○フリガナは、必ず記入してください。 フリガナ	ワタ ナベ ダイスケ		タ ナカ ミ キ	
氏 名	渡辺 大輔	参考	田中 美紀	参考
個人番号又は法人番号	××××××××××××		××××××××××××	
生 年 月 日	昭和42年 8月 8日 (年齢55歳)		昭和45年 7月 7日 (年齢52歳)	
住 所 (電話番号)	〒158-0094 東京都世田谷区玉川 2丁目1番7号 (03 - 3700 - 4131)		〒176-0006 東京都練馬区栄町 23番7号 (03 - 3993 - 3111)	
被相続人との続柄 職業	長男 会社員		長女 会社員	
取 得 原 因	相続・遺贈・相続時精算課税に係る贈与		相続・遺贈・相続時精算課税に係る贈与	
※ 整 理 番 号				

課税価格の計算	取得財産の価額 (第11表③)	①	9475000		17501190	
	相続時精算課税適用財産の価額 (第11の2表1⑦)	②				
	債務及び葬式費用の金額 (第13表3⑦)	③				
	純資産価額 (①+②-③) (赤字のときは0)	④	9475000		17501190	
	純資産価額に加算される暦年課税分の贈与財産価額 (第14表1④)	⑤	1000000			
	課税価格 (④+⑤) (1,000円未満切捨て)	⑥	10475000		18501000	

各人の算出税額の計算	法定相続人の数 遺産に係る基礎控除額	⑦				
	相 続 税 の 総 額					
	一般の場合 (⑩の場合を除く)	あん分割合 (各人の⑥) Ⓐ	⑧	0 . 12		0 . 20	
		算出税額 (⑦×Ⓐ) Ⓑ	⑨	486840		811400	
	農地等納税猶予の適用を受ける場合	算出税額 (第3表⑥) Ⓒ	⑩				
	相続税額の2割加算が行われる場合の加算金額 (第4表⑦)	⑪				

各人の納付・還付税額の計算	税額控除額	暦年課税分の贈与税額控除額 (第4表の2⑤)	⑫				
		配偶者の税額軽減額 (第5表⑥又は⑧)	⑬				
		未成年者控除額 (第6表1②、③又は⑥)	⑭				
		障害者控除額 (第6表2②、③又は⑥)	⑮				
		相次相続控除額 (第7表⑬又は⑱)	⑯				
		外国税額控除額 (第8表1⑧)	⑰				
		計	⑱				
	差引税額 (⑨+⑪-⑱)又は(⑩+⑪-⑱) (赤字のときは0)	⑲	(14) 486840		(14) 811400	
	相続時精算課税分の贈与税額控除額 (第11の2表1⑧)	⑳	0 0		0 0	
	医療法人持分税額控除額 (第8の4表2B)	㉑				
	小 計 (⑲-⑳-㉑) (黒字のときは100円未満切捨て)	㉒	(15) 486800		(15) 811400	
	納 税 猶 予 税 額 (第8の8表⑧)	㉓	0 0		0 0	
	申 告 納税額	申告期限までに納付すべき税額 (㉒-㉓)	㉔	(15) 486800		(15) 811400	
		還付される税額	△				

| 申告 申告区分 | 年分 | グループ番号 | 補完番号 | | | | 補完番号 | | | |
| 名簿管理 | 申告年月日 | | | | | | | 管理補完 | 確認 | |

(資4-20-2-1-A4統一)第1表(続)(令4.7)

※申告期限延長日 年 月 日

※この項目は記入する必要がありません。

⑪欄の金額が赤字となる場合は、⑪欄の左端に△を付してください。なお、この場合で、⑪欄の金額のうち⑪欄の金額があるときの⑪欄の金額については、「相続税の申告のしかた」を参照してください。

外国税額控除額(第11の2表1⑨)・相続時精算課税分の贈与税額控除額(その人の分は申告書とは取り扱いません。)は、⑪を○で囲んでください。

納付書にはこの金額を転記します。

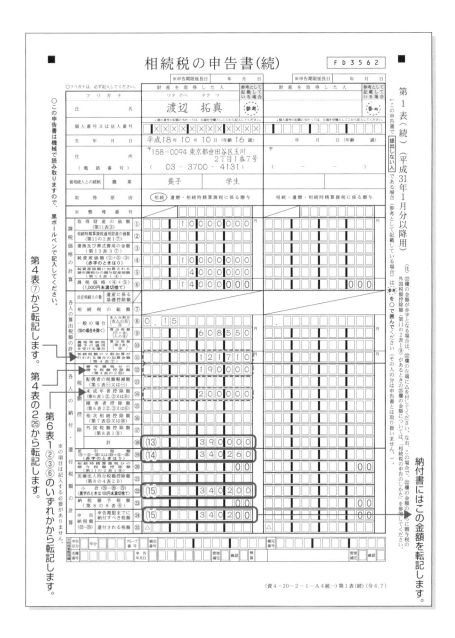

相続税の申告書(続)　　　FD3562

（資4-20-2-1-A4統一）第1表（続）（令4.7）

■第1表 相続税の申告書（記入方法・P264の続き）

　ここでは「⑪相続税額の2割加算が行われる場合の加算金額」欄から「㉔申告期限までに納付すべき税額（㉕還付される税額）」欄までの記入方法を確認します。

⒀　各人ごとに「⑫〜⑰」欄の金額を合計し、⑱欄に記入します。

⒁　「⑨＋⑪－⑱」を計算し「⑲差引税額」欄に記入します。

⒂　事例では「⑳㉑㉓」はありませんので、「⑲差引税額」欄を100円未満切捨てした金額を、「㉒小計」欄と「㉔申告期限までに納付すべき税額」欄に記入します。

⒃　「⑪〜㉕」欄ごとに、金額を合計し各人の合計の列に記入します。

ちょっと発展　〈第7表 相次相続控除と第8表 外国税額控除〉

　税額控除には、相次相続控除と外国税額控除というものもあります。

【相次相続控除】

　10年以内に2回以上の相続があった場合の税負担を軽くする規定です。

　被相続人が過去10年以内に相続人として財産を相続し（1回目の相続）、その財産を、今回被相続人の相続人が相続すると（2回目の相続）、同じ財産に10年以内に2回も相続税が課されます。そのため、1回目の相続で被相続人が納めた相続税の一定額を、今回の相続税から差し引けることになっています。「父→母」や「祖父母→父や母」の相続が10年以内にあった場合は、忘れずに確認しましょう。

【外国税額控除】

　外国との二重課税を防ぐための規定です。

　相続や遺贈で国外にある財産を相続し、その財産に外国で日本の相続税に相当する税金が課されたときは、外国で納めた相続税に相当する税のうちの一定額を、日本の相続税から差し引けます。

3 納付書の書き方を確認しましょう

納税手続きは、相続人ごとに別々に行います。

相続税の納付場所・納付書の入手方法

　相続税は、所定の納付書に必要事項を記入して、**最寄りの金融機関の窓口**か申告書を提出する**所轄税務署**で納める方法が一般的です。納付書はどの税務署でも入手できますので、事前に入手し、以下の記入例を参考に記入しておくと安心です。

申告書の提出先 P50

　税務署の窓口で亡くなった方の住所や死亡年月日を伝えれば、その場で必要事項（年度・税目番号・税務署名・税務署番号・税目）のあらかじめ印字された納付書を作ってくれます。手数料などはかかりません。

　近くに税務署がない場合は、返信用切手を貼った封筒を同封し郵送で依頼すれば、送ってもらうこともできます。

■相続税の納付書（記入例）

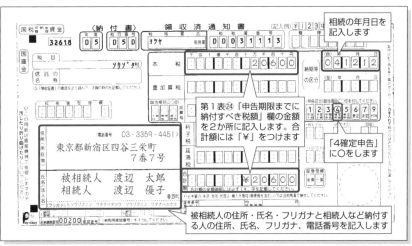

被相続人の住所・氏名・フリガナと相続人など納付する人の住所、氏名、フリガナ、電話番号を記入します

276

必要事項の印字されていない納付書を使う場合

　事前に税務署で納付書を入手する時間がなく、必要事項の一部が印字されていない納付書を使う場合は、以下を参考に自分で記入して下さい。

　また、違う印字がされている納付書しかない場合は、その部分に二重線を引き、以下を参考に余白に正しく書き込み、使うようにしましょう。

・年度　　　　納付する日の会計年度を記入します。

　　　　　　　たとえば、「令和5年4月1日から令和6年3月31日」までの期間に納付する場合、会計年度は令和5年度なので「5」と記入します。

・税目番号　　相続税は「050」と記入します。

・税務署名　　申告書を提出する**所轄税務署名**を記入します。

・税務署番号　記入しなくて構いません。

・税目名　　　「**相続**」と記入します。

納めるべき本人が負担しましょう

　他の人の相続税を肩代わりすると、その分が**贈与**になってしまいます。納めるべき本人が負担するようにしましょう。

4 申告書に添付する書類を確認しましょう

特例の適用を受ける場合は、特に注意が必要です。

本人確認書類

　相続税の申告書には、申告する人全員の**マイナンバー（個人番号）の記載**が必要です。さらに、税務署の窓口では、マイナンバー12桁が正しいかの**番号確認**と、その人が確かにその番号の持ち主であるという**身元確認**を行いますので、以下の表の書類の「両方」を必ず持参して下さい。申告書を、郵送ではなく税務署の窓口へ持参し提出する方は、その場で原本を提示すれば（見せれば）よく、コピーを添付する必要はありません。[※1] なお、亡くなった方のマイナンバーは不要です。

☐	番号確認書類	以下のいずれかのコピー ・マイナンバーカードの「裏面」 ・通知カードの「表面」[※2] ・マイナンバーの記載されている住民票の写し、または住民票記載事項証明書
☐	身元確認書類	以下のいずれかのコピー ・マイナンバーカードの「表面」 ・運転免許証　　　　・身体障害者手帳 ・パスポート　　　　・在留カード ・公的医療保険の被保険者証　など

【マイナンバーカード】プラスチック製　【通知カード】紙製

  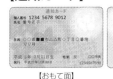

【おもて面】　　　【うら面】　　　【おもて面】　　　【うら面】

※1　ただし、中にはコピーの提出を求められる税務署もあります。

※2　通知カードに記載された氏名、住所などが住民票と同じ場合に限り、通知カードを使えます。

1．共通（以下の2〜4を含むすべてのケースで必要）

☑	書類名	備考
☐	以下のいずれか（原本またはコピー） ・被相続人のすべての相続人を明らかにする戸籍の謄本 ・図形式の「法定相続情報一覧図の写し」※1	第2章「戸籍関係の書類を取得しよう」を参照　　　　　　　　P59〜63
☐	遺言書または遺産分割協議書（コピー）	第2章「遺産分割に関する書類を準備しよう」を参照　　　　　　P65

※1　子の続柄は、実子または養子のいずれかが分かるように記載されたもの。養子がいる場合は、養子の戸籍の謄本または抄本（原本またはコピー）の添付も必要。

2．配偶者の税額軽減の適用を受ける場合

☑	書類名	備考
☐	申告期限後3年以内の分割見込書※2　　　　　　　　　P281	申告期限までに財産の全部または一部が分割されていない場合に必要
☐	相続人全員の印鑑証明書（原本）	遺産分割協議書を添付する場合に必要（遺言書を添付する場合は不要）

3．小規模宅地等の特例（特定居住用）の適用を受ける場合

☑	書類名	備考
☐	相続人全員の印鑑証明書（原本）	遺産分割協議書を添付する場合に必要（遺言書を添付する場合は不要）
☐	別居親族の相続時の居住家屋が、自分が過去に所有していたものではないこと、および、相続開始前3年以内の居住家屋が、自己・配偶者・3親等内親族・特別の関係のある法人以外の名義であることを証明する書類（コピー） 【例】 ・賃貸物件に住んでいた場合…賃貸借契約書 ・親族名義の家屋などに住んでいた場合…その家屋の登記事項証明書（登記簿謄本）	別居親族が適用を受ける場合に必要　　　　　　　　P221

第5章

☑	書類名	備考
☐	被相続人の戸籍の附票の写し（死亡日以後に作成された原本またはコピー）	
☐	被相続人が要介護認定・要支援認定・障害支援区分などの認定を受けていたことが分かる書類（コピー） 【例】 ・介護保険の被保険者証の写し ・障害者福祉サービス受給者証の写し、など	相続開始時点で要介護や要支援認定、障害者支援区分の認定などを受けていた被相続人が、老人ホームなどの施設で亡くなり、入所前に住んでいた元自宅の敷地に特例を使う場合に必要 **P223**
☐	施設入所時の契約書類など、施設の概要が分かる書類（コピー）	
☐	申告期限後3年以内の分割見込書※2 **P281**	申告期限までに財産の全部または一部が分割されていない場合に必要

※2　税務署に提出しておけば、申告期限後3年以内に財産を分割できたらその時に更正の請求や修正申告を行い、2.や3.の特例の適用を受けられます。　**P259**

4.　小規模宅地等の特例（貸付事業用）の適用を受ける場合

☑	必要な書類	備考
☐	相続開始の日まで3年超えて特定貸付事業を行っていたことを明らかにする書類 【例】 ・所得税の確定申告書 ・賃貸借契約書	相続開始前3年以内に新たに貸付事業の用に供された敷地に特例を使う場合に必要

5.　相続時精算課税適用者がいる場合

☑	必要な書類	説明
☐	被相続人の戸籍の附票の写し（原本またはコピー）	死亡日以後に作成されたもの

　なお、海外居住者などマイナンバーをお持ちではない方がいる場合は、上記以外の書類が必要になりますので、税務署や税理士にご相談下さい。

通信日付印の年月日	（確　認）	番　号
年　月　日		

被相続人の氏名　　　渡辺　太郎

申告期限後３年以内の分割見込書

> 届け出るだけで、税務署からの返事は特にありません。

　相続税の申告書「第11表（相続税がかかる財産の明細書）」に記載されている財産のうち、まだ分割されていない財産については、申告書の提出期限後３年以内に分割する見込みです。

　なお、分割されていない理由及び分割の見込みの詳細は、次のとおりです。

　1　分割されていない理由

　　　相続人間で遺産分割の話し合いが
　　　まとまらないため

　2　分割の見込みの詳細

　　　分割の見込みは立っていませんが、
　　　話し合いがまとまり次第、速やかに
　　　遺産分割を行う予定です。

（右側）文章を記入します。

　3　適用を受けようとする特例等

①　配偶者に対する相続税額の軽減（相続税法第19条の２第１項）
②　小規模宅地等についての相続税の課税価格の計算の特例
　　（租税特別措置法第69条の４第１項）
⑶　特定計画山林についての相続税の課税価格の計算の特例
　　（租税特別措置法第69条の５第１項）
⑷　特定事業用資産についての相続税の課税価格の計算の特例
　　（所得税法等の一部を改正する法律（平成21年法律第13号）による
　　改正前の租税特別措置法第69条の５第１項）

（右側）該当する番号に○を付けます。

（資４－21－Ａ４統一）

10か月以内にまとまらなかったら？ P259

第5章

相続税早見表

相続税は10か月以内に現金・一括で納める必要があります。申告書の作成作業と平行しながら、大まかな納税額を確認しておきましょう。

■配偶者がいる場合

相続財産 （基礎控除額 控除前）	子どもの数			
	1人	2人	3人	4人
6,000万円	90万円	60万円	30万円	0
7,000万円	160万円	113万円	80万円	50万円
8,000万円	235万円	175万円	138万円	100万円
9,000万円	310万円	240万円	200万円	163万円
1億円	385万円	315万円	263万円	225万円
1億2,000万円	580万円	480万円	403万円	350万円
1億4,000万円	780万円	655万円	578万円	500万円
1億6,000万円	1,070万円	860万円	768万円	675万円
1億8,000万円	1,370万円	1,100万円	993万円	900万円
2億円	1,670万円	1,350万円	1,218万円	1,125万円
2億5,000万円	2,460万円	1,985万円	1,800万円	1,688万円
3億円	3,460万円	2,860万円	2,540万円	2,350万円
3億5,000万円	4,460万円	3,735万円	3,290万円	3,100万円
4億円	5,460万円	4,610万円	4,155万円	3,850万円
5億円	7,605万円	6,555万円	5,963万円	5,500万円
7億円	1億2,250万円	1億870万円	9,885万円	9,300万円
10億円	1億9,750万円	1億7,810万円	1億6,635万円	1億5,650万円

■子どもだけの場合

相続税の計算のしかた P37

2人で計180万円を納めます

相続財産 （基礎控除額 控除前）	子どもの数			
	1人	2人	3人	4人
6,000万円	310万円	180万円	120万円	60万円
7,000万円	480万円	320万円	220万円	160万円
8,000万円	680万円	470万円	330万円	260万円
9,000万円	920万円	620万円	480万円	360万円
1億円	1,220万円	770万円	630万円	490万円
1億2,000万円	1,820万円	1,160万円	930万円	790万円
1億4,000万円	2,460万円	1,560万円	1,240万円	1,090万円
1億6,000万円	3,260万円	2,140万円	1,640万円	1,390万円
1億8,000万円	4,060万円	2,740万円	2,040万円	1,720万円
2億円	4,860万円	3,340万円	2,460万円	2,120万円
2億5,000万円	6,930万円	4,920万円	3,960万円	3,120万円
3億円	9,180万円	6,920万円	5,460万円	4,580万円
3億5,000万円	1億1,500万円	8,920万円	6,980万円	6,080万円
4億円	1億4,000万円	1億920万円	8,980万円	7,580万円
5億円	1億9,000万円	1億5,210万円	1億2,980万円	1億1,040万円
7億円	2億9,320万円	2億4,500万円	2億1,240万円	1億9,040万円
10億円	4億5,820万円	3億9,500万円	3億5,000万円	3億1,770万円

（注意点）

・「■配偶者がいる場合」は 配偶者の税額軽減 P216 を適用しています。

・相続人が法定相続分で財産を相続した場合に全員が納める相続税の総額です。

・税額は万円未満を四捨五入しています。

巻末資料2 相続税申告お役立ち情報

相続税申告を行うために役立つウェブページアドレス

■国税庁ホームページ内

・税務署の所在地などを知りたい方

https://www.nta.go.jp/about/organization/access/map.htm

・相続税の申告要否判定コーナー

https://www.keisan.nta.go.jp/sozoku/yohihantei/top#bsctrl

・相続税の申告要否検討表

https://www.nta.go.jp/about/organization/tokyo/topics/souzokuzei/pdf/29_03.pdf

・相続税の申告書等の様式一覧（令和4年分用）

https://www.nta.go.jp/taxes/tetsuzuki/shinsei/annai/sozoku-zoyo/annai/r04.htm

・相続税の申告のしかた（令和4年分用）

https://www.nta.go.jp/publication/pamph/sozoku/shikata-sozoku2022/index.htm

・土地及び土地の上に存する権利の評価明細書の記載のしかた

https://www.nta.go.jp/taxes/tetsuzuki/shinsei/annai/hyoka/annai/pdf/1470-5-6.pdf

・「小規模宅地等の特例」と「配偶者の税額軽減」を適用した相続税申
　告書の記載例

https://www.nta.go.jp/taxes/shiraberu/sozoku-tokushu/sozoku-
shinkokukisairei30.pdf

・相続税の申告書作成時の誤りやすい事例集

https://www.nta.go.jp/taxes/shiraberu/sozoku-tokushu/souzoku-
ayamarijireishu29.htm

■日本税理士連合会　http://www.nichizeiren.or.jp/

　税理士法に基づく団体で、税理士の登録・連絡・指導等を行っています。

■**税理士情報検索サイト**　https://www.zeirishikensaku.jp/

　日本税理士連合会が運営している、全国すべての税理士と税理士法人の情報を確認できるサイトです。キーワードによる検索もできます。

電話による相談

　所轄税務署に電話し、相談内容に応じて該当の番号を選択して下さい。

【**自動音声によるご案内の流れ**】

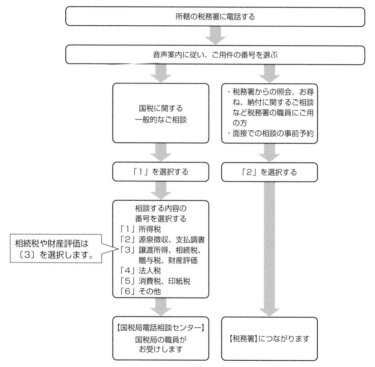

　電話相談センターで回答することが難しい場合は、電話または窓口で事前に予約すれば、所轄税務署の職員に直接相談もできます。

・面接相談の持参書類

https://www.nta.go.jp/about/organization/tokyo/topics/souzokuzei/pdf/29_02.pdf

著者紹介●福田真弓（ふくだまゆみ）

税理士・ファイナンシャルプランナー

横浜市出身。青山学院大学卒業、筑波大学大学院博士前期課程修了。

2003年税理士登録。資産税専門の税理士法人タクトコンサルティング、野村證券株式会社プライベート・バンキング部等に勤務後2008年に独立、相続に特化。相続対策の提案・実行支援のほか、講演・執筆・取材等を通じた情報発信を行う。共著書『身近な人が亡くなった後の手続のすべて』（自由国民社）は80万部超のベストセラー。筑波大学大学院にてカウンセリングを専攻し、相続を通じた家族心理を研究。

＊福田真弓相続カウンセリングオフィス　https://www.mayumi-tax.com

自分でできる相続税申告

2017年12月 4 日　初　版 第 1 刷発行
2023年 6 月26日　第 2 版 第 1 刷発行

著　　者	福田　真弓	
発 行 者	石井　悟	
印 刷 所	横山印刷株式会社	
製 本 所	新風製本株式会社	
D　T　P	有限会社中央制作社	
発 行 所	株式会社 自由国民社	

〒171-0033　東京都豊島区高田3-10-11
営業部　TEL03-6233-0781　FAX03-6233-0780
編集部　TEL03-6233-0786　URL　https://www.jiyu.co.jp/